通向内心平静的九条道路

〔加拿大〕安东尼·法利考斯基 著
刘夏 译

群众出版社
·北京·

图书在版编目（CIP）数据

通向内心平静的九条道路 / (加) 法利考斯基著 ;刘夏译. ——北京：群众出版社, 2015.1

ISBN 978-7-5014-5310-8

I. ①通… II. ①法… ②刘… III. ①心理压力—调节（心理学）—通俗读物 Ⅳ. ①B842.6-49

中国版本图书馆CIP数据核字(2014)第291899号

通向内心平静的九条道路

〔加拿大〕安东尼·法利考斯基 著 刘夏 译

出版发行：群众出版社
地　　址：北京市丰台区方庄芳星园三区15号楼
邮政编码：100078
经　　销：新华书店
印　　刷：北京通天印刷有限责任公司

版　　次：2015年7月第1版
印　　次：2015年7月第1次
印　　张：11.25
开　　本：880毫米×1230毫米 1/32
字　　数：302千字

书　　号：ISBN 978-7-5014-5310-8
定　　价：35.00元

网　　址：www.qzcbs.com
电子邮箱：qunzhongzhy@sina.com

营销中心电话: 010-83903254
读者服务部电话（门市）：010-83903257
警官读者俱乐部电话（网购、邮购）：010-83903253
文艺分社电话：010-83901350 010-83903973

前　言

《通向内心平静的九条道路》是一部大智慧书，但又唾手可得。本书的创作初衷是要通过新式的理疗哲学及抽象心理学的应用来达到缓解心理障碍的目的。它以不拘一格、独一无二的高级现实疗法铺设了一条通向内心平静之路。

《通向内心平静的九条道路》融合古代和近现代、东方和西方的哲学观，现代心理学以及新兴的精神疗法于一体。本书对于那些传统心理疗法对其已起不了作用的问题人群来说无疑是一个重大突破！同样对于那些觉得自己已偏离正派宗教的问题人群来说也是一个重大突破，因为他们的思维已无须受约定俗成的教条或是宗教仪式的束缚了。另外，那些长期备受心理煎熬却仍没找到专业心理治疗方案的问题人群，也能通过阅读本书获益良多。

本书提供了一套能在精神上实现自我治疗的方案。在个性方面，它将升级版的心理保健法定为主要目标，通过方案的实施从而一步步实现更高层次的内心平静。

《通向内心平静的九条道路》共包含四章。在第一章中，介绍了大众的心理顽疾和痛苦。通过质疑人们对“刺激—反应”心理学的常理推测，以及诠释人的思维意识怎样构建了所谓的“现实”，事实逐渐明朗化：正是我们一手造就了自己的不幸和痛苦。这绝对是个坏消息！而好消息是通过改变我们的思维模式，我们亦可改变自己对现实的认知，从而获得情感和心理上的平静，这样我们就会慢慢记起自己灵魂深处的真实特征。第一章诠释了我们看待生命的错误方式，因为我们已从自己的本性上脱离开来——有些人称其为“大我”。只有牢记自己的真实特征，更注意自己的本性，我们才可能治愈自己。觉悟才是最神奇的解药。

在第二章中，对于人们从心理上早已脱离了早期童年时代的本性的问题，我们探索了九条不同的途径。每条途径都发展成一种可以替代的世界观，最终成为一种特定的性格。为了便于分辨，这些性格被编上了序号及名称（譬如第八种——强势的叛逆者）。就以下几点而言——“失落的本质”从何而来、它产生了怎样的世界观和自我补偿战略、每种性格中健康及不健康因素的体现以及有哪些“阴影元素”需要处理，每种性格都描述了一遍。以对某种性格的讨论作为话题展开一个独立的章节，以对如何提高心理保健并获得内心平静的理疗建议来收尾。为帮助读者们尽快了解到哪些建议对他们最实用，附录中的“性格类型的自我诊断”需待完善。仔细品味一下每节中详细介绍过的性格类型，能帮助任何一位读者证实自己的性格趋向。

在第三章中提到了很多涉及范围很广的理疗建议，可以说涵盖了所有的性格类型。这一章里提到了相互理解和宽恕的价值所在。我们在努力消释心理煎熬的同时，已不知不觉陷入防守性的自我主义的扭曲心理中。当我们逐步意识到这一点之后，也就越来越容易在其他人身上看到自己的影子。当我们这样做时才学会了宽恕。在此过程中，我们亦做到了恕己。本章中出现的构想在很大程度上受到了《奇迹课程》的启发。

在第四章中，高级现实疗法的主要优势一览无余。通过先前章节中对分析过的哲学和心理精神方面的洞察，逐渐暴露出美国心理治疗学家、现实疗法的创始人威廉·格拉瑟的传统现实疗法的局限性，而这种理疗法已在全世界七万五千名受试者中广泛使用。证据显示，格拉瑟疗法的理论和实践只不过是他对自己这种“第八类性格”的心理偏爱的一种影射罢了。逐渐明朗化的是我个人的创造性方法在某种方面考虑到了宽度、深度和心灵的成长，而传统现实疗法却没做到这一点（事实上它是做不到的），只给出了它的臆测而已。还有显而易见的一点是传统现实疗法缺少精神上的内涵，导致了理疗师们可以利用这一点来拖延他们的客户群的真正问题——很明显，这是一个非常严重的问题!

如果你是一名理疗师，对生命的精神方面很感兴趣，渴望得到更高级的心理洞察力来加强完善心理保健法，或是一个精神上的追求者——仅仅是为了减少心理压力和焦虑情绪并以此获得更高层次的内心平静的普通人，那么，毋庸置疑，本书简直是为你量身定做的。

在这里，我要感谢所有为本书的撰写和修改而提出过很多有价值的意见和建议的人。这些年来，我曾出席过很多研讨会和会议，而这些讲座通常都是由一些专门研究九型人格的教师们亲临讲授的，如唐·里索、拉斯·哈德逊、海伦·帕默等。他们都在心理学方面给了我很多的灵感。我的作品也多受他们的影响，这在本书中也显而易见。除这些人以外，我亦从桑德拉·麦蒂、克劳迪奥·纳兰霍、A. H. 阿尔马斯、理查德·罗尔以及其他很多具有九型人格的教师身上获得启发。

关于创作本书的另一个主要灵感，就是加州蒂梅丘拉的肯·瓦普尼克在“内心平静”的基础上又提出了“奇迹课程”，这对我来说也不难理解。二十年来我都在学习这项课程，但相比之下成效甚微，其主要原因在于我没有瓦普尼克那种敏锐的洞察力，这在他的作品、讲座及教学材料中都体现了出来。他是一位天才教师，对于他对本书创作的巨大贡献我深表感激。

我在此还要感谢许多对我这种非正统却又大智若愚的追求表示出极大兴趣的人，特别是我在加拿大的雪尔顿学院任教时的学生和同事们。他们对本书的创作提出过很多宝贵的意见和建议，让我不断完善这部作品。

当然，这里我认为没有必要专门致谢本书中提及的诸如弗洛伊德、尼采、萨特、康德、柏拉图、苏格拉底、释迦牟尼、庄子、斯多葛学派（苦行主义者）、伊壁鸠鲁学派（享乐主义者）等心理学家、哲学家以及所有默默无闻的“精神人物”。他们在我的脑海中都扮演了自己的角色。在提到这些天才的同时，其实在某个层面上已然彰显了我对他们的钦佩和感激之情。

安东尼·法利考斯基

目 录

第一章

对于问题人群的理疗哲学

因为不能为人类治愈任何伤痛，哲学家才经常把“徒劳无益”这句话挂在嘴边。

——古希腊哲学家伊壁鸠鲁

我教会了世人如何承受痛苦，同样也教会了他们解脱痛苦的办法。

——释迦牟尼

我们真正的苦恼来自于内心深处的想法！

——斯多葛学派哲学家马卡斯·奥里勒斯

很久以前，德高望重的释迦牟尼曾说过，人生就是不断地承受苦难折磨。痛苦一直伴随我们左右，从我们出生到衰老，直至死亡。我们承受了疾病的折磨，我们承受了从濒死到死亡这一过程所带来的痛苦。我们承受苦难是因为我们本身对世上的人和事物充满眷恋和感情。我们一直都很担心，担心我们迫切想要得到或是非常需要的东西，最终不能为我们所有，抑或将会永久地失去。

对于我们所想或所需之物的短暂性，我们承受了焦虑的痛苦。因此，也就开始担心我们已得到的东西是否会转瞬即逝，抑或彻底遗忘。

进而言之，我们开始担心自己会失去已得到的、能让自己的人生变得更有价值的那些宝贵的东西，而一旦失去了它，自己的人生也会变得毫无意义。因为担心以后会失去已然得到的东西，所以我们也时常会在曾经拥有的时候感到不安和惊恐。正因为如此，我们常会对这个世界产生厌倦感、挫败感和愤怒之情。

关于斯多葛学派

斯多葛哲学学派，或称斯多葛学派，是塞浦路斯岛人芝诺(约公元前336年~约公元前264年)于公元前300年左右在雅典创立的学派，是一个影响极大的思想派别。芝诺被认为是自然法理论的真正奠基者。斯多葛学派的主要代表人物有巴内斯、塞尼卡、爱比克泰德、马卡斯·奥里勒斯(帝王哲学家，著有《沉思录》，该学派晚期最著名的代表人物)、克里斯普等。

斯多葛学派认为世界理性决定事物的发展变化。所谓"世界理性"，就是神性，它是世界的主宰，个人只不过是神的整体中的一分子。所以，斯多葛学派是唯心主义的。在社会生活中斯多葛学派强调顺从天命，要安于自己在社会中所处的地位，要恬淡寡欲，只有这样才能得到幸福。在国家观方面，斯多葛学派认为，国家不是人们的意志达成协议的结果，而是自然的创造物。

斯多葛学派把宇宙看作是美好的、有秩序的、完善的整体，认为它由原始的神圣的火种演变而来，并趋向一个目的。人则是宇宙体系中的一部分，是一个小火花。因此，人应该协调自身，与宇宙的大方向相协调，最终实现这个目的。芝诺说："与自然相一致的生活，就是道德的生活，自然指导我们走向作为目标的道德。"

斯多葛学派认为，整个人类(包括奴隶在内)都受到神明律法的管辖，而当时各国的法律条文只不过是模仿大自然法则的一些不完美的法条罢了。

斯多葛学派除了否认个人与宇宙有别之外，也不认为"精神"与"物质"之间有任何冲突。

斯多葛学派人士极富时代精神，思想非常开放。他们当中有许多人后来都成为活跃的政治家，其中最有名的是古罗马皇帝马卡斯·奥里勒斯(公元121年~公元180年)。同为斯多葛学派的塞尼卡(公元前

4年~公元65年)表示:"对人类而言,人是神圣的。"这句话自此成为人本主义的口号。

此外,斯多葛学派强调,所有的自然现象,如生病与死亡,都只是遵守大自然不变的法则罢了,因此人必须学会接受自己的命运。没有任何事物是偶然发生的,每一件事发生都有其必然性,因此当命运来敲你家大门时,抱怨也没有用。他们认为,我们也不能为生活中一些欢乐的事所动。到了今天,我们仍用"斯多葛式的冷静"来形容那些不会感情用事的人。

在人类历史上斯多葛学派第一次论证了天赋人权、人生而平等这一西方人文主义的核心理论。斯多葛学派从者如云,影响巨大,尤其是在古罗马时期。它对后世影响甚大,如近代西方资产阶级革命。

尽管我们也都拥有过幸福、快乐、兴奋,甚至令人激动的时光,但我们骨子里与生俱来有一种好事不会长久的担心!心理上的煎熬随时会爆发,这点我们心知肚明。话说回来,如果释迦牟尼所言之痛苦是关于疾病的,我们或许会略感欣慰,认为那些有心理问题的人可以去看看心理医师,获得一些建议和忠告,或许来点儿"百忧解"让我们度过萎靡消沉的岁月。可真正的问题在于,痛苦不是偶然出现的,而是我们人类与生俱来的一部分。它不是什么功能障碍的问题,而是我们大多数人所要长久承受的一种思维模式。

释迦牟尼带给我们的好消息是,他也曾说过自己已经发现了痛苦的根源。它产生于人的欲望。他宣称:通过彻底消除我们对尘世间所拥有之物的眷恋,我们才能从本质上阻止这种欲望的滋生。也只有这样,我们才能在更大程度上减轻自身引起的痛苦和烦恼。从某种程度上来看,此话确实属实——佛教不仅仅是一种宗教,更是一种使心灵摆脱折磨的理疗哲学。佛教不仅诊断出了人类精神世界里的关键问题所在并证实了问题的根源,而且提供了一条治疗问题人群的有效途径。

这种治疗方式始于八正道——一种指引人类获得智慧、正确的道德标准以及达到精神专注境界的方法。

从释迦牟尼时代开始，许多西方哲学家也试图找出人类痛苦之根源，其中颇有代表性的当属古老的斯多葛学派人物，诸如马卡斯·奥里勒斯、爱比克泰德及塞尼卡等。和释迦牟尼的告诫——“不可沉迷于短暂的行乐中”惊人一致的是，马卡斯·奥里勒斯也曾提出过心灵超脱的概念。

在他的《沉思录》一书中，他写道：“……任何事物都不会触及到人类的灵魂深处，因为它们只是外界的不可改变因素，而我们真正的苦恼来自于内心深处的想法！”他和释迦牟尼一样，坚信人因想法不同，而产生了喜怒哀乐的不同情绪，多想一些积极向上的事物可减轻心理上所承受的折磨。

之后，存在主义思想家（如索伦·克尔凯郭尔、维克托·弗兰克尔）曾试图解析诸如焦虑感、空虚感及内疚感等心理问题。例如，弗兰克尔声称，人生之意义在任何情况下都能找到，无论有多艰难，无论有多痛苦，无论多么具有挑战性。

格尔德·阿亨巴赫于1981年创立了德意志哲学训练协会。他尽全力来帮助人们摆脱生活中的困境。在纽约市，卢·马利诺夫成立了美国哲学创业者协会，专门培训哲学家们从事一些哲学方面的咨询和服务工作。越来越多的哲学家们走出“象牙塔”，通过古老智慧在当今社会以及在现实问题中的理性应用来帮助人们解决现实中的道德情操问题。

《沉思录》是古罗马唯一一位哲学家皇帝马卡斯·奥里勒斯所著，是斯多葛学派的一个里程碑。这本书中大部分内容是他在鞍马劳顿中所写。《沉思录》来自于作者对身羁宫廷的自身和自己所处的混乱世界的感受，追求一种摆脱了激情和欲望、冷静而达观的生活。马卡斯·奥里勒斯在书中阐述了灵魂与死亡的关系，解析了个人的德行、个人的解脱以及个人对社会的责任，要求常常自省以达到内心的平静，要摒弃一切无用和琐屑的思想而正直地思考。

受当今诸多哲学界的开拓者以及希望将福音传达给世人的古代思想家们的启发，我打算展开一个关于心理治疗和存在主义的讨论。我将带给你一套精神信仰方面的全新哲学，它本身包含了一种更易于人们理解和接受的高级现实疗法。

我的终极目标是要帮助你获得哲学智慧上的心灵的更高层次的平静。这不是我的智慧，而是先辈们积累的智慧。所要得到的成果不是我设计出来的，而是由数世纪以来不断吸收完善并已经过现今社会哲学证实了的成果。我仅作为一个信息的传递者，传达了古代智者们的一部分不朽智慧罢了。通过综合前人的真知灼见并帮助你将它们运用于自己的生活，我能让你在这个疯狂而又绝望的世界中找到自己前进的方向和希望。我希望能陪伴你摆脱焦虑、忧愁、烦恼，达到心灵上的彻底解脱，帮助你摆脱长久以来奴役并折磨你的痛苦。无论怎样，是你的不安的灵魂促使你在第一时间选择了本书。

我认为哲学智慧可以治疗心理创伤的理论不是没有根据的。我从亲身体验中总结出，柔和的哲学智慧在我的精神和心灵上都产生了积极的影响。同样，近三十年来，我有幸为数千名大学生教授哲学，其中有数不清的学生和我分享过其在寻找哲学智慧时的个人收获、领悟。他们的反应以及所表达出的欲望给了我更大的自信，那就是哲学能够更有效地治愈或缓解现实生活中的痛苦。

历史印证了将哲学大智慧运用到当今生活中的益处。亚历山大大帝曾借鉴过亚里士多德的哲学思想来帮助他决策。瑞典的克里斯蒂娜女王邀请法国哲学家勒内·笛卡儿做她的个人导师。沙夫茨伯雷伯爵将英国哲学家约翰·洛克纳入门下做自己的军师。因此，那不仅是我个人的职业经历，历史也同样见证了一个事实：哲学在当今飞速发展的社会中，扮演着指引、启蒙的角色。希望它在生活中能更有效、更有意义地帮到你。

我们在下文中将首先就某些经常让你烦心的事物的本体状态展

开探讨研究。我们常常会将个人的挫败感、忧虑、恐惧、负面情绪（如愤怒）视为对外界的人和事物的反应，这种认为一种情形或事件和“难以避免的”情感反应之间存在着一种因果关系的观念将受到挑战。这种错误的观点常常导致人们觉得自己是无助的受害者。如果我的问题源于外部世界，而且我也无力回天，那么我命中注定就是要受苦受难。下面要讲到的洞察力将会质疑这种错误的想法以及认命后的感受。以乐观的态度见证这种“受害者身份”所引起的恶性循环即将被打破的事实，会给你的人生带来更多的自由和惊喜。

勒内·笛卡儿(1596~1650)，世界著名的法国哲学家、数学家、物理学家。他对现代数学的发展作出了重要的贡献，因将几何坐标体系公式化而被认为是解析几何之父。他还是西方现代哲学思想的奠基人，是近代唯物论的开拓者，并且提出了“普遍怀疑”的主张。黑格尔称他为“现代哲学之父”。他的哲学思想深深影响了之后的几代欧洲人，开拓了所谓“欧陆理性主义”哲学。他堪称十七世纪的欧洲哲学界和科学界最有影响的巨匠之一，被誉为“近代科学的始祖”。

意识到“刺激—反应”心理学所解释的常识还可获得其他的解释，我们开始真正反思先前的许多被误导、不合理的思维系统，而这些想法正是人类一手造就自己不幸的罪魁祸首。你会发现，“不幸”在很大程度上属于一种心理因素，而不止来自于外界力量。不同性格的人具有自己独特的现存逻辑系统，所表现出的亦是其内部连贯性与稳固性，但或许最终仍会不可避免地决定你的心理健康。

详细的哲学心理分析将会即刻呈现在你面前，我们将揭示导致你功能障碍并严重威胁到你的心理健康和幸福的想法及心理世界观的根本原因。在逐步发觉的过程中，你将会亲眼看到哲学以及对人类大脑思维深入透彻的分析如何在保健方面为人类服务。我们在这里所从事的正是高级现实疗法！

哲学是为人类的灵魂服务的。就思想而言，它能为矛盾的内心带来安宁，为心灵的幻象带来真相。如同内心的矛盾，幻觉也让我们身处心灵的束缚中，而只有真相才能解放我们。因此，我们的主要目标是要消除人生中遇到的幻觉和错误知觉，这才能带给我们更大的安宁。或许我们永远也找不到最后的真相，但至少可以大踏步向前走，一路上披荆斩棘，将所有阻碍真理的绊脚石通通清除。

阐明这些会使心理健康医师和了解心理咨询方法的人们受益。本书所涉及的并非传统现实疗法——早在1965年由威廉·格拉瑟提出、现如今基于他所谓的“选择理论”的那种疗法，也不是在此过程中单纯地提高或改善其心境。在传统现实疗法中，格拉瑟首先让心理咨询者说出自己最想得到的东西，然后让他们描述自身为满足需求做过什么、说过什么以及与之相关的身体和情感上的感受。最后，他开始为心理咨询者的言谈举止作评价。他鼓励他们扪心自问他们现在的行为是帮助还是阻碍了他们所陈述的对需求的满足。如果他们现在的行为没有起到正面辅助作用，他会让他们自己计划为成功另寻他法。对于格拉瑟来说，只有获得自身想要的东西，人的基本需求才会得到满足。这些基本的需求包括：生存、权力、享乐、自由、关心和归属感。根据格拉瑟的理论，一个人的基本需求的满足程度体现了他有效控制自己人生的能力。

因此可以说，现实疗法的终极目标是要帮助人们更可靠、更有效地改变和掌控自己的人生，通过实际行动有效掌握自己的人生从而满足自己的基本需求。简而言之，这就是传统现实疗法的整个过程。

我现在完全赞同格拉瑟关于对人生负责的说法。然而，有许多为传统现实疗法提供依据的基本哲学思想将会在下文受到间接的挑战和批判。有关我在理论上对格拉瑟式的心理疗法技术的应用的担忧，将会以更直接的方式在本书中进行论述，同时我也将更加详细地区分开高级现实疗法（一种心理咨询方面的新兴领域）与传统心理疗法的差别。

我的目的不是要对某些方法或很实用的理论展开讨论，而是要在第一时间增强心理保健，为心理障碍扫清道路。

不应该追求外表和空洞的形式，因为你的存在是独一无二的，没有任何概念可以诠释！

——《奇迹课程》

俗话说得好，点滴预防胜过灵丹妙药。

那么，如果高级现实疗法不是那种为了满足你的基本需求而设计出的、以行动为基础的技能，那它又是什么呢？我们不妨这样回答，高级现实疗法带来的是一种哲学上的心理分析，它的主要目标之一就是实现所谓的心理解脱。它不仅仅是对某个人的公开行为的调查与评估，更涉及对我们大脑内部功能的仔细研究，再进一步说，是对自我认知的重新审视。

这种深度分析和“选择理论”无关。为了后面能更好地阐明此观点，它也在第一时间对无条件满足欲望的价值观提出了质疑。

想想看，假如你最想得到的东西需要通过不道德的手段才能获得，抑或你最想得到的东西反而伤害你最深，而你本人和你的理疗师却都没有意识到这一点……再往深处想想，假如你真正的自我压根儿就和你的自我概念没有一点儿关系……

比如，你的自我感觉本身就是幻觉而已——多么残酷的事实啊！如果你的需求和自尊完全是建立在虚幻的自我界定上，你为之骄傲的东西其实根本不存在或至少已扭曲了真实的自我，那该是多么可怕的事啊！现在我们设想，这种错觉不是假设，而是事实。你根本不知道

关于《奇迹课程》

《奇迹课程》是一部旨在治愈人类心灵的灵修书籍。它怀着救世神医的心态，为人类的病情把脉，加以诊断，而后提出药方。

《奇迹课程》不属于任何宗教，也无意传播任何信仰或教义，它只是针对人类普遍存在的问题提出一个解决的方案而已。

《奇迹课程》以自成一家之言的“宽恕”理念，贯穿了东西方的灵修传承，构成了既熟悉又有创意的现代思想体系。

这部长达千余页的巨著，内容共分为三部分：第一部分是长达六百余页的正文，以第一人称的对话方式解析人类的痛苦，旨在治愈心灵的创伤，带领读者回归真爱之源。第二部分是“学员练习手册”，提出了一套练习方法，以潜移默化的训练转变我们深藏不露却根深蒂固的错误心理观念，带领读者积极地改变自己的心态。第三部分是“教师指南”，提纲挈领地澄清一些观念问题，供读者参考或反省之用。

读过此书的读者不仅对自身心理有了更清楚的认识，也受书中理念影响服务于他人。有人组织慈善机构，有人成立心理咨询机构，还有人组织大学认可的研究机构。遍布世界的读者也成立了无数的读书会及网站，自愿分享并推广此书。正因为它的博大精深，很多研究者源于其中思想所写的书都成了畅销书。

自己是谁，对于你的真实身份还被蒙在鼓里。在你人生旅途中的某个地方，也许你已经被迷惑了。你会非常迫切地想要得到某种心理治疗来恢复你本来的面貌。

我们确实应该认真对待古希腊哲学家苏格拉底并“认识自我”了。在下文中你将会受到邀请，来全新审视自我。你或许会惊奇地发现，其实你并不是自己想象中的那样。

你很少担心自己为什么这样想，抑或你最想得到的东西有时恰恰不是你需要的，换言之，你渴望得到的却正是伤你最深的，只是你如同一个婴儿一样对这几种情况一无所知。

在我们全速冲刺之前，首先需要注意一个问题：获得哲学启蒙的旅程并不总是一帆风顺的。一些真相的揭示即使令人不悦但有时也必须接受。再强烈的主观臆断在某些情况下也得转变或完全放弃。也许是天意不可违，很多承诺必须得改变，对现实的感知能力也得刻意去重组，以符合新的价值观和信条。

哲学大智慧令我们脱胎换骨的过程如同分娩是极其痛苦的。从乐观的角度来看，许多经历过分娩痛苦的母亲，都会为新生命带来的奇迹而感到高兴。平和的心灵如柔和的光辉。这正是处于惊喜和欢乐中的你——哲学上的新生儿所期望在重生那一刻能够获得的。

在真正获得心灵的平静之前，我觉得有必要先写点儿如何面对我们内心的阴暗面的内容。中国古代伟大的哲学家庄子曾给我们讲过一个故事：

> 从前有一个人很惧怕自己的影子，也不喜欢看到自己的脚印，于是他决定想办法摆脱二者。有一天，他忽然想出一个办法。他开始起身奔跑。但每次他落下的一只脚都会在地上印下一个新的脚印，而且他的影子也毫不费力地紧随其后。他将自己的失败归咎于自己跑得不够快。于是他就越跑越快而且不停歇，直到最后活活累死。其实，他最大的失败在于他没有意识到：如果他只在阴暗处行走，他的影子就会消失；如果他坐着不动，那也就不会有脚印了。[1]*

不幸的是，我们中有太多人只是沉迷于自我的幻觉中。我们总认为自己能做些小小的调整来完善自我，因此我们不停地奔跑，而且我们一手造就了这样的自己！我们深信，通过一些心理疗法，就能缓解

---

* 本书注释内容详见书末尾注。

心中的痛，从而达到精神上的重塑和幸福。我们只因太过于专注自我而无法超越，有些人将此称为“故意视而不见”。我不希望我们是如此执迷不悟和自欺欺人。如果我们一开始就弄错了最真实的自我以及我们最本质的错误所在，任何微小的性格调整都是不够的。我们需要的是被称作“激进的精神手术”的疗法。它为你提供了在这个世上生存的一条新途径，为此也值得一试，不是吗？古老的方法很显然不起作用，你的人生就是一个活生生的见证！

我们以前所未有的惊人速度，在脚下的这片土地上来来往往，但我们并不知道，也没想过自己将何去何从，以及能否为自己受困扰的心灵找到幸福和归属感！

——美国通俗哲学史家威尔·杜兰

第一节　常识心理学中的误区

人类不是受事物本身，而是受他们看待事物的方式所困扰！

——斯多葛学派哲学家爱比克泰德

为了幻象，你已付出了昂贵的代价；而为了安宁，你却什么都没付出。

——《奇迹课程》

在我们完全展示自己的真实身份之前，首先有必要研究一下常识心理学，并自我诠释一下它对我们错误地认知自己和这个世界起到了多大作用。一旦我们这样做了，我们将能顺水推舟地探索到人性的本质或“大我”的天性。从那个出发点开始，我们也能更好地领悟到“小我”所产生的各种各样的幻象。很遗憾的是，它也会让我们亲眼见证人类是怎样扭曲现实的。

在我们竭力揭示常识心理学的基本误区时，首先让我们略加思考一个问题：人们在日常交流中通常都会和对方讨论什么话题？你肯定说过这样一句话：“我‘老板’简直快把我逼疯了！”这里的“老板”或许是指你的配偶，也可能是你的孩子。当真正意义上谈及工作单位时，你会变得这么愤怒和沮丧吗？当你的爱车被剐蹭时，你是否会大呼小叫：“笨蛋！你学过开车吗？在哪儿搞的驾照，是从爆米花里抠出来的吗？”换言之，你是一名“道路情绪综合征”患者吗？交通阻塞有没有让你感到很崩溃？身边的人有没有让你感到要发狂？如

关于常识心理学

常识心理学是当代西方哲学中的“时髦哲学”。常识心理学也被称为大众心理学，它本身并不是一种专门的心理学学科，而是一种心理学哲学或心灵哲学，这种哲学之所以引起当代西方哲学家、心理学家和认知科学家的热烈讨论，主要原因是人们对精神的哲学本质见解不一，甚至针锋相对。常识心理学的拥护者们对人们日常所具有的心理或精神信念和愿望等采取一种肯定的实在论立场，即认为信念和愿望等精神现象是人所经历的真实不虚的实在的现象，它们是一种心理实在或“意向实在”，是人类行为的基础或原因，因此它们不能被取消，也不能被还原。就其明确肯定精神意向等的实在性而言，人们有时也称之为“意向心理学”。

果没有，或许你已经压力过度而麻木不仁了，就会说这样的话：“我的上帝，我真的很讨厌他们会提出如此无理的要求！”当外界的期望值强压在你身上时会让你感到不安、担心或烦恼吗？你会闷闷不乐地说“我很郁闷”吗？当你想要获得预期的晋级、职务却又屡试屡败时，你会觉得很郁闷吗？

如果你对这些问题的回答都是肯定的，那么你在心里已默认了“刺激—反应”心理学模式。你会更加深信其他人和事物才是导致你情感变化的根源。肯定是这样的！归根结底，你也不想让自己发疯，不是吗？只要思维正常的人都不会那样想。

这种“刺激—反应”模式并非像上述案例所述的那样只限定于消极情绪，它同样能恰如其分地适用于积极情绪。如果在你房间里有个很性感的辣妹冲你微笑，你一定会很开心，想着是她让你心情这么舒畅的。当你得知自己刚中了大奖时，第一反应肯定是兴奋得跳了起来。当你看到自己最喜欢的球队进入总决赛时你一定会欢呼雀跃，这是因为他们的胜利使你觉得激动万分。

当我们试图弄清自己为什么会降世、自己究竟又是什么样的人时，“刺激—反应”模式有时也是预料之中的事。譬如，我们或许会说：“我之所以会这样做是因为我从小就受到了这种思想的灌输。”“我之所以会对此深信不疑是因为我曾受过这样的教导。”换言之，我们从小所受过的教育让我们或者导致我们成为今天的自己。我们因此也可以假定自己只是所处环境的“产物”。无论我们有何等价值观、想法或信仰，这都是别人事先强加给我们的。这种想法也体现在了大哲学家约翰·洛克的作品中，他曾用一块空白的石板记录了人在刚出生时大脑思维的状态。

他写道：

> 我们不妨这样假设，人的大脑就如一张白纸，天生没有任何性格与思想，那么它是怎么变得充实起来的呢？它又是何时由人的各种无尽的欲望和幻想所充斥的？又是何时装满了理性、逻辑与知识？这里我可以用简单的两个字来回答：阅历！我们的知识都是在阅历中积累起来的，而我们的大脑也是从以往的阅历中逐步塑造成现在的状态。[1]

这里借用一下洛克的“白板论”，即“人刚出生时的大脑思维犹如一块空白的板子”。“现代行为主义心理学之父”J.B.沃森（1878~1958）更进一步地确定了人类本身只是所处环境的产物，而他们的行为也只是生活环境的产物之一。

为了突出强调外部世界如何将我们塑造成了现今的自我，他写道：

> 给我一群健康可爱的小宝宝，而且必须是我亲自把他们带大，然后我会随机选出其中一个，不管他有什么天赋、爱好、能力以及血统，我都能保证将他培训成一位专业人才，

前提是我已为他选好了职业——医生、律师、艺术家、商人或领袖，甚至有可能是乞丐或小偷。[2]

听从经验主义者对人的大脑及行为模式的描述分析肯定会让你觉得特别享受，然而这种享受的代价却是牺牲自由。如果我正好是个情绪消极的人，完全是所处环境的“产物”，那么我也无须对自己的行为负责任。事实上，犯人总会在法庭上为自己辩解开脱，靠声泪俱下地讲述自己的童年时代过得有多么悲惨或者不幸来乞求法官的同情并获得减刑。正因为犯人无法掌控自己所处的环境，而又不知为何这种环境让他犯了罪，或者说至少是导致其结果的一个决定因素，那么他从小所受过的教育已在脑海中形成定型观念，也应算作减刑的一个重要因素吧！

这种推理模式有其表面的说服力，但我们要考虑到，不是每个来自相同的生长环境的人都会从事相同的社交活动，甚至犯罪。

譬如，来自同一个破裂家庭的两个孩子。一个发誓说自己一辈子不结婚，以免重蹈父母的覆辙，还让子孙后代付出同样的代价。相反，另一个却发誓要尽快结婚，以寻求一种父母与孩子能和谐相处的幸福生活。你看，我们这儿有这么两个孩子来自同一个破裂的家庭，但却有着不同的想法和言行举止。一个觉得自己是在受苦受难，另一个却抱着乐观向上的态度来看待生活。第一个孩子会说他对婚姻的态度是在童年时代形成的。第二个也许以后会说同样的话，但至少此刻他的所想所为恰恰相反。

最后要说的是，在这个案例中，无论哪一个孩子最后怎样做了，这都是他自由选择的权利。我们过一会儿就会明白其可能性了。没有任何一种环境的刺激（如破裂的家庭）会绝对导致一个人的行为或情感反应（如痛苦的单身生活、报复性犯罪），其他很多因素也在其中起了作用。

如果行为过于偏激，总是企图逃避责任的心理最终会导致滔天罪行。2007年4月，美国弗吉尼亚理工大学韩国裔大四学生曹承禧（音译）一下子枪杀了三十二名师生，即使在自杀之前也没为自己的暴行感到悔恨。他在自己制作的视频里胡言乱语称：要怪就怪其他人！是他们“逼着”他做出了这样的事情。这都是“他们的错”，是他们“让”他犯下了如此滔天大恶！他只是所处环境的受害者。他的原话是：“你们曾经有一千亿个机会来避免今天发生的事情，但是你们决意让我流血，你们将我逼到绝路，令我别无选择。这是你们的决定，你们手上将沾满鲜血，永远也洗刷不掉。”

很显然，试图逃避责任的心理外加偏执妄想会导致人发疯，最终害人害己。尽管大多数人都思想健全，不存在偏执妄想的症状，但长久以来总是推卸和逃避责任的心理最终会导致严重的，有时是灾难性的结果，进而直接影响自己的生活及一切。

一个人总是不愿意承担自己的责任，这种情况经常会被人认为是不成熟的表现。此外，我们经常会看到，人们的交流最终总会以歇斯底里的相互谴责而收场。和谐安宁不是靠相互谴责建立起来的！

当有些人不能承担自己的责任时，他们总会潜意识地将这种趋势延续到与更多的人交往上，无论是熟人、公司里的同事、政府部门的人还是外国友人。这种趋势往往会导致深远的灾难性的结果，甚至是国际性的纠纷，最终会导致自己屡屡碰壁处处受挫。譬如，由于某国的政治领袖没有承担起应尽的责任，结果导致了国际纠纷。在中东问题上，我们亲眼见证了人类的报复欲如何压倒了世间一切道德底线。矛盾双方的频繁攻击都美其名曰“自我防御”，这样的攻击会导致一定的“附带损害”（一种对屠杀妇女、儿童及非参战者的委婉说法）。但有些人会说，很遗憾的是，为了保护自身安全和自己的利益，这是必要的代价。这种想法其实是在回避问题的实质！

不能改变自己思想的人，永远也改变不了现实！

——遇刺的埃及总统安瓦尔·萨达特

偏执精神分裂症患者曹承禧的虐杀案，以及打着自由、民主的幌子蓄意屠杀无辜者，这两件事有极其相似的地方。我一直在想这种惨无人道的屠杀真是出自上帝的意愿吗？以上帝之名进行屠戮真能让人名垂青史、流芳百世吗，还是仅仅反映出一个患有偏执症的凶手的思想而已？

对此事持中立看法的人认为，建立在“信仰”之上的屠杀是不对的。现在让我们来谈谈上帝的想法——你千方百计消灭你所认定的“敌人”以及他们的想法，这并不能创造永久的和平。如果大家都不愿意承担自己的责任，自然而然也就不愿意承担起对国家、对民族乃至对世界的责任。不管怎样，此刻我们先不讨论拯救世界和平的心理疗法，因为我们已完全陶醉于自身对存在主义启蒙中略为谦卑的奋斗目标！在我们开始积极改变对世界的认知之前，要先改变对自己的认知。

我之前提到过，自我责任的逃避是以牺牲自由为代价的。然而，这笔交易事实上是行不通的。大哲学家让-保罗·萨特曾发明了一条术语——“存在主义”，并指出：人类注定都是自由的！

没有人能找到任何借口或理由来反驳这一观点。无论你想什么、感受如何或者做什么，全都是可以选择的——是你自己的选择。

还不相信吗？还坚持认为是他人导致你的喜怒哀乐的吗？如果真是这样的话，为何辱骂某人有时会彻底摧毁他的心理防线，有时他又会安然无恙呢？这并非是辱骂本身导致了这种结果，而是附在它所产生的价值观和深层意义。如果是你最尊敬、最敬重的人辱骂你，你一定会受到严重的心理创伤；如果是你很鄙视、很不屑一顾的人辱骂你，那么你一定不会把它当回事儿，脑海中还会反复闪烁着一首儿歌：棍棒顽石皆能打碎我的筋骨，唯独恶语伤不到我！

此刻你已能隐约意识到，你对别人的辱骂所产生的情绪反应在于自身的控制，而不是辱骂者。你看待辱骂的态度决定了自身的情感反应，而怎么看待它是你自己的选择。对于同一件刺激人的事儿（如辱骂），人们会产生不同的态度和反应，因此可以说没有任何事儿能刺激到你对它所产生的情感或心理上的反应。因此，老是怪别人困扰你的感受，其实是对渴望自由的逃避——这种逃避最终是不会有好结果的。

让－保罗·萨特（1905~1980），法国二十世纪最重要的哲学家之一，法国存在主义的主要代表人物，西方社会主义最积极的鼓吹者之一。代表作为《存在与虚无》。他也是优秀的文学家、戏剧家、评论家和社会活动家。一生中他拒绝接受任何奖项，包括1964年的诺贝尔文学奖。在战后的历次斗争中他都站在正义的一边，对各种被剥夺权利者表示同情，反对冷战。

人类在心灵上都是自由无羁的，我们的想法和感受都是自己一手“造就”的，和他人无关。介于“刺激”和“反应”之中，总会有一个可以诠释、可以评估事物或状态的人。这个人一定是你！有时要面对和接受自己的感受的确很难，特别是当有外人介入干扰时。

要学会宽恕那些企图伤害我们的人，只有这样才能阻止厄运降临于自己头上。譬如说教皇约翰·保罗二世，曾经有人想刺杀他，但事败入狱，而他并没有迁怒或怀恨刺客，反之，他还去牢房探望过刺客，并语重心长地告诉他，他已经原谅了他，对此事不再追究！他不想让刺客这一辈子都活在内疚和痛苦中。

耶稣毫无疑问是有史以来最虔诚、最懂得宽恕、最能以德服人的活生生的例子。但非常不幸的是，和苏格拉底的下场一样，耶稣因宣教布道而被指控。他不懈努力所换来的结果却是被判了死刑。他恨指控者吗？他是不是希望让他们通通下地狱，因为他们让他蒙受了不白之冤并将他送上了十字架。我们从史书中得知，对于这些问题的答案全都是否定的。不难想象当年耶稣被钉在十字架上的情景，他仰望着天国，用尽最后一口气喊道："神父啊，求你宽恕他们吧，因为他们并不知道自己在做什么！"对于一个被诬蔑、冤枉并判了死刑的人来说，他所选择的情感反应是同情和仁爱。为了那些折磨并杀害他的凶手们着想，他选择了宽恕他们。与这件感天动地的事例相比，受到了一点儿不公、羞辱或暴虐会让你产生强烈的报复欲吗？解决问题的终极手段一定是以牙还牙吗？你会每天满脑子都想着如何实施你的报复行动吗？以牙还牙就一定是通向内心平静的途径吗？耶稣会同意这样做吗？如果不是，你下次再受到伤害时就得慎重选择自己该怎么做了！

学会宽恕别人会让你有意想不到的收获，它或许是迄今为止能让你获得内心平静的关键因素。当然，你也可以选择余生都活在为自己的不平遭遇而愤慨的情绪中。事实上，许多人都这样做了。或者，你也可以选择忘掉以往的恩恩怨怨，顺其自然，让自己的心沉淀下来。越发强烈的恶念最终会导致很多负面结果。一定要谨慎选择正确的决定！你的心理健康也全靠它了！但首先要提的是，只有真正意识到自己的感受，才能让你拥有最终属于自己的选择权，而这又是依照你看待事物的方式而定的。你的选择将会左右你的人生。

如果你因受到外界因素的干扰而苦恼，那么事实上并不是这种干扰让你苦恼，而是你对它的看法和心态。是否要端正这种心态，决定权在你自己！

——斯多葛学派哲学家马卡斯·奥里勒斯

要学会去爱你的敌人：他们诅咒你，你要祝福他们；他们憎恶你，你要善待他们；他们利用并迫害你，你要为他们祈福！

——耶稣

当代有一种借用了“自由选择论”和“演绎论”概念的心理咨询法，它就是美国权威心理学家、认知心理学创始人艾伯特·埃利斯的开导式情感行为疗法。埃利斯非常赞同存在主义者的主张，认为人们可以自行控制并调节自己的情感冲击，自身的感受与他人无关。他也主张斯多葛学派的信仰，认为积极看待消极的事情及生活环境能够在决定我们是否会受到压力或痛苦方面扮演一个极其重要的角色。和马卡斯·奥里勒斯一样，埃利斯认为看待事物的“态度”来自于发生在我们身上的事与我们在情感及行为上做出的反应。

通过潜意识地改变我们对待事物的看法，我们同时也会改变自身对待外部刺激因素的情绪反应，无论我们是否能够控制这种反应。情感和行为上的反应无须是下意识的。我们不必像“巴甫洛夫犬”那样，只会对那些可能会影响到我们的诸如门铃声及其他外部刺激做出反应。譬如，每次电话铃响的时候，我们不必非得接电话。如果当时我们认为自己很忙，可以不理会电话铃声，让它直接转入语音留言。如果通过来电显示功能提示了呼叫者的信息，我们也可以自行判断这个电话是否重要，再决定要不要接。在夜深人静的公路上，出于习惯我们可能会刹车等红灯，即使身边一辆车都没有。这并不是因为环境的压力迫使我们这样做的。有时我们要急着去医院，以致超速驾车闯了红灯。我们则会认为比起违反交通规则，紧急就医挽救生命更加重要，尤其是当我们身边没有车辆会因我们的违规而受到伤害时。

对事物的理解决定了你的情绪反应，不只是外部的刺激。为阐明这个观点，埃利斯提出了“A—B—C模式”。他用这种模式解释了有些人在备受压力时会产生什么样的情绪反应。在下面的图1、图2中，你会看到面临压力所产生的普遍性的“刺激—反应”思维在“A—B—C模式”中亦有所不同，从而通过认知评价来确认自己所扮演的重要角色。

图1　人类心理学中普遍认知的“刺激—反应”思维模式

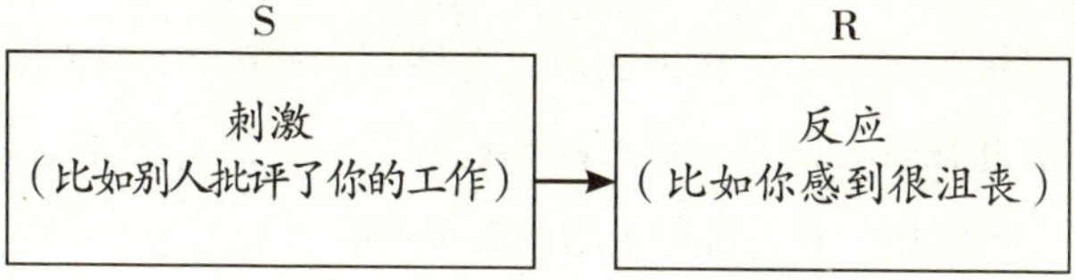

图2　艾伯特・埃利斯的“A—B—C模式”——

对紧张性刺激的情感反应

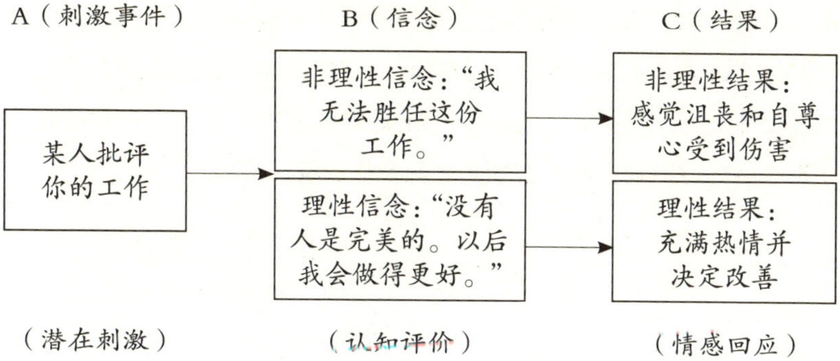

在埃利斯的模式中，A表示激活（或刺激）事件，权且当作具有潜在压力的刺激因素吧。B代表对于刺激事件所产生的信仰及价值观。不同的刺激事件，会产生不同的信仰或信念，最终会导致不同的结果。那么，很明显，C则代表了针对刺激事件所产生的结果或者反应。无论我们历经了哪种结果，都是受到了信念的影响。因此，通过改变我们的信念，我们亦可改变自己的情感。通过改变自己的情感，以及对周边环境的换位思考，我们亦可更容易地改变自己的行为。

因此，我认为，情感和行为的关系如胶似漆、密不可分。当然，这也不是他人的错误，仅仅是我个人的责任而已。你或许不愿挑起这个重担，也不会想到为此你能换来真正的自由。如果让这个观点左右你的想法，那么，朝圣者啊，恭喜你了，最终你将会获得自由——绝对的自由！就这么简单！

而真正的问题在于，往往简明易懂的问题，对于思维畸形的人来说，就变得极为复杂了。你又会想出哪些不正确的想法来继续为你的行为作辩护并且将之归咎于他人的错误呢？这样的“伪证”又能否在真正意义上带给你一直苦苦追求的内心平静呢？

休息一下吧，最终你将意识到你的感受和态度只属于你自己。你或许本不想让事情这样发展，事实上，这样的结果会让你感到恐惧，但你如何选择回应却完全在自己的掌控之中。在这方面，你需要自强！在这方面，禁欲派的泰然自若的高贵品质可谓无坚不摧。一定要先确保你能做到遇事不惊、沉着应对，这样就能自由地、有尊严地、具有使命感地一路走下去。一旦走出危险的阴影，你就会得到救赎，并且最终会意识到：外物根本无法触及你的灵魂深处。

> 人类的困惑并非源自于外物，而是他们对待事物的看法。
>
> ——斯多葛学派哲学家爱比克泰德

迄今为止，我们已经了解到，常识心理学中的基本错误一直围绕着一种猜想在转，那就是刺激事件在某种简单、直接的线形模式中引起了相应的感受或行为。事实上，我们已发现有一种介于二者之间的认知元素，它可以决定其结果，甚至影响到一个将来会发生的、特殊的刺激源。不同的信仰、信念和价值观会导致不同的反应。人们最终有能力来选择自己的价值取向。我们不再只是不假思索地认识与接受，而是更注重实效。

常识心理学中的第二个问题源自于有关刺激源本身的那些靠不住的假设。这些假设涉及“刺激”或“刺激事件”的本质，我们已在外部世界中有所察觉。

要说明这里的问题，让我们在此做个假设：一个叫兰斯的年轻人是高中校足球队的队长。他很有钱，长得帅，有运动细胞，受到全校女生的青睐。事实上，全校每个女生都愿意只为跟他约一次会而去死。没有任何事能比坐在队长大人闪亮的保时捷里与他一起沿着主干道一路驶向沙滩更让她们感到兴奋了。九月上旬的某一天，一个叫贝琪的女生来到了这所学校，并进了数学班。她长得非常漂亮，打扮得非常时尚，因此立刻吸引了兰斯的眼球。她安静地坐在教室后排，几天下来不和任何人说一句话，包括兰斯。她常常是刚打铃才进教室，一下课就立马闪人。在来回的路上，她不止一次和兰斯擦肩而过，却没跟他说过一句话，甚至都没有正眼看他一下，就好像兰斯这个人完全不存在一样。她似乎是完全忽略了他。当然，兰斯一定不习惯这样的待遇。没有哪个女孩儿会像贝琪那样忽视他的存在。兰斯是众望所归的“时尚先生”，他心里也很清楚这一点。那贝琪这个小丫头片子又是怎么回事儿呢?

兰斯最终得出结论：她不过就是个狂妄自大、自以为是的婊子，竟敢惹毛我！“她到底有什么问题？”他不断地问自己。一天晚上，当他和家人一起吃饭时，兰斯发现自己产生了邪念。当家人问他怎么回事儿时，他立刻回答说学校里有个女生总是漠视他，自以为太优秀以至于兰斯肯定配不上她。他继续抱怨说她总是以自己孤傲冷淡的行为让他惴惴不安。

在这个案例中，我们有一个刺激事件，那就是贝琪的孤傲冷淡的行为。我们也有这个事件所带来的反应：兰斯那不安、邪恶的想法。对于这个例子，看上去常识心理学似乎能够清楚地解释兰斯的负面情绪。作为刺激源，贝琪的行为“导致”了兰斯不安情绪的反应。

可真正的问题在于：所谓的“刺激事件”是兰斯个人察觉的，其实它本身并不存在。事实上，无论如何也没有那种孤傲冷淡的行为的存在。这些全都是兰斯自己想出来的。不信你看，在来到这所学校之前，贝琪一直都住在一个极其偏僻、与世隔绝的小农场。从一个小镇突然来到一个大城市上高中，对她而言就好像孑然一身来到了纽约市，身边没有朋友，一直处在恐惧当中。为了避免来到一所新学校上学所产生的焦虑情绪，贝琪去了很多精品女装店并买回了不少昂贵的大城市时装。她不想成为别人眼中的那种乡巴佬儿。她相信如果自己打扮时尚，别人就不会对她指手画脚、说三道四。除此之外，由于她的乡土口音，她害怕自己一说话就会被同学们笑话。最佳策略就是掩饰自己的背景，还有她那恐惧的羞涩。如果考虑到这一点，那么兰斯其实大可不必做出如此反应。那个“自以为是的婊子”的行为其实压根儿不存在，不过就是一个害羞害怕的年轻女孩儿为了适应一个令她感到恐惧的新环境的尝试罢了。

兰斯完全误解了这件事以及贝琪的意图。他凭空捏造了一个刺激源并对之做出反应，这都是他一手造成的。贝琪真实的人生经历还不如一个自创的消极幻想真实，而这种幻想完全源于兰斯的缺乏安全感。

贝琪和兰斯的例子告诉我们：我们在表面世界里所发觉的不同的人、事件以及境遇中那些极为重要的事情其实都是由我们自己一手构建的。“刺激对象”没有完全地独立存在，不仅仅只在“外围”，也没有本体上的独立。

无论贝琪会变成怎样的人，对兰斯而言，她已经成为一个认知的客体。兰斯本以为自己很了解她，然而他每天所见所认识的那个人很明显与他个人的想法有很大关联。在我们的案例中已然看到，兰斯使贝琪无形中变成了一个本不是她的那种人。当然，贝琪的确没搭理过兰斯，再加上华丽的衣着、突然的离去、游离的目光……然而，正是兰斯本人设定了这些刺激变数并将其转化到他可以嘲讽的对象上。

这一切可以归咎于兰斯无意识的认知。像兰斯这样的人大有人在，他们可以快速、任意地构建真实，并将整个构建客体的过程做得神不知鬼不觉。譬如，一些珍视友谊的社交名流，会像兰斯那样采取相同的刺激变数，并在他们的脑海中构建出一个不合群的家伙。还有其他一部分人会被贝琪的安静举止深深吸引或感到恐惧，认为她是一个美丽的性对象，抑或是一个惹不起的恐怖的家伙。

兰斯需要明白的是，他所面对的只是他自己一厢情愿杜撰出来的所谓的事实罢了。当他看到贝琪时，他并没有看穿她，而自己内心的不安全感却向外无限地扩大。感知力是对一个人心境的投影，看上去似乎是一个独立的世界。要改变他的想法，也就是要改变他所经历的那个“世界”。而你往往会认为改变这个世界是不可能的！

> 你名义上是一个世界的创造者，实则不然，去另一个世界好好放松一下吧，你将在那里迎来和平。
>
> ——《奇迹课程》

关于思维能帮助构建现实感、形成认知客体的想法，对伊曼纽尔·康德的认识论至关重要。康德（1724~1804）是一位德国哲学家。很多人认为他应是继柏拉图、亚里士多德之后，在西方思想体系中最为重要的思想家。基于他自身的理性调查，他得出“经验主义者其实都是错的”这样的结论。在表面世界里发现的客体不仅仅是为自己标记，就像在人类思维的空白处充分构成的客体那样。他同样反对这样的理念：对世界的认知是与生俱来的，和经验毫不相干。

对经验主义者来讲，这种观点太过偏激。康德所得出的结论是：毋庸置疑的是，我们所获得的所有知识，都来源于经验，而又并非完全因为经验。[3]

已知主体引发了任何能使其产生认知客体的经验构建的感知元素及理解类别。举个例子，作为一个经验客体，一个薯片不只是一个薯片。它的感知性（如松脆、薄、咸味、金黄色、油腻等）由敏感性及理解力结合在一起，使其成为一个“充分构成”的薯片。这种思维指出了它的统一性及实质性。作为一个薯片，我们可以看到它是一个薯片，不是一些七零八散的感觉。

同理，让我们回到贝琪和兰斯的事件中。在兰斯对贝琪的认知上，对兰斯而言，贝琪则代表了许多感知刺激因素。他清晰地记得她的衣着、游离的眼神等。如何排列、集合、解释及组合这些刺激因素，便成了兰斯的主要问题。他以自己的主观经验来判断这一切，将她看成是一个藐视自己的客体。因此，兰斯的现实感牵涉到许多因素的相互作用——一个综合与统一的过程。兰斯更有可能依据自己以往的经验及对贝琪的综合印象，判断出她是一个穿着华丽、漂亮的女孩儿，要么她是自命清高压根儿没注意到他，要么就是故意忽视他的存在。兰斯很有可能依据他从过往经验中已知的“她是个狂妄自大的婊子”来判断解释贝琪的言行举止。这种想法代表了一种理解，兰斯现在很明显地用它来理解这个世界。

这个案例再次强调了这个观点：作为一个独立的实体，世界并不只是存在于外部。康德派影响了认知发展心理学家简·皮亚杰，他指出：“……没有哪种认知，即便是感性认知，能组建一种简单的现实感，因其总是包含一个对先前结构的同化过程。”〔4〕

如果皮亚杰说的是正确的，那么对于你所看到的世界的一个巨大范围（比如兰斯）仅仅是你过去的反映。新的经验在先前理解的结构下被同化，在你的脑中已成型，但你又未曾真正地了解。

如果你不理解构建现实感的认知事宜以及其中的认知客体，那么请看一下下面的四幅图（见图3），它们对你一定会有所帮助。在每幅图中你都看到了什么？在你接着往下读之前好好看看……

图3　四幅图（A、B、C、D）

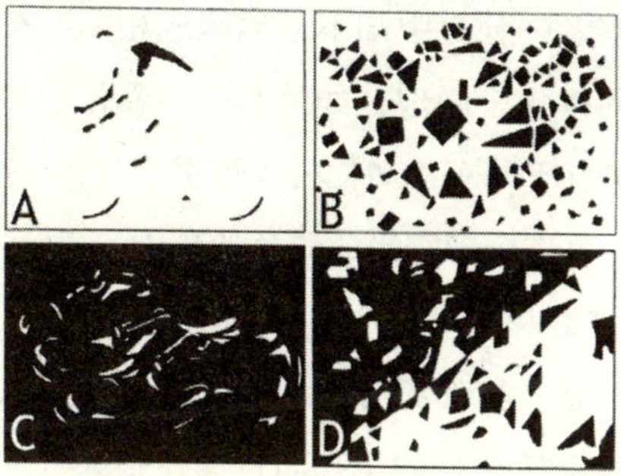

此刻，你肯定都已经看过了，并考虑到刚才发生过的事。你是否注意到“你的思维之眼”在如何不断扫描每幅图中各种各样的零碎片段？你将先前形成的感知、认知及理解一并引导到此经验中来。在使用的同时，你是否感觉到了你是如何下意识地试图“创造”每幅图中的经验客体？事实上，你或许已经获得了成功，或许没有。

用皮亚杰的话来讲，你或许已能同化对先前结构的感知数据，即你已掌握的、此刻用来组织现实感的概念或者认知大纲。你或许也犯过像我们的老朋友兰斯那样的错误。譬如，很多人在看到图B时，会看到一只鸡或是火鸡。事实上，那是一只茶壶。在告诉你答案的情况下，你现在能否看清之前你没看到的东西？茶壶是否突然从画中蹦出来扑向了你，即便之前它一直藏在多方位的随机形态中？若如此，你现在已应该明白如何依靠脑海中固有的形态及种类来排列并统一感知数据了。

要想更好地理解这个过程，那就看看图A的“骑单车的人”，同时看看图C的“三只鞋”，图D显示的是“水龙头”。当你看着这些图时，注意牵涉在所见种类客体的经验中的显著活动。

在此语境中值得思考的是，不是所有人都有像我们这样的理念。猜想一下，在一个特殊的社会中，让我们这样假设，没有流动的水，因此也就没有水龙头，对这些可以毫无评述。那么来自于那样一个社会的人看到图D中显示的还会是水龙头吗？很明显不会！同样的视觉刺激碎片，但观察者的脑海中却不会编织成相同的东西，因为缺乏我们思维中所拥有的概念。同理，如果在一种文化中，人们根本不知道什么是鞋，那么来自于同一种文化的人也不会在图C中看到鞋的影子。我们的“无鞋男”也许会把它当成鳄鱼的鼻子。

源于这种精神客体构建的讨论，使我们回归到责任的理念。我们不仅对自己的情感及行动负有责任，同样也在很大程度上对我们所察觉到的事物负有责任。是的，我们自身在很大程度上决定了自己在这个世界上所观察到的一切。事实上，我们愿意看到不同的现实。我们决定着玻璃杯里是空的还是满的，我们愿意看到一个“混蛋”或是“孩子”或是“上帝”。

我们的偏爱将是我们的感知力。我们可以自觉地检查自己的感知力。如果我们不愿意的话，不必非得将它们捆绑到自己身上，或是受它们支配。需要说明的是：无论任何人是否按照下等人的标准来看待这个世界，这都是其个人的选择，我们得因此负责。我们也可以努力学习新思想，试着容纳新理念，以不同的方式构建这个世界。

有了新的认知，因此迎来了一个全新的世界秩序。如果我们将鞋及其概念介绍给“无鞋男”，他就能学到自己先前所不知道的东西。

举个例子，如果你先前认为现实充满了罪恶、耻辱及不完美，这就会导致你对真善美视而不见，你就会感到难受，没有丝毫成就感。那么该是时候来重新组织开拓你的思维了。在你做内部心理调整的同时，外面的世界也发生了翻天覆地的变化。依据你的全新生活经历所产生的“新思维之眼”将会证实这一点。

欢迎你来到一个崭新的世纪！让乐观主义精神及欢愉之情开始充斥你的意识吧！更为重要的是，千万不要让自己变成第二个兰斯，这只能带给你痛苦，这是因为你对现实的曲解；依靠真相，最终你必会得偿所愿。

想一下我们的老伙计兰斯身上发生的事儿。全世界的金钱和社会地位不能带给他幸福或者内心平静。在意识不到这一点的情况下，兰斯一手造就了自己的苦恼，即便伤心不已，他也希望将其怪罪到无辜的贝琪身上。然而，对兰斯的不幸我们也不要幸灾乐祸。他自身并无过错，只是受到了无知的蒙蔽。他需要温和的开导，而不是公众嘲弄的苛刻惩罚。

同理，你也一样，我也一样。让我们洗掉自己所看到的保守失真的尘土，这样我们才能清晰地看到得更多。世上有更精美的事物有待我们发现，它只是被蒙蔽于这个世界表象的邪恶与丑陋里，要等你亲眼见证。耐心地寻找下去，最终你一定能找到它！

> 我们所看到的这个世界看上去如此疯狂，那是因为我们的信仰系统出了问题。要察觉这个变化多端的世界，我们必须愿意改变自己的信仰系统，过去的就让它过去吧，拓展我们现在的感觉，消灭脑海中的恐惧。
>
> ——“美国心理学之父”威廉·詹姆斯

第二节　个性与本质的较量

“我不能再忍受自己了。”这种想法不断地在我耳边响起。我突然意识到这是一个多么古怪的想法。“我是一个还是两个？如果我不能再忍受自己，那就一定有两个我——‘我’和‘自我’，而‘我’才是那个不能忍受的！”

“也许，”我想，“其中只有一个才是真实的。”

——著名灵性导师埃克哈特·托尔

对认知发展心理学的研究表明，当一个孩子出生时，其感受与成人的相去甚远。

“美国心理学之父”威廉·詹姆斯将其形容为“不断激增的迷茫”。试想，在一片黑漆漆的平面空间里，配上混乱嘈杂的声音以及无数其他难以区分的嗅觉和触觉。起初，孩子自身并没有意识。他看不到其他人，而作为其他人，其本身又是明显而独立的。

这是一个没有客体、空间和时间的世界。没有范围，只有眼前毫无差别的感受，有些人称之为“纯粹的存在”。这大概就是为什么我们没有自己生命中头几天和头几个月的记忆。没有所谓的“自我”拥有可以记住周围世界的感受。一旦自我意识开始出现，那么记忆将成为可能。随之将会出现某人（一个“自我”）拥有并记住它们。关于这方面有个含义：自我是一个渐进的心理建设的产物，而不是某种捐赠或预编程序。

人性在没有自我的情况下会怎样？什么是人类的本质？个性如何与这种本质相联系，它又如何围绕它而成型？稍后将讨论最后这个问题。至于“本质”，我们将尝试进一步说明。

在讨论本质时出现了一个逻辑上的问题。对于世上存在的物体和发生的事件所得到的具有代表性的解释说明，我们给出或至少推测出了许多概念，如空间、时间、物体、数量或其他一些科学性的概念（因果关系、运动定律等）。究其根源，这个问题源于“纯粹的存在”这样的事实——婴儿必须要去感受，它看上去不像是由可识别的物理形状和物质组成。客体到底是没出现还是根本不存在，是在这里还是在那里？

在婴儿的世界里，这些甚至都不存在。当涉及“本质现实”时，不存在时间、空间、物质以及各种因果关系。然而，我们用来描述和解释世上各种现象时所用到的语言完全依靠这些概念而定。因此，我们尝试用各种方法让孩子领会知识，因为跟他说话是不起作用的。我们无法通过显微镜来看本质，也不能采取触摸、称量或是直接品尝的手段。

本质超越了感官体验，超出了时空连续体。因为无法看到它或听到它，它便轻易地避开了我们的视线。因为超出了我们的视线，因此也脱离了我们的思维。很多人并不知道本质的“存在”。事实上，我们无法看到它或持有它，然而这并不一定意味着本质是不存在的。同样，我们并不能看到或持有微波以及无线电波，但它们却存在。事实上，现实的一切并不能立刻、完全地由传统的感官渠道获得。

这些并没有削弱感官体验的重要性，仅仅是指出了在超出实体平面之外，还存在着具有一个更大现实的元素。

世上存在两个现实——一个是可感知的，另一个是超出感知范围的。这种说法使某些人觉得前者较低级，后者较高级。整个所谓的“高级现实”这一理念有可能会在最大程度上敲醒那些缺乏心理经验的人。

对物质世界的依赖以及对科学理性的坚决维护导致人们私下闲聊时一说起另类现实，便觉得更像是一堆骗人的废话，根本不值得认真讨论。

如果你是一个具有科学头脑的唯物主义者，唯一能让你接受的办法是无论如何都得有坚实的经验证明做后盾，而可替代的形而上学的和本体论的现实将从先前的讨论中排除。

我下面说的话可能听上去不太合情理，但我甘愿冒这样的风险，请求你暂时放下你的证明要求。如果你仍愿意，过一会儿再回到你的科学理性中去。至少现在考虑一下这种可能性：世上真有可能存在一片所谓的“本质感受区”，其中可能有它的行为、情感、肉体以及其他心理上的体现，但我们不能完全按照它们自身来解释或减少这一切。

这一请求并不完全疯狂愚蠢，甚至像柏拉图这样的最高理性主义者也声称，经验知识是低级劣等的知识形式。据他介绍，以感官为基础的经验知识，仅仅是肤浅的表面知识。如他所称，它是最直接、立竿见影的非物质 “形态”的感受，在形式区中，它提供了高级现实的真相。世上的事物仅构成了在该领域中的具有完美形式的不完美近似体。

譬如，我在黑板上画一个三角形，那只是“三角形”形状的一个粗糙近似体。无论我怎样努力，可创造出的任何三角形都会有缺陷和不完美。此外，在黑板上或书中出现的特定的三角形也可有可无，但其形状永远不会改变。它的本体状与世上任何一个现存的三角形毫不相干。

再譬如，不合理的信念飞跃或许需要一点点误导来获得。柏拉图需要的是立竿见影的意识，这是一种不会改变、永恒的意识。但无限与永恒不是科学调查最理想的对象，它们只存在于另一感受空间。

柏拉图遭遇了其他世俗的经验，这让我们相信自己回到了试图识别的正轨上来。当然，他不是毫无理智的傻瓜。事实上，正是他所具备的至高理性，让他在历史潮流中被誉为“大智者”。然而，这本身对我们努力理解本质并没有太大帮助。

因此，让我们回到婴儿和他在这个世上的经历这个案例中来，至少我们通过认知发展性研究理解了它的真谛。

从婴儿的“不断激增的迷茫”中可以得出一个结论，那就是根本没有形态和场地的分离脱节。二者没有界限，甚至察觉不到。如果不能分开，因为与其他单一物体脱节的单一物体并不存在，那么人类本质的经验就须具有非二元合一状态的特征。因此，本质不具有空间性，也不存在于三维空间里。

关于本质我们亦可得出另一个结论：本质是永恒的。在没有物体的世界里，事物不会出现并消失。它们不曾开始，也就不会结束，至少在婴儿的脑海中是这样的。

因此，我们没有所谓更新抑或更旧的东西，没有持续很久的东西，没有过早结束的东西，没有超出时间的东西，也没有时尚或过时的东西。没有期限，也就不存在截止期限，时钟不再走动，万事万物无始无终，也没有任何迫在眉睫或即将发生的事情。一切“将要发生”的事情也都不存在。本质的现实不仅没有空间性，也没有时间性。

从上述 “本质没有时间性和空间性”的结论中我们可以得出第三个结论，那就是本质本身不能用因果关系来解释说明，因为这种解释须以存在于时空中的事物为假定前提。

举个例子，我们吃了止痛药后，疼痛很快就会消失，从中我们可以得出这样一个结论：药物能缓解疼痛，药物“导致”疼痛消失。于是，我们便做出了这样的因果推理：只要一吃药，疼痛就会消失。但在婴儿的世界里没有时间和空间，也就不会有和时间、空间相关联的事物了。

因此，本质超越了任何存在于因果空间里的现实。很明显，这也给科学理性以及任何试图理解本质的相关范例的人带来了不少麻烦。

对于物体、空间、时间这些专有的概念，我们得出的结论也在逻辑上暗示了经验主义的“自我”——有其名字、自我识别、历史渊源和确切方位的自我，它根本不属于本质的范畴。而真正的原因在于，自我需要和实际的物体相联系。

婴儿要将自己看成是一个有别于其他物体（如爸爸、妈妈）的单一物体。而他在生命之初做不到这一点，因为他的经历是非二元化的。

其次，自我作为一个单一的物体，要想显而易见且易理解，就必须存在于时间中。从此刻到下一刻，婴儿要将自己看成是同一个人，而不是每时每刻都在变。但没有物体，没有心理上的、经验主义的自我识别，也就不会有时间。怎么会这样呢？因为若没有时间的存在，世上也就不会有活着的人能经历不同的时刻了。

从上述事实中我们可得到一个根本性暗示：个性源自于本质之外。个性都是一些关于个人历史的东西：童年、青春期以及成年，可根据发展的历程来理解。另外，个性牵涉到物体。我们在说到孩子的事儿时，总会扯到父母、保姆及其他人等。我们在说到某些人的时候，总会说某某人社交能力强或性格外向。我们在形容人的个性时，也会说哪些人非常友善或性格孤僻等。

在这些案例中，假设“自我—他人”的关联性在一个具有二元性和分离状态的现实中，那么事物就不属于未分化的“纯粹的本质”。

奇怪的是，也有不少人说过这样的话：“我真的不是我自己。”这样的话也不无道理。

如果将这话说得更精确一点儿，那就是：“本质上，我没有自己的个性。”

一个人在自我发展的进程中，事实上是从环境中吸取了自己的个性，而如今他本人就是那种个性。本质的敌人已不仅仅是环境。此刻最大的对手应是他自己的个性。

——著名心灵导师A. H.阿尔马斯

你如果没有自己的个性会非常麻烦。有时你可能会问自己："嗯，如果我不是我自己，那我是什么呢？"在本质上，我大概不是一具皮囊。我的"纯粹本质"也没有时间性。没有外部事物的因与果，也没有外部事物能够影响它。我无法直观地看到它，摸到它，听到它，闻到它，或是品尝它，那么这还是我吗？这比我的个性还更像我吗？即便如此，我为何一定要选择本质而不是个性呢？至少我更熟悉个性，而本质相比之下更像是个陌生人，我不能保证就一定能够理解它。难道有某种精神上的附属细则我并不了解，还是说会有某种暗示让我抱憾终身？

本质的难以捉摸由来已久。在理解本质的时候，它或许看上去就像是某种真空或黑洞的残渣物。为何还会有人选择心甘情愿地将自己投入到那个黑洞中去呢？为何不继续支持个性呢？

在回答这些问题之前，我们有必要先搞清楚什么是所谓的"空洞"，它并不是某个令人恐惧的黑洞。譬如说，多少年来涌现的精神领袖、神秘教派及（印度教）宗师们，无论他们是印度教徒、佛教徒，还是基督徒，都发现了这个"空虚"，并鼓励其他人也能通过禅修、祷告或者结构运动等手段找到它，而这些手段本来就是为加强思维训练以观察不同的现实而设计的。

他们最早就知道，一旦某个人的个性或自我识别流失，他就进入了一个极度空间里。在这个极度空间里，他体会到了内心的广阔。这片开阔的空间是无界限的、无止境的，清新而又凉爽。这种感受不像某种理性方面的直觉、真心的情感或肉体上的感觉，尽管在此人感受本质中可能与这些因素有一定关系。阿尔马斯对这种感受深有体会，他一开始就将本质形容为纯粹的意识和发光体。

这是一种超越理性、超越感觉的启迪，完全不受肉体的束缚。它不是什么智慧的见识，也不是什么幸福感或生物反应。然而，他宣称这种感受仍是一种实际、明显的本体形态，反映在我们的力量、平静、激情、警觉性、爱情和喜悦上。

这些元素涌进并填补了分离的自我所遗留下的空虚。这些东西体验的存在感正是考虑到对本质的确切形容。譬如说，本质会有情绪影响。一个人在经历本质时会感受到温馨高雅，就如同“硬度”并不一定就是钻石的本质特征，同样，温馨高雅也不是本质，而是本质的体现罢了。

关于肉体的感官，阿尔马斯认为人们可以体验并在肉体上感受到本质，但很显然，他一直在贯彻这样一种立场：本质并不是某种肉体上的反应。我们再一次通过类比学来进行推理，可以“感受到”自己的胃，但这种感觉其实并不来自于胃本身。

A.H.阿尔马斯，1944年生于科威特，是二十一世纪最重要的心灵导师之一、钻石途径创始人，其深度心理治疗方法在西方超个人心理学领域占有重要地位。阿尔马斯具有完整的现代心理学背景、丰富的个案经验，并受过最高层的佛法训练和东方修炼法门的熏陶。他最主要的贡献是将西方心理学与东方智慧整合起来，发展出一条循序渐进、直接而精准的钻石途径。

谈论到智慧的见解及它们如何不同于本质这个问题时，阿尔马斯告诉我们二者之间是有很大区别的，见解是“事件”，而本质是“存在”。见解是一种理解某个特定真理的感受，相比之下，本质有时候被称为某种具体化的存在，也就是本体现状。阿尔马斯没有否定见解的价值，然而，它们却给了我们思想、情感及个性如何运作的公开信息。因此见解可以将我们引导到本质中来。但根据阿尔马斯的说法，尽管见解的力量很强大，能让人亢奋，但它们本身却并不是本质。

相比之下，本质更完美、更华丽且更有实际意义。只有本质可以完全“扑灭我们的激情”，只有本质才可以帮助我们获得内心平静。本质的存在令人不可思议，它的特点是“绝对令人亢奋的魔法”。虽然如此，我们仍可选择使用见解、情感及身体信号来作为证明我们肉眼看不到的事物存在的蛛丝马迹。

如果要更好地了解本质，我们就必须学会感受“存在”并放弃试图从外界找到这样一个物体的念头。当我们全然活在当下、彰显自我时，感受会更加强烈。

这种强烈的感受并不是本质，因为本质没有二元性，但却映衬出了我们存在的状态。紧接着“存在”的是我们对这个世界的超清晰且生动逼真的认知，这种认知曾被自我主义的过滤网弄得面目全非。

不同的色彩显示出一种无比细腻的特性。不同的声音有着未曾听过的回声。当一桌简餐突然变成一桌盛宴时，就唤醒了沉睡中的不同的味蕾。雪花成为大自然的艺术杰作。当一个人完全融入其周身环境时，便会有融入正在感受的物体中的感觉。例如，一个个体可能获得与自然融为一体或者与之正在享受的音乐融为一体的感觉。而对于后者，他不是在聆听音乐，他就是那段音乐。

通过清空整个声音资源和个人头脑中音乐之间的物理空间，使其获得实际“进入”音乐本质的机会。头脑的不同空白区域可聆听到不同的器乐和声响。五彩图形和视觉形象也有可能随之产生。这样的经历完全是令人愉快的奇迹。在一定程度上你头脑中呈现的音乐成功地实现了用常规语言所无法形容的“统一性”，你更好地理解了放弃自我并不是最终意味着牺牲。它实际上是一种令人心动且富有启发性的经历。

在最终决定到底是支持本质还是个性之前，我们不要忘记老伙计兰斯的经历。他的不安全感创造了一个假象现实，他一直活在这样一个现实中，选择了消极反应。他的个性为他创造了一个充满幻象、鲜活逼真的人间地狱，至少在他和贝琪的关系上是这样。在贝琪这件事上，他并不真是因为自己所以为的那样而苦恼，而真正让他心烦意乱的原因他却又视而不见。

你就如此确信你的现实感一点儿都没受自身心理防御的扭曲吗？你是否在地球上建立起自己的“地狱”呢？你常常感到忧虑、担心、恐惧、遗憾、负疚，有些时候又惴惴不安、复仇心切、愤怒、沮丧或是神经兮兮，你能否认这一切吗？这就是个性所带给你的一个所有的坏情绪及糟糕心情集中在一起的收纳篮吗？而你又要如此拼命地守护住它？你得为自己的情感负责，而你又选择了它们，那你是不是疯了？记住，没有人能左右你的感受，它完全取决于你自身。除此之外，偶尔的成功和财富积累所带来的短暂的欢乐时光能够让你得到自我满足吗？

你是否忘记了释迦牟尼说过的有关世俗的荣耀及消遣的琐事方面的训条？他曾说：“世俗的幸福不会长久，苦难即将随之来临。”在你内心深处，你是否分享过他的独到见解？因为缺乏先前已知的选择，也就不难理解你所选择的短暂幻象为何无法带来任何的福祉了。

令人感到高兴的是还有一种更好的选择。这一可选择的道路为你提供了所有你真正想要获得的直接经验。它向你展示那个脱离了环境、与具有攻击性的侵入性的扭曲的自我决裂了的自己。

正如阿尔马斯所说：“一个人越是植根于本质的具体化经历，他的领悟就越准确。他也会更少地受到个人主观智力的干扰。”

你是否渴望了解真相？真相有一种解放的功能。你无须再定义自我，改善自身形象，构建自尊，表达自己或者对他人施展自身的魅力。你同样不再需要屈服于这个世界或者抵御它。最终，心灵的平静将唾手可得。不要像一个来自纽芬兰的童子军在一次露营活动中被问及最想念什么时，做出“苍蝇和青蛙”这样的回答。

这是伴随他成长的一切，这是他所知道的一切。这是他所喜爱的一切，并在内心深处给了它一席之地。为了你自己好，千万不要和自我意识中产生的苍蝇和青蛙打成一片。本质所给你的远远不止于此。当盛宴餐桌上已为你准备好你做梦都想象不到的美食时，你为何还要仅仅满足于落在地板上的面包屑呢？

本质才是真实的个体，确切地说，是真实的自己。个性之所以被认为虚伪，是由于它一直试图取代本质的地位……个性和自我识别必须得填平因童年丧失的本质所产生的空洞。因此，它纯粹是个冒牌货，一直在伪装着自己。

——著名心灵导师A.H.阿尔马斯

我寻找过很多东西，最终找到了绝望。现今我只寻找一样东西，因为那样东西有我需要的一切。我之前所寻找的那些，并不是我需要的，也不是我想要的。那时我还没有意识到我想要什么。但此刻，我才意识到，我唯一需要的是真理！在真理面前，所有的需要都能得到满足，所有的渴望都会消解，所有的希望都能实现，所有的不切实际的梦想都会远去。现如今，我拥有了自己需要的一切。现如今，我拥有了自己想要的一切。最终，我得到了内心平静。

——《奇迹课程》

要帮助你更好地理解什么叫没有心理识别的自我，或许我们可以适时地做个小小的思维测验。

请先闭上双眼……然后，想象一下在你面前有个红色的小乒乓球飞来飞去……去感知那个球……现在，把那个球塞进你脑子里……在你的思维深处，把它安置在你两个眼珠之间位置的后方……继续感知它……仔细地观察它……然后再次将球放在面前，像之前那样去感知它……最后，把球放进你的思维里……从任何一个有利的角度观察它……然后去感知你所看到的东西……

现在我们先做一个心理测验，大概花上一两分钟的时间……

现在你已完成了任务，我想让你重复一次刚才的实验，但这次你得集中精神去感知那个球，最后再问自己：它到底是谁，或者说到底是什么，让我这般去感知它？你将注意力全部集中在球上，但究竟是谁或是什么在聚焦你的注意力呢？是机器里的幽灵、灵魂或是纯粹的本质？这种感知力有它的称谓吗？有颜色吗？大小和形状呢？它有几斤几两？有什么味儿？何时出生的？它有开端吗？它的历史渊源来自何处？它会不复存在吗？你又能区分定位出起初的“球的意识”及“你对球的感知”二者的界限吗？

刚刚完成的这项练习的重点在于帮助你感受自身的某些特性，而这些特性你以前可能没有注意过。你的“意识的意识”或许和你本人更为相似，即你在本质上的“大我”，而非你的个性。

要注意它（指上述练习）并不能分享你的自我识别的普通特性，但仍相当真实，且有强烈的存在感。它似乎更像某种自觉的意识。相比会走会说的低级心理形态的自我而言，“大我”没有凭经验显示出明显的行为。它是现实存在的，但又不能用肉眼观察到。

很明显，这种意识能看到、能观察到，但却是通过“思维之眼”而不是肉眼来实现的。著名灵性导师埃克哈特·托尔将这种“意识的意识”定义为“目击存在”。像他所指出的那样，在你的一切想法、情感及反应背后，是“沉默的观察者”。

过一会儿你就会发现，你体内那个沉默的观察者将会在成为自我的行动中应召而来并帮助你捕捉自我——那就是你的个性自我。当你以自己的个性作为自我观察的目标时，与自我识别的分离将变为可能。你会亲眼见证什么叫“我不是我自己”以及“我不受个性的束缚”。

埃克哈特·托尔，生于德国，从伦敦大学毕业后，在剑桥大学担任研究员和导师。他不倾向于任何一种宗教。在他的教学当中，他用一种简单明了的语言传达了古代心灵导师所倡导的简单而深刻的理念：我们可以摆脱痛苦并进入内心的平和世界。

在2011年评选的世界百位灵性导师中，埃克哈特·托尔名列首位。他在世界各地讲学，努力将自己的心灵启迪实践传授给世界各地的人。他的代表作《当下的力量》曾在《纽约时报》畅销书排行榜位居第一名，被翻译成三十多种文字，全球销量达到二百多万册，被誉为"我们这个时代最具影响力的心灵之书"。

在谈到自我意识这个问题时，托尔建议我们大家：

在各种情况下都要勇于做自己的思维——想法、情感以及反应的观察者。至少像能导致你反应的他人的情况那样对自己的反应产生兴趣。同时也要关注自己的过去或未来。不要对你所观察到的事物妄下结论或妄加分析。观察你的想法，感受自己的情感，观察自己的反应。不要让这些因素成为你的问题。那么你将感受到一些比你观察到的更强大的东西：在我们的思维背后静寂无声、观察力敏锐的存在感——沉默的观察者。[1]

第三节 《创世记》和自我主义的投影

在详细研究自我个性导致的幻觉之前，先想想它是如何出现的，这样更明智一点儿。

我们仔细对比一下《创世记》中所描述的上帝造万物的故事和人类自我或个性的出现，会发现二者之间有着异曲同工之妙。起初，亚当和夏娃与上帝一起住在伊甸园。他们团结一致，并受到了来自天堂的祝福。

这和新生儿的情况一样：自我与母亲之间没有本质区别，即便事实上二者并不是同一人，但他们紧密地结合在一起，感觉像是“一个人”。

此外，从《圣经》里我们得知，当年亚当和夏娃在伊甸园里都是裸体的，而且他们也不觉得羞耻。他们已经很知足很幸福了。这有点儿像新生儿在刚出生时就受到了纯洁的祝福。

当然，我们也知道，夏娃受了撒旦的蛊惑，想要偷吃善恶之树上的果实。她最终还是经不起诱惑，还将苹果给了亚当，而他也很想尝一下它。在这一幕里，我们可以看出二人都想拥有自己没有的东西。他们都认为自己学识疏浅，所以违背了上帝的旨意，偷吃了禁

什么是自我主义？

根据认知发展理论，瑞士儿童心理学家让·皮亚杰将儿童把注意力集中在自己的行为和观点上这一现象称为自我中心主义（或称自我主义）。自我中心主义在对自己的观点方面与利己主义、个人主义、唯我论有相似之处，可视为个人主义的一种表现方式。自我中心主义以自己为中心解释世界和处理事情，其基本原则是“以自我为中心”。

果。之后教会将他们的行为定性为“原罪”。

再回过头来说一下孩子。随着他们的不断成长，终有一天他们也会意识到自己的需要不能立刻得到满足。这和伊甸园中的情形相同。孩子们都想得到更多的东西，而且是立刻得到，而这个世界并没有满足他们，无论是温暖、安全感、关心或是其他。他们最后发现这个世界并不是一直围绕着他们转的。随着岁月的流逝，他们便意识到自己的生命中“少了点儿什么”。他们意识到了自己疏浅的学识。

随之而来的就是自我个性的逐步形成。事情“不太对劲儿”，自我主义也就随之而生了。如亚当和夏娃，他们的自我需求最终付诸实践，为了补偿他们的学识疏浅。

他俩一旦吃了“禁树”上的苹果之后，就立刻有了自我意识——明白了语言的褒贬两面性，然后开始为自己的一丝不挂感到羞耻，便赶紧找了几片叶子遮羞。由于违抗上帝而产生的负疚感以及对将要面临的灾难的恐惧，二人便在伊甸园里藏了起来。当面对上帝的责备时，亚当迅疾将一切过错都推到夏娃身上。亚当宣称这都是夏娃出的馊主意，而夏娃又将责任都推到撒旦身上。因此，基于对上帝的恐惧，二人便开始“推卸责任”，这是他们在“学识渊博”之后干的第一件事，还有他们刚刚产生的羞耻感及负疚感等。

至于尚无认知能力且自我主义尚未成型的婴儿，很多挫折和受阻的需求逐渐在他心里生根发芽。他并不知道这个世界是怎么运作的，也不能明辨是非，甚至在某种程度上他认为自己做了错事理应受到如此不公的待遇，因此他将这些不愉快的事件融合在一起变成了负疚感。

无意中，他会有种潜在的恐惧——“我做错事了”或者说“都是我的错”。有自我中心意识的孩子都会有这种想法，譬如说，因为父母离异，他会为父母失败的婚姻自责一生，而不会想到自己的无辜。一般来说，这种早年形成的负疚感最终会导致每一个觉得身负耻辱、害怕强势家长的孩子为一点儿小事儿而责骂兄弟姐妹和朋友。我们会常常听到很多孩子在犯了错误之后尖声喊道："是他们逼我这样干的！"

他对自己的"战术"感到很满意，生根发芽的自我主义最终演变成责骂同学、老师，后来甚至是邻居、社会及整个体制，责骂任何犯了点儿小错的人，对不太满意的小事儿抱怨不停，而且他会一辈子乐此不疲。他对个人的失败、缺陷以及任何有可能发生的事情，都不会先找自己的错，而是必定要发泄到外部世界，以便维持自己的神智健全。因此，他们总是认为要怪只能怪世界，不能怪我！

这让我想到了弗吉尼亚理工大学发生的曹承禧案件。他杀了人，却要怪其他人，而不是先从自身找原因。同时我再一次想起了我们的老朋友兰斯。他在意识里没有觉得自己发疯，那是因为他本身有种不安全感，相反，他将问题归咎于贝琪的高傲。要怪就该怪她！从前文中我们已得知，其实兰斯是在责怪一个假想的现实，一个由他自身的防御个性投射出的现实。自我主义产生的幻觉应运而生，疯狂地支配着一切。

我们对自我的隐喻以亚当和夏娃被逐出伊甸园而告一段落，因为违背了上帝的旨意，他们责备对方，甚至包括撒旦，而他们的结局注定是惨淡的。

同样，婴儿被迫离开与母亲"合并存在"的暖巢，一生苦苦挣扎，埋怨这个世界，不知不觉中隐藏了内心世界的疯狂信念，而这个信念却又毫无意义。

"我一出生就有罪并感到耻辱。""我一出生就伴随着原罪。""我是残品。"

"不，不是这样的。"自我主义心理说，"你只是一个无辜的受害者，受到了不公正的漠视、虐待及攻击，仅此而已。"

"但不要担心，"自我主义心理接着说，"我会一直保护着你，让你免受危险的敌人的袭击，这些敌人无处不在。要怪就怪他们，错不在你。"

所有令人痛苦的恐惧感、负罪感以及羞耻感所带来的后果会让一个渴望失去天真无邪的感觉的人再度崛起，也许回归母体，抑或再度回归到我们的终极发源地——天堂。在那里，所有的需求都能立刻得到满足，也没有存在于时间世界的那些缺陷。在最开始的时候，我们已经拥有了自己想要的一切，也是自己梦想成为的那种人。再无须去别的任何地方，也没有任何事物会发生变化。

我在家的时候，女儿常对我说起在录像带上记录的她打捞“泡泡棒”的一幕，她总是说那是在她自身个性的发展进程中改变一生的时刻。这段经历造成了她的“自我起源”。那大概是在她第二次过生日时，在一个双胞胎俱乐部聚会上，她一直用来吹泡泡的“泡泡棒”无意间掉进了一个盛有肥皂水的瓶子里。我当时恰巧在录像机上捕捉到了这个镜头。而我当时并没有意识到她所遭受的挫折感，因为她好几次试图够出瓶子里的棒棒，而她那细小的指头根本够不着。同样，我也想象不出她有多伤心，因此当时我什么也没做，只是在那里笑话她，同时捕捉到了她受挫的瞬间。

说心里话，我当时只是沉浸于观察并拍摄下我的宝贝女儿——一个好玩的孩子的过程中。我想录下这一刻，这样以后我们闲来无事时也可以拿出来欣赏。我并不是刻意挖苦她，但却让她在整件事上承受了如此大的痛苦。在她幼小的心灵深处，她产生了孤独感以及一种被遗弃的感觉。她的爸爸在她最需要的时候没有站出来拉她一把。“当我最需要他的时候，他为什么只是站在远处不停地嘲笑我？”“他为什么体会不到由于他的怠慢而给我带来的挫折感和不快？”“为什么我就成了受害者？”“没有人理解我，我的心碎了。”

我们再次回到自我这个话题上。孩子对这个世界的防范心态逐渐形成。防护、照顾自己的需求由此引发，一个冷冰冰、麻木不仁的世界应运而生。我女儿告诉了我真相，就她的记忆而言，这一刻决定了她心理上的个性动态。孩子的天真无邪从那一刻起化为乌有，与“伟大父亲”的分离脱节已然成为既定事实。我们确实已经在“伊甸园”里，但却比我想象的隔阂更大。

当然，我并不是有意伤害我的宝贝女儿。事实上，我当时认为她的样子非常可爱，并想永久保存那一刻，因此我把它录了下来。不管怎么说，我的宝贝女儿有她的燃眉之急。她当然也不理解我的所作所为，她只是想让我帮她“救出”她的“泡泡棒”，但我没有帮她。她的内心深处受到了伤害。

她其实是伤在心里。这样的“悲剧”在每个人的一生中都会屡见不鲜，无论你的父母或保姆是否出于善意，无论你们多爱彼此，无论你受到的伤害对其他人来说是多么微不足道，但这对你来说至关重要！毋庸置疑，你可以确切描述出一个或多个突然感觉无助和寂寞的时刻。

请花一些时间来思考一个时刻——一些人不理解你，在你的早年因他们的感觉迟钝、漫不经心或是对你的需求的冷漠而伤害了你。更糟的是，他们或许在身体上、性别上或情感上伤害了你。无论你原始的精神伤害来源于何处，你当前的个性展示了你无意中在这么多年里选择的应对这个伤感的世界的方法。每个人都有一个自我，每个人都有一个足以让你感动落泪的伤感故事。

自我个性的投影

让我们回顾之前的内容，我们在本章第二节中了解到了两个现实：高级的和低级的。低级现实是自我主义心理、自身经验和个性的栖身之地。低级现实是感觉、变化的世界，是事物开始和结束的场所。在这样的现实中，生和死真实存在，贫乏、遗失和分离也皆真实存在。

在低级现实中，个人会意识到对立和相反的愿望。人类会受到伤害、感到失望，愿望也会无法实现。明天总是存在不确定性。人与人之间总是会存在持续不断的冲突、攻击的恐惧、有预谋的指责、为了自卫而进行的报复，更不必说个人所有因焦虑和沮丧而产生的不安情绪。难怪会有人把生活比作地狱。然而这就是他们所附属的世界，他们只是拒绝放手离开。不可思议的是放弃这地狱而接受更好的选择需要付出极大的勇气。一些人从未做过这样的努力。

在理解这种低级现实所具有的“暂时、充满幻象”的特性之后，或许我们有一天就会放弃它。

佛祖将尘世比作一场梦，这对我们努力脱离它很有帮助。举个例子，你昨晚做了个梦。或许当时它很逼真，特别是那种我们偶尔会梦到的非常真实的噩梦。但现在它在哪里？它已经消失于无形了。昨天也消失了。它现在在哪儿？怎么样了？你昨天在哪儿？当时在干什么？你经历了什么？那种经历现在在哪儿？已经从宇宙中蒸发了吗？或许没有。

它很有可能还在你的记忆里。但你的记忆在哪里呢？如果它不在你的思维中，会不会是你昨天亲身经历过的那个世界仅比你思维中的幻觉或虚构更真实一点儿呢？你的现实感有没有超出你的思维？好好想一下，如果你的思维有别于他人的思维，那么他人是否也经历了你昨日经历过的相同的现实？每个人都在经历你此时此刻正在经历的相同的世界吗？

换言之，难道世上只有一个能让所有人都看到的“客体”现实吗？或者说，物质、暂存的现实都是由你的思维构成？它们就像昨日那样是会马上消失的短暂幻觉吗？

我们之前已探讨过兰斯与贝琪的案例，而这个案例正是《奇迹课程》教育我们的有关思维与物质现实的内容：

> 我们所看到的世界仅仅反衬出了我们自己的内部参照系——思维深处的主导思想、愿望以及情感。“映射自我才能察觉自我。”我们先要往（心）里看，来决定我们想看到

哪种世界，然后将其映射到外部世界，让它成为我们所看到的真相。通过诠释我们所看到的景象，我们使它成真。如果让我们通过感知来判断自己的错误——愤怒、攻击、冲动、缺乏爱等各种形式的错误，我们将会看到一个充满邪恶、毁灭、怨恨、妒忌、绝望的世界。

我们以扭曲的防御心态扭曲了这个世界，因此我们才看到了本不存在的东西。

从《奇迹课程》中我们得知，现实似乎不过就是自我个性或认知主体。事实上，现实是一个人对希望、恐惧及想法的诠释和投影。换言之，当我们看这个世界时，我们是在见证自己向外映射的思维状态。

从这项观察中，我们得出了母亲的智慧——你从别人身上所看到以及所嫌恶的特征正是你担心以及厌恶自身的特性。这种投影的后果会很严重，尤其是下次你将要批评某人，仅因他说错了什么话或是做错了什么事。你还有可能在映射的伪装下攻击自身！

如果你恨一个人，你只是恨他身上具有某种你所不具备的特性。若我们天生就不具有那种特性，那就不该自寻烦恼了。

——德国作家赫尔曼·黑塞

现实是一种投影，这种观念和大哲学家伊曼纽尔·康德的主张有相似之处。他曾说："思维是本性的立法者。"对于他来讲，我们的思维并不是被动接受视觉及听觉的容器，也不是不同事件及事态的旁观者。

我们之前从那项随机图形的感知练习中已了解到，我们的思维为我们所观察到的这个世界提供了秩序及其结构。如我们之前发现的那样，如果一个人并不知道什么是“鞋”，也从没听说过“鞋”，那么他就不能在那些图片中看到“鞋”。

以往的想法、对很多概念的理解、信仰、愿望以及价值观将我们一生所见所知的事物塑造成型。感官就好像是从外部世界直接流入的，但由我们的思维来编排、诠释。因此，这个世界要符合思维，而不是反之。因此，感知牵涉到一个投影的过程——对我们已掌握的知识的投影。

不幸的是，我们在现实中的自我主义心理投影导致了感知扭曲。扭曲的自我主义心理投影以多种形式出现，最终成为不同性格种类的自我识别或个性，用康德的话来说，在认知上，构建出不同的心理世界观。

从表面上看，基因决定了所有的人要按照主客体二元性、时空性及因果关系来最终感受这个物质世界。而事实不止于此，人们对个人及社会现实都有着自己独特的感知能力。他们以不同的方式构建出这些东西。但对于任何个人而言，他（或她）对“世界”的感知力都不应该作为观察自我的证据，尤其当这种感知所看到的事物是“客观正确的”。

人们总会说“眼见为实”。一个人所看到的世界是其思维的构建。他会把所观察到的存在于这个世上的事物当成是自己对这个世界的要求的确凿证据。问题就出在：这个所谓的“确凿证据”仅仅是思维的扭曲映射的产物。这种“客观事实”的感知或许仅比一个主观上扭曲的现实更实际一点儿。

譬如说，从兰斯的心理角度分析，贝琪的确很傲慢。而事情的真相却和兰斯因自我主义心理扭曲心态而对她的描述大相径庭。他对她的行为的诠释有失公允。他对她的消极评价事实上是基于他自身的恐惧以及不安全感。或许他不认为自己那么受欢迎、长得帅以及炙手可热？“事情不应该是这样的。”兰斯的防御自我主义说道，并上前抑制了他的无意识的想法。“很明显，她就是个婊子。这是事实，并不是你想象出来的，兰斯，”自我主义继续说道，“……任何人都会说你对她的看法及评价是对的。不信就看看她都干了些什么！”唉，可怜的兰斯啊！

显然，每个人都有自己不同的人生经历，因此在肉体以及情感上，大家都不尽相同。然而，个性也并非完全是个人的特性。事实上，每个人的自我个性都是众多特性或心理原型之中的一个特例。

譬如说，西方医学奠基人、古希腊著名医生希波克拉底曾依据人们喜怒变化的性情描述了四种基本性格：冷淡型、易怒型、忧郁型以及乐观型。

柏拉图曾用哲学家的口吻为我们将所有腐败堕落的性格进行分类：民主型、寡头政治型、专制暴虐型。理想的性格体现在“哲人王”身上。

卡尔·荣格为我们呈现了他所主张的心理种类的理论性概念，将其标注为内向型和外向型两种。同时根据人们的偏好收集有关信息并作出评价，荣格将人描述为感官型或直觉型（偏好直觉）、思想型或感受型（偏好判断）。

> 卡尔·荣格（1875~1961），瑞士心理学家。他与弗洛伊德合作发展、推广精神分析学说长达六年之久，之后创立了荣格人格分析心理学理论。他曾任国际心理分析学会会长、国际心理治疗协会主席，创立了荣格心理学学院。他提出了“情结”的概念，把人格分为内倾和外倾两种，主张把人格分为意识、个人无意识和集体无意识三层。他的理论和思想对心理学研究产生了深远影响。

九型人格心理学是一个建立于精神上的系统，它为每种不同的人格提供了一个数字编号，共有九个，要识别每个人都是用“2”、“7”或“3”等不同的数字编号。有些人考虑到它们的原始意义，便将这些编号看成是“苏菲号码”。无论它们的起源是什么，或在什么样的基础之上，在个人的心理天性中或许看上去都有无穷的变化。历史上的思想家对世上是否存在可观察可预测的行为模式有过争议。每种可识别的原型个性都重点强调了不同类别的价值观、目标以及欲望并将其投影到现实中。每种人都有自己特有的不安全感，并用可观察的心理防御机制来保护和维持“堕落的自我”——脱离其本质的假象的自我，这是一种自我保护的心理上的自我。

在下面的章节里，我们将更加细致地检查自我幻觉，以及由各种个人的本质特征所察觉到的损失导致的性格类型。届时将会有众多九型人格研究学者为了这项分析的最终目标而揭示其中更多的奥秘。九型人格心理学非常重视精神问题，以最佳的方式诠释对自我主义心理的治疗方法。

然而，在继续我们对性格类型的分析之前，请大家先牢记这一点：婴儿在刚出生时住在心灵的天堂里，与这个世界完整地结合在了一起。随着时间的流逝，早期的自我意识开始萌芽，但在很大程度上，仍是与母亲“合并身份”的。在此期间，孩子的需求总是能得到满足。然而到最后，他就感到很不愉快，需求的满足被迫延迟，感情受到伤害，挫折感越来越强，自我与他人之间的界限越发明显。最终，“自我”就应运而生了。

根据九型人格理论，个人一旦中断了与其本质的联系，就最有可能受到影响，而这种特性对他们有着很重要的意义。一旦这些本质特性变得极为显著时，就会发展成为一种性情，家长与孩子之间的早期互动可能是带有原始经验的，会造成精神创伤。

事实上，这种影响从未真正离开过孩子（甚至在这个孩子长大成人之后），但是个体童年的精神创伤使他们相信这种本质特性已在无形中消失。

对于大多数个体，中年生活告知我们，是时候选择另一条路了。从那时起生活成了一段寻找失去宝藏的旅程，这宝藏就是个人的本质存在，个人的真实自我。这是一个“圣杯”，是我们给予世界的礼物。

你我如同陌生人迷失于陌生的土地，渴望着回到我们期待已久的家园，最终回到家庭、收获安宁。

直到此刻，你的生命其实一直就是一场噩梦。事实上，你从未离开过伊甸园。你这大半生中觉得很真实的东西一直以来不过就是一场痛苦的噩梦，或者说是幻觉。而最令人悲痛的事莫过于你明知自己仍在做梦，却还是选择了继续沉睡，无论这场梦让人多么痛苦。亲爱的朋友啊，你何时才能觉醒呢?

在我们睡着并开始做自我主义心理的噩梦之前，我们都吸收了众多的本质特性。我们天生完美，有着诸多优点，绝对地可爱、纯洁透明、美丽、开放、自然、愉快、值得信赖，而且喜爱安静。

然而，随着自我主义心理的诞生，我们便慢慢脱离天真园。我们隐约感到一些“本质性”的东西已经遗失。在这方面，每个人的经历或多或少都有所不同。我们的余生都是在一条努力夺回童年“遗失的天真”的坎坷道路上。我们在无形中都感受到自己的缺陷和不足。为了遗忘而非识别真正的自我，我们或许愚蠢地认同了他人对我们的责难非议。他们消极的声音最后转变为我们的心声及自我识别。举个例子，有人对你说：“你是个一无是处的人！”你就有可能觉得自己是个“败寇”。如果真是这样的话，这就会变成我们的自我概念、自我识别，最终就是自我主义心理。

同时，由于自我价值的逐渐消失使我们受到了伤害，我们可能会花上一辈子的精力试图获得成功，为了向这个世界证明自身价值。这样的话，我们成功之后，我们这辈子就会活在目中无人和愤世嫉俗中。成功因此变成了最好的报复。

掌握童年的讯息之时，来自四面八方的针对我们的猛攻无休无止，而我们亦得到了发展和成长。譬如说，麦迪逊大道的讯息每天都在提醒我们需要怎样做来提升自我以便更受人青睐或更加成功。如果我们选择接受这些讯息，或许会在无意中慢慢变得更没有安全感，甚至更加恐惧和厌恶自己。我们痛恨自己的长相，对自己的行为感到失望，甚至不愿相信自己多么愚蠢或没用。这些不安全感构成了一个全新的自我定义——一个篡夺了我们真实身份的假象中的自我。绝望中，我们发明了很多绝佳战术来保护这个虚假的自我形象。最后我们成功了。我们花大价钱买来很多垃圾产品装饰自己的外表。我们还花钱请顾问。我们开始相信世俗的宣传口号"人靠衣装马靠鞍"或"作为人类，人的价值完全取决于他的收入"这样的鬼话。我们总会感到恐惧和焦虑，努力提高自己的自我价值。我们会尽一切努力为我们的自尊鼓足劲儿。但在内心深处，我们比谁都清楚，我们的努力一开始就不过是在做无用功，因为任何需要支撑的事物都是假象，而不是真正的现实。

我们对人生的不满源于自己的不情愿或表面上的无能为力，我们不愿褪去自我个性的虚假伪装。弥补自身不足的所有表面工作都将以失败告终。我们无意中明白了这一点，然而却非要迎头直上。当然，当所有的方法和手段都没能让我们自我感觉良好时，我们总会埋怨这个世界，并将自己的认知缺陷投影于这个世界。

许多人都具有巨大的寻找自我的心理抗拒力。所有我们有意识地了解到的只是：自我所能达到的只是完全认同我们的个性。舍弃自我等同于实施心理上的自杀。我们需要终结我们以往的身份进而重树一个新的身份。有关存在的重生是要付出代价的。然而忘却错误的自我的同时，发觉我们孩提时的感情创伤中的原始生存缺失会给我们带来焦虑情绪。

这里要做的是战胜我们最深的伤害并治愈我们孩提时的精神创伤。与对已熟悉的不舒适状态做内在的转化相比，许多人宁愿选择认同错误的自我主义心理。这种选择看似更加简单。然而这样做就如同将自己的灵魂卖给了“存在的魔鬼”。这一自我选择或许可以帮助你逃离早先被庄子描述的“阴影”，但是在与离经叛道的恶魔交易的过程中，你将不得不出卖真理和真实的高级自我。不幸的是，这个自我主义心理的邪恶代理人极其狡猾。所以你会发现，你实际上根本无法成功地逃离那阴影，你将极有可能首先被击败。

与自我进行交易极有可能意味着你被愚弄并为你的精神身份所付出的代价感到悲伤。你难道不觉得自己为现在的不满足付出了十分沉重的代价吗？对于最终疲于尝试逃离阴影并探寻持久的宁静与平和的大家，让我们现在发掘自我的活力来回应到目前为止导致我们不快乐的心理。

下文是从《奇迹课程》中得到的洞察力和灵感：

> 在外部世界里你所看到的一切，仅仅是你想维持自我主义心理识别的主观愿望，因为每个人都相信：识别才是最终的救赎。然而考虑到所发生的事，思考者的思维并没有结果。你已和你所看到的这个世界格格不入，因为你认为它和你处在敌对状态。你的所作所为必然会导致这样的结果。你已将你的外在敌对情绪映射到内心里，因此，你必须得以这种方式来理解它。那就是为何你必须得意识到：在你可以彻底摆脱仇恨之前，它一直在你的思维中，而不是在外面；这就是为什么你必须在能观察到这个世界的本质之前彻底摆脱它的真正原因。

第二章

在九种性格类型中体现出的失落的本质和性格的自我动态

没有人能摆脱幻觉，除非直视它们，因为无法直视它们只能保护它们。没有必要畏惧幻觉，因为它们并不危险。我们已经准备好进一步探究自我主义心理的思想体系，因为我们已经拥有了驱散它的灯光。既然你已经认识到了你不需要幻觉，那么你就准备好了。让我们平静地做这些，因为我们只是在忠诚地找寻真理。自我主义心理的“动态性”在接下来的一段时间将会是我们学习的课程，因为我们只有看透了其本质才能超越它。我们将一起静静地瓦解这一错误，然后超越它以获得真理。

——《奇迹课程》

性格决定命运。

——古希腊哲学家赫拉克利特

在开始进一步阅读九种性格类型的自我主义心理的“动态性”之前，你最好先完成本书中附录部分的性格类型的自我诊断。这样做可以使你对自己的性格类型作出试验性结论。通过以下更为细致的性格分析你可以进一步确认自己初步的性格判定。

关于九型人格

九型人格(Enneagram),又名性格形态学、九种性格。现代管理学EMBA、MBA等主要将九型人格应用在组织发展、人才招聘及甄选等领域。

九型人格是一个近年来备受美国斯坦福等国际著名大学MBA学员推崇并成为现今最热门的课程之一,近十几年来已风行欧美学术界及工商界。全球五百强企业的管理阶层均在研习九型人格,并以此培训员工,建立团队,提高执行力。作为一个人格心理学理论,九型人格在当前社会还未被主流心理学界认可,但是近些年,美国威廉玛丽学院修读教育学位的博士生萨拉·斯科特已经在其博士论文中对九型人格系统作出了科学测评,其结果认定九型人格是个精确的系统。在当代,它虽然在商业文化下仍是根据九种性格的特征而用于了解职场文化的一种测试,但是在企业的前期规划、战略确定、教练指导、企业培训等方面,九型人格有很大的优势。

九型人格不仅仅是一种精妙的性格分析工具,更主要的是为个人修养、自我提升和历练提供更深入的洞察力。与当今其他性格分类法不同,九型人格揭示了人们内在最深层的价值观和注意力焦点,它不受表面的外在行为的变化所影响。它可以让人真正地知己知彼;可以帮助人们明白自己的个性,从而完全接纳自己的短处、活出自己的长处;可以让人明白其他不同的人的个性类型,从而懂得如何与不同的人交往沟通及融洽相处,与别人建立更真挚、和谐的合作伙伴关系。

第一节　完美主义者

让你美好的一面变得更好甚至最好，并且永远不要停止奋斗，直到你这美好的一面变得更好，甚至让这更好的一面变为最好！

——完美主义者的形象代言

失落的本质

我们可以通过追溯《创世记》中开天辟地的时刻来理解完美主义者的心理脚本。追忆天地万物创建之后，上帝在第七日停止了工作并判断“一切皆完美”。他对自己的劳动成果十分满意。的确，因为上帝在“创世”时没有出现任何错误，所以没有必要对任何的不完美进行润色或改良。这意味着当上帝将亚当、夏娃创造出来时，他们在本质上也是完美的。在他们因自身的不顺从而被驱逐出伊甸园与上帝分离之后，他们被“原罪”玷污了，从而变得“不完美”。然而一开始，最初的人类无论是在精神还是心理层面都是无瑕疵的，人类与天堂上他们的创造者上帝是一体的。

同样的道理，婴儿初来人间时，他们在心灵上是完美无瑕的。他们与天地万物一致，没有“我”和“非我”的界限区分。

然而不久，同我们所有人一样，完美主义者开始形成独立的自我认同。在这样的情形下，他们常体验到一种与内在防护的个体分离的感觉。[1]

重要的是“形成另一个稳定的个体（与养育的个体分离），处于这一个体中的孩子自身可以获得认同并进一步发展，从而有能力摆脱对母亲的依赖，更能增强他或她对自我个性和自主权的认知。然而如果防护的个体无法充分地完成自身角色的认定，年轻人（如完美主义者）就会感到本质上的分离。他们发现自身真实的或象征性的父亲无法完全符合他们的性情和需要。这并不一定意味着防护个体是不好的。然而无论出于什么原因，某种特定的纽带只是没有能够形成”。[2] 这可能导致孩子得出结论：“我要自己承担起父亲的职能，我必须为自己制定精神的指导纲领。”

因为生活（而非监护人）左右着完美主义者对于对错的判断，所以完美主义者坚信他们必须制定出自己的精神指导纲领。这就等同于亚当和夏娃篡夺上帝的权威地位。正如同亚当和夏娃会为他们的不忠产生罪恶感和羞辱感，年轻的完美主义者在制定自己的精神指导纲领时，也会为评判和暗中斥责自己的监护人而产生罪恶感（我比在家中拥有上帝一般的权威的父亲知道得更多）。结果就是：“完美主义者必须确立一种身份，允许其判断自我是优秀且有责任感的，而别人是懒惰且行为草率的，或者别人与他们自身相比缺乏正确性且不够成熟。这样的自我评判作为完美主义者身份和情感模式的基础将在他们的人生中被重新构建。”[3]

完美主义者通过发现他人是有缺陷的或缺乏责任感的，使罪行凸显出来，他人成了谴责的对象。这样的计划使得防御性自我主义心理在对抗外部世界的过程中保护自己。亚当责备夏娃，夏娃责备蛇；同样，完美主义者将罪过转到你我身上以保护自身不受罪恶感的摧残。完美主义者潜意识里为推翻父系的权威而感到恐惧，尽管在他们内心深处认为这权威是错误的。就如同在伊甸园里，惩罚是合乎程序的。

认识到这一点，随之而来的恐惧和羞耻感变成了无法忍受的情绪，因此自我主义心理顺势将否定和压抑的情绪埋藏在完美主义者的潜意识中。判断、打击和谴责接着外显于个人与世界的斗争之中。然而心理上产生的罪恶感和羞耻感只是被包裹在无意识的不诚实中，而自我则将完美主义者禁锢于一个不完美世界的幻象中。“外面的”一切事物都需要更正和改进。但是谨记，上帝不会犯错。一个虚设的所有其他人都应被谴责的世界如今完善着完美主义者的自我定义，这一定义就是一些人比另一些人更优秀或更具责任感。当然，这个感受到的不完美的世界只是由完美主义者的思维创造出来的。我们编制了一张多么复杂的网呀！

有关完美主义者的体验工作坊和小组研讨会也显示：年轻的完美主义者经常在其童年受到精神伤害，而这精神伤害来源于觉得父母对其要求过多或过分严厉，在他们的父母的眼中他们什么都做得不够好。[4]幼年的完美主义者只要违背了规则就会遭受严格的约束和严厉的批评。感情的迸发是不可接受的，所以完美主义者学习控制他们的愤怒并将自己棘手的需求搁置一边。父母可能会给孩子逐渐灌输，哭泣、感觉受伤、详述自己的需求甚至索要东西都是“错误”的信条。孩子可能也需要抑制喜悦和欢乐的情绪。例如，在考试中答对98%的题也会遭受家长这样的评价：“怎么回事儿？你怎么没能做到完美呢？你是怎么了？”完美主义者永远也不能停留在自己的荣誉上而止步不前，因为家长总是会告诉他们这样做是错误的。最后，完美主义者逐渐接受了他们永远都不够好的想法。他们开始内化并认同一个信条：他们总是有一点儿不足，无论他们在生活中表现得多么优秀和能干。

重要的是，我们要再次记住这种“不足”认识并不是与生俱来的，而是后天逐步习得的。这种不足并不显示我们与生俱来的真实天性。它是一个虚幻的错误的自我定义。显然，这一自我令我们从我们先天具有的完美的认知中分离出来，而这种完美是我们的内在品质，反映高级自我的本质形态。这样的自我就像一个双面间谍。假设自我主义心理是具有帮助作用的，但是如果完美主义者成功了，对于自我主义心理的需求就消失了。所以完美主义者的自我主义心理不定向的体制总是在寻求或重获完美的过程中起作用，而这种完美需通过改变外在世界来实现。然而，完美主义者的自我主义心理清楚地知道持续的满足感无法从外界获得。首先自我主义心理不会告诉完美主义者内在的精神上的完美是永远不会消失的。事实上，直觉上认为完美的消失只是一种幻觉。错误的自我主义心理绝不会试图粉碎这一幻觉，因为这样做将会终结其自身。所以完美主义者和我们将研究的其他类型的人一样，在他们为什么对这个世界那么失望的问题上欺骗自己。自我主义心理为了自我防卫和我们开了一个多么大的玩笑呀！如此多的人认为自我主义心理是我们的朋友，并相信它会帮助我们实现愿望。

心理世界观及补偿策略

鉴于完美主义者在儿时承受着父母或监护人强加在其身上的严格的标准，和我们一样，他们也选择性地感知着世界。如同完美主义者，我们所有人都会发现一些事情而忽略另一些事。也就是说，我们无法清楚地了解一切，所以思维总是迅速并无意识地集中于它所在意或认为有趣且重要的事情上。在某种程度上，我们只关注我们渴望获取的事物并且我们只索取我们渴望获取的事物。在自我个性的帮助下，思维就如同一个守门人一样决定什么被我们的意识所认知。

在完美主义者的心理世界观里，事物很大程度上以正确和错误、善良和邪恶、完美与不完美、卓越和粗劣、有品位的和粗野的等形容词来划分。例如，进入一个宴会大厅接待处，完美主义者总是会立刻注意到哪些行为是被允许的，而哪些行为不被允许，或者说哪些行为是可以被接受的，而哪些行为不被接受，甚至室内装潢和座位安排也是完美主义者关注的对象。在安排的食谱中没有素食主义者可选择的食物这一事实被认为是考虑不周和错误的行为。如果客人根据椅背上的名签指引入座，完美主义者可能会认为将客人的地位或者关系告知参加宴会的众人是不恰当的行为。完美主义者会因其餐桌上摆着冷掉了的食物而觉得不可接受。除此之外，完美主义者还会抱怨菜上得过慢而且服务人员态度不够友好。在完美主义者看来，服务人员应该因他们的不够专业而受到谴责。接下来的演讲又过于冗长、无聊或者庸俗。这一切糟透了。

完美主义者们知道他们有能力把活动组织得更好。他们或许会给每个演讲限制时间并告诉演讲者其演讲的内容不能涉及哪些话题。如果一切安排妥当，整个活动会令人感到愉悦。完美主义者认为应该有人告诉组织者下次应该改善什么从而使活动得到改进（应该感到筋疲力尽了吧？）。

正如上面的例子所示，对完美主义者而言，总是存在着一种更好或更坏的行事方法，他们有一种特殊的诀窍找到更好的行事方法——有时确实如此，而其他时候这只是完美主义者头脑中的错觉罢了。完美主义者总是会发现事情可改善的空间。他们也使用这种方法改善自身的现实生活。每当我考虑菜单选择和社会礼仪之类的事情时，玛莎·斯图尔特的名字就会浮现在我的脑海。这位著名的电视名人和杂志出版人靠指导人们如何在家庭娱乐、烹饪和室内装潢方面“做得正确”来谋生。她因具有将事物高雅地呈现于世人面前的神奇能力而名利双收。

另一位知名的完美主义者是阿尔·戈尔。他因以解决地球温室效应问题为使命而受人尊敬。像戈尔这样的完美主义者经常是道德英雄或者社会改革家，他们希望努力将我们生存的地球变得更好。他们是典型的理性且有原则的个体。阿尔·戈尔所著新书的名字为《袭击理性》。书中他哀叹美国社会在一些方面的政治导向，其中包括美国的优先权问题、美国在战争问题上的抉择，还有美国社会遗弃了他们的开国元勋为他们制定的民主理想。他觉察到了非理性在政治竞选活动中和国际政治决策上产生的危险。

问题不在于我们是否支持阿尔·戈尔，而在于是否将他视为一个改革者、梦想者和拥有智慧与远见的人的典范。如果完美主义者可以将其能力发挥到极限，他们就如阿尔·戈尔一样可以为人类作出重要的贡献，这贡献可以是社会领域的、政治领域的或是环境领域的。他们是为理想而奋斗的人，接受着价值观和道德观双重的调和作用。

阿尔·戈尔（1948~ ），美国政治家，曾于1993年至2001年间在比尔·克林顿执政时期担任美国副总统。2000年美国总统大选后成为一名国际上著名的环境活动家。由于在环球气候变化与环境问题上的贡献受到国际的肯定，因而与政府间气候变化专门委员会共同获得2007年度诺贝尔和平奖。

另外两个著名的完美主义者是美国哲学家诺姆·乔姆斯基和教皇乔治·保罗二世。他们同样被称为“有原则的道德学家”。他们三个人都为了将这个世界变得更美好而努力着。可以说完美主义者们都是发现这个世界的某些领域有待改善的改革者。在完美主义者看来，错误的需要纠正，毁坏的需要修复，正义需要取代不公正，而普世的社会价值观要重新确立于道德混乱的社会中。

完美主义者的健康与不健康的表征

每一种性格类型的个体在不同程度上都具有健康的外在表征。个体的生活经历越是进步并接近其本质，他就越健康；个体的生活经历与其本质越远，在日常生活中这些个体就显得越不健康。

此外，一个人越是健康，他的性格特征就越不突出。那些接近其本质的人不会被其个性所束缚。一个人越是不健康，他的个性就越是占主导地位。事实上，认同你的个性并为此感到骄傲是不健康的。这样做就是认同你的低级自我。个性不等同于本质，你的真实人性的出现早于你的自我个性。事实上，只有超越你的个性你才能从自我的束缚中解脱出来。你的个性应被你利用，而不是被你的个性利用并伤害你。你若认同你的个性，你就会更明显地受到你的个性的束缚和禁锢。所以，如果某人为他的个性感到骄傲，对此人来说这绝不是一件好事。

我们找到每个人所属的性格类型并不是给他贴上标签，然后将其放入其所属的盒子里，这只是一种帮助每个个体从其错误的自我主义心理认同的局限中解脱出来。只有你开始为自己的个性感到羞愧，你才会接近庄子的影像，这是你想获得心灵平静所必需的一步。

健康的完美主义者在很大程度上可以通过自我超越获取解放。具有智慧的完美主义者总是有一种使命感贯穿其生命始终。这一使命感可能基于社会公正、平等、世界和平、保卫星球或者自由等高层次理想。在完成比自身更重要的事业过程中，个人需做出巨大的牺牲并投入大量的时间和精力。这一过程对具有智慧的完美主义者将是有意义的并使其活出真我。具有智慧的完美主义者的使命感在某种程度上是改变世界。这是唯一正确的选择。他们认为这是所有理性且有责任感的人都应该做的。

与具有智慧且健康的完美主义者相比，不健康的完美主义者将完美转变为完美主义。不健康的完美主义者的使事物变得正确的愿望总是伴着高负荷的否定的情绪底色。不健康的完美主义者的机能越是失调，他们对于完美的需求就越是急迫。完美的缺失会造成完美主义者全神贯注于随之而来的一切形式的精神焦虑。不健康的完美主义者试图改变事物的愿望变为为了回归理智而必须改变这些事物。对于他们而言，整理桌子不再是一种选择，而是一种必须要做之事。这样他们就被带入了个性的阴暗面。

个性的阴暗面

正如我们刚才所说，每一种性格类型都可能相对健康或不健康。我们知道健康的完美主义者如何表现出一种崇高的自觉性。正直、讲原则的理智和使命感保证了健康的完美主义者情感的稳定性。具有智慧的完美主义者会在处理其儿童时期问题时考虑到原则、权威以及他们与其父母和监护人的关系。在其生活经验和年轻时获取的信息的帮助下，他们已经学会高效地处理问题。他们已经深入研究并超越了过去。具有智慧的完美主义者领悟到自身所受的教育如何塑造了他们，而不是接受所受教育的奴役。具有智慧的完美主义者明白他们的存在超过其个性且不完全与其一致。

一种性格的阴暗面在无知的、不健康的个体身上表现得更为突出。每一种性格类型都有其阴暗面问题，也就是个人为了获得真正的人格完整所需处理的负面的问题或特质。对于完美主义者而言，这一负面特质就是愤怒。无知的完美主义者是严厉的、不宽容的“法官”，但是他们却又无法公开地、自觉地承认这一事实。毕竟愤怒和判决将会使人痛苦，所以是不正确的。对于无知的完美主义者而言，承认这一点就意味着他们将因其令人震惊的侵犯行为而感到内疚。完美主义者应清楚地知道愤怒和判决是多么可怕。因为在完美主义者的成长过程中，他们受到的严厉判决已清楚地向其证明此类事情具有多么大的杀伤力。

压抑的愤怒促使完美主义者憎恨别人。他们或许不会情绪化或戏剧化地展现自己的愤怒，但是他们会毫不犹豫地接受自我的建议和计划，他们的愤怒将通过使用讽刺的言语攻击别人表现出来。例如，完美主义者会因为他人无法胜任工作而生气。“他们太缺乏条理了，他们还缺乏献身精神。他们没有礼貌和正确的价值取向。他们甚至在演讲稿和备忘录中无法正确地拼写出恰当的句子。难道别人没有看到他们的错误和缺陷吗？难道别人不介意吗？他们是怎么了？”愤怒的完美主义者这样问道。

理性的完美主义者为了维护其有德行的个人形象，而选择不直接表达自己的愤怒。[5]然而未表达出来的愤怒由自我主义心理变形成为著名精神病学家、心理学家克劳迪奥·纳兰霍所说的“知性的评论”。通过将评论与“建设性的意图”相结合，完美主义者能够将其感情合理化、理性化，同时否定这一愤怒之情。“我不生气！”完美主义者紧握着拳头以维持其冷静的端庄外表，用压抑的口吻说道，“我只是告诉你需要做什么以及应该怎么做。”

> 克劳迪奥·纳兰霍，生于智利，著名的精神病学家、心理学家及作家。1971年开始在美国加利福尼亚的伯克利市讲授九型人格，由此九型人格被迅速传播开来。他完善了对九型人格中每个类型的认识，对九型人格体系做了很多补充。可以说，纳兰霍的研究让九型人格更加完善。

当别人做得不对或不符合预期时，通常完美主义者就会渐渐去掉“痛苦的受难者”的披风，想到“如果你希望事情做好，就要自己亲自将其完成”。事实上，有时你如果只是想要完成它，你就必须亲自将其完成。有了这样的想法，愤怒就变成了义愤填膺。[6]完美主义者相信别人所做的或不曾做到的事令其抓狂。他们是导致完美主义者精神错乱的原因。

在现实中，对别人的批判很大程度上是一种投影式的预设，是完美主义者害怕自身也具有同样问题的防御。通过防护性的反向作用，也就是通过在自己的生活中过分地展现完美，完美主义者的道德良知需求获得满足，这一道德良知被西格蒙德·弗洛伊德称作“超我”。对于完美主义者来说，说服他们自身是优秀的且具有道德和心理上的完整是十分重要的。完美主义者需要获得自身的认可。除了反向作用，完美主义者将投影设置为一种防御机制。通过将“罪行”投影于他人，将注意力集中于他人的不完美表现上，完美主义者无意识地使自身远离了他们害怕自身会做出的不好行为，远离了自身具有腐败特性的可能性。

尽管完美主义者尽其所能地展现自身好的一面，我们仍会意识到其筋疲力尽的努力只是换来了虚假的完善。通过拼命地且充满强制性地表现完美来证明自身的恒久完美，你无疑暗中接受了一个信念。这个信念就是你曾经或者仍旧是腐败和有缺陷的，你如果停止持续的努力和不懈的警觉，就会在将来回归到腐败和有缺陷的状态。一个人越是努力，就越是受到这一信念的折磨。

遗憾的是，对于不正常的完美主义者，生活就是持续地挣扎以证明本身永远也不会正确的错误。事实上，完美主义者永远不会是不完美的、错误的、腐败的或者有缺陷的。我们的神圣的创造者不会犯错误。完美主义者相信或害怕自己的存在是个错误的行为，其实就是假设他们比上帝知道得更多，而且他们假设自己比上帝更善于判断人类的本性。那样是错误的。

完美主义者人格的阴暗面中包含一个更为丑陋的方面有待讨论。不健康的完美主义者有一种用“最巧妙的方式”使别人感觉愧疚的不可思议的能力。事实上，这一能力是如此不易察觉，以至于完美主义者自己都经常无法意识到他们在运用它。他们如此频繁地使用这一能力那么多年，它已经成为第二本能。然而不管是不易察觉还是显而易见，不管是有意识的还是无意识的，令别人感到内疚都是一种主宰别人的自我策略。不健康的完美主义者以站在道德的制高点的姿态使用这样的策略。通过使用这种方法，不正常的完美主义者试图操纵别人达到自己的目的。

“我要”转变成了“你应该”。通过使别人感到负疚，完美主义者希望别人按照自己的愿望行事。[7]当然利用他人的道德负疚感达到个人目的的行为无法展现完美主义者的真实人格。完美主义者知道在一定程度上负疚感改变了他们自己的行为，他们相信负疚感同样会作用于别人。针对无知的完美主义者，克劳迪奥·纳兰霍对其虚假的说教和批判评论道：“对于原则、道德和理想所产生如此强烈的兴趣不仅表达了对强大的超我的顺从，而且是一种人与人之间的操控和统治。因为这些标准是强加于别人的，并且起到掩盖个人愿望和需求的作用。”[8]

> 事实上，持续的判决导致的紧张情绪是令人难以忍受的。如此使人衰弱的能力竟能如此受欢迎，这非常奇怪。
>
> ——《奇迹课程》
>
> 任何问题都不能由产生它的意识来解决。
>
> ——艾伯特·爱因斯坦

对提高心理健康和通往内心平静的理疗建议

从以上对于完美主义者的研究可以清楚地发现，完美主义者遭受着思想混乱的困扰。我们每个人其实都或多或少遭受精神方面的困扰。考虑到这一点，高级现实疗法开发出来的策略就不应该仅仅集中于改变个人所处的外部环境，而应集中于改变个人对于外界环境的看法。但是请不要误解。当然，有时候我们可以做一些事情来彻底且恰当地解决自身的问题。通过药物治疗周期性偏头痛，以及药物治疗身体的内分泌失调问题，就是两个通过实际行动可以恰当解决问题的例子。然而我们需要帮助个人逐步远离一种受虐待的关系就是另一回事儿了。比如，当我们被诬告时，显然，我们应该聘请法律顾问并且要在法庭上为我们自身的清白与原告对质。

完全的被动和不作为并非此书所建议的。尽管从本质上讲我们不属于这个世界，但我们仍必须暂时地生活其中。问题是，我们应如何生活？我们应该怎样看待自己的生活？重要的是，我们应认识到在大多数情况下，我们的烦恼以及与这个世界的对抗都是不必要的，它只是我们自身扭曲的投影。

我们大多数的精神忧虑只是来自于自创的自我主义心理幻象。我们希望借助这些幻象驱散自己有关存在的精神分析。考虑到这些，我们可以说面对无法改变的环境和生活中的不愉快，我们需要调整心态，而其他可控的问题则需要实际行动。然而，我们太多的精神忧虑是自我主义心理生成的妄想，所以我们要运用心灵的眼睛看穿我们自身感知的扭曲。“沉默的观察者”观察着低级自我的悲喜剧表演。这是好笑的而非枯燥的经历，因为它不曾忘记嘲笑自我创造的荒唐现实。“沉默的观察者”安静地在更高的认知层面上停留着，这一层面是眼睛看不到的，也是耳朵听不到的。“沉默的观察者”知道斯多葛学派教授们的理论：外在的事物丝毫无法触及灵魂。

> 上帝赋予我沉静的心去接受我们无法改变的事物，上帝赋予我勇气改变我可以改变的事物，上帝赋予我智慧去发现事物间的差异。
>
> ——美国神学家、思想家莱茵霍尔德·尼布尔

这一理论能帮助完美主义者寻求更高层次的精神稳定。事实上，

这条心理卫生方面的建议适合所有的性格类型。我们必须开始练习使用理智的洞察力而非判断。[9]

判断就是自我主义心理赖以存在的全部。我们的高级自我执行着理智的洞察。当我们判断时，我们加剧了自身与他人以及自身与世界的距离。我们以比自己弱或强的标准来判定别人。我们总是以比我们具有更好或更坏、更多或更少的成就来界定他人。就像我们的朋友兰斯，我们对他人的认识总是和他人的本来面目大相径庭。我们总是将原本不属于他人的思想强加在他人身上。我们经常向他人的行为动机中灌输产生于我们困惑的心理的投影。在整个寻找错误的过程中，我们会发现想象出的不完美并获得有悖常理的喜悦之情。所以，我们对无辜的局外人实施暴力。

正如完美主义者所了解的，我们一旦自我评价就会对自身施以暴力。这种暴力使我们的心灵产生大量的内在矛盾并导致心理失衡。我们将自身拉入战争，因为判断使我们责备自己，评判使我们产生负疚感，评判使我们缺乏自尊心和安全感。对自身评判的公开会使我们感到焦虑，这感觉就好像进入一个充满陌生人的房间。自我强化对自我表现的评判会使我们感到气馁、沮丧和绝望。即使这一评判是积极的，我们仍会担心下一次结果会不好。伴随评判而来的是认知的不足、尴尬和自我厌恶之情。评判成了一种产生巨大的心理破坏的杀伤性武器。即使是对别人进行评判，完美主义者也在无意识间因对别人的攻击而从心底感到内疚，因为这种攻击出自消极的自我主义心理评判所衍生的不诚实动机。完美主义者的恐惧来自自身不诚实行为的败露和受攻击者报复的攻击。

《奇迹课程》中的这段话需要再度提及："事实上，持续的判决导致的紧张情绪是令人难以忍受的。如此使人衰弱的能力竟能如此受欢迎，这非常奇怪。"

我们应该试着用对实践的认知和心灵的洞察来替代评价。我们试着用本质或高级自我来体悟周遭世界。高级自我在发现差异并察觉行动和反应的过程中不会伴随否定的情绪化评判。观念和想法只属于心灵的殿堂。它们穿梭在意识之中。情感产生于真实体验而未受到抑制和评估。行动对这一切中立的观察发生在情感之前，又受情感的指引。

理智的洞察中立地观察着这一切。中立带来了自由，带来了个体与其自我个性的分离和识别。这将起到神奇的启蒙作用。如果你用自己的行为习惯以及自身可预知的情感或语言形态来认识自我，你就会从错误的自我认知中获得自由。

自相矛盾的是，当你用本真来发现自我时，你会发觉你并不是你自己这一事实。你不是你的自我个性，也并不真的是你所展现在世人面前的那个人。你不是你所认为的别人眼中的那个自己。你不仅仅开始有意识地认识低层次自我主义心理，而且开始了解高层次的精神自我。

现在你有机会通过心灵之眼认识真实的精神特征。心灵之眼，而非出于心理防卫的低层面的经验感知，为你提供精神的洞察力。心灵之眼以精神决策者的角色存在着。它使你有机会在正确的态度和错位的态度之间作出选择，在心灵的平静和心灵的苦痛之间作出选择。它使你有机会再次确立你真实的身份。它将带你目击真理。

心灵之眼识别出你和其他所有人身上的基本素质。通过心灵之眼观察生活将使你与别人更加接近。它使我们所有人（包括完美主义者）承担起我们对世界的责任。它使我们有能力意识到他人身上具有的无瑕的完美，并意识到我们自身具有的绝对的完美本质。你会发现，心灵之眼通过神一般的完美的光学镜头观察着生活。真正重要的是完美主义者要将内在的完美呈现于这个世界上。

完美主义者的教训实际上就是我们所有人的教训。相比其他性格类型，完美主义者创造的错误现实更多以对不完美的错误认识为主题。尽管我们特殊的心理伤害面对失落的本质可能衍生出其他虚幻的思想负担，但我们仍旧可以感觉到完美主义者的伤痛。我们与完美主义者在精神上保持一致。

一旦真相和幻象区分开来，完美主义者就更易接受第二种治疗方案——宽恕自己和他人感知的不完美。在贝琪和兰斯的示例中，贝琪从未真正对兰斯造成什么伤害，兰斯应该认识到这一点并原谅她。兰斯的认识未在现实中存在。更重要的是，贝琪并没有什么缺陷，也不是“自大的婊子”，这些都只是错觉。

精神的洞察，而不是充满了恐惧和不安全感的自我主义心理，将这些呈现于我们面前。对于完美主义者，现在是原谅和释放所有无辜“囚犯”的时候了，这些“囚犯”被幽闭于完美主义者的愤恨的内心太长时间了。同时也是完美主义者将自己从心理上的负疚的牢笼里释放出来的时候了。自我主义心理对不完美和不足的感受与精神的洞察所呈现的背道而驰。完美是我们的现实、本质和所有人身上神性的体现。没有必要去证明或保卫它的真实性。没有什么能改变这一事实，更没有什么可担心的。

《奇迹课程》写道：

> 一切真实存在的事物都不会受到威胁。
>
> 不真实的事物是不存在的。

你在这里可能会问：“如果贝琪真的傲慢怎么办？或者假设有另一个贝琪真的看不起兰斯，那么难道兰斯就没有讽刺贝琪的正当权利吗？”答案是“不能”。原因暗含在之前有关精神和本质的讨论之中。

贝琪可能因兰斯对她的自大的评价而对自我价值产生怀疑。这一不安全感可能在心理上转化为傲慢或自大。如果不是出于对赞同的急切渴望又怎会有不安全感？以对他人的愤怒批判为例，就像我们了解的完美主义者，这一情绪来自于深层次的伤痛。隐藏在愤怒背后的情绪是自我的视线所未曾及的。内疚和自我责备太过痛苦令完美主义者难以负担，所以完美主义者将其外化并转嫁于他人。这是虚化自己真实身份的人采取的可怕的心理策略。这是遭受心灵折磨的人绝望的尝试。一旦完美主义者发现了他们自身错误身份犯下的错误，当这错误正是错误身份过去在评价他人时犯下的，饶恕极有可能发生，并且这将最终为完美主义者带来心灵的平静。

最后，有必要认识到只有戏剧性的巨变方能使宽恕带来心灵的平静，这一巨变有关生存、人性、现实、精神、知识和上帝等，是形而上的、认识论的、存在论层面上的。

对于完美主义者而言，接受一个新的宇宙学和心理学的世界观并不容易，需要克服对抗、怀疑和疑惑等心理。你开始拥抱彻底看透了的自我主义心理，这一自我主义心理多年来已成为一位值得信赖的好友，或者在自我主义心理背叛你之前你是这样认为的。这样的彻底揭露可能是不易克服的情感上的灾难。

另一件完美主义者不应该做的是不要将“内在的批评”和高级自我的“心声”混为一谈。让我们用一个历史上的例子来解释这句话的含义。

很久以前，哲学家苏格拉底不断地质疑权威，并鼓励年轻人也这样做。不幸的是，苏格拉底的行为在当时被认为是破坏性的且对政府是一种威胁。结果，他因不敬神灵和败坏青年的罪名而被处死。

受到许多人爱戴和尊敬的苏格拉底有许多机会逃离监狱，从而避免遭受死刑。苏格拉底没有选择逃脱而是决定听从他的“心声”或者是他和那个时代其他的哲学家所说的“守护神”，接受有罪的判决。苏格拉底接受了“守护神”的指令，喝下了“惩罚他的罪过”的毒汁，尽管他并不认为自己做错了什么。通过接受他的行为所产生的后果，苏格拉底希望实践“言行一致”的理论。喝下毒汁是苏格拉底的必然选择，只有这样他那作为追随其脚步的年轻人的哲学偶像的形象才能得以维持。在希腊做一个好公民意味着屈从于司法系统。

当下我们中的许多人极有可能选择放弃我们的原则以逃避死亡。情况经常是我们按照原则行事只是因为这样做可以保护我们自身的利益。这样做一旦危害到我们的利益，我们就会选择不诚实的合理化和道德让步。对于苏格拉底，他对于做正确决定的努力付出一定是成功且有效的，因为在当代社会许多人仍视苏格拉底为哲学家中的典范和捍卫道德操守的楷模。苏格拉底告诉我们“应该”怎样生活，这是一个对完美主义者尤为重要的问题。不幸的是，捍卫道德有时要付出代价。这也许可以解释为什么英雄和圣人如此罕见。对于许多人，道德在享乐的成本效益计算中仅仅是一笔累赘的债务。为了放弃原则，一个人在诱导下可能会质疑苏格拉底对死亡的选择。而那些道德高尚的人不大可能质疑苏格拉底的智慧抉择。

对于苏格拉底的“守护神”，这似乎是一个奇怪的在当代语境下不易理解的概念。我们可以将其理解为“精神守护者”，它为我们提供内在指引。这或许就是基督教所说的“圣灵”的声音。它给黑暗带来光明和启发。

请务必明白这声音绝不是有负罪感的道德良知的批判之声，即弗洛伊德所说的“超我”。“超我”属于人格而非本质。与其相反，我们的内在指引或者“守护神”是我们的神性的一部分。

可悲的是，在喧嚣的世界里，充斥着吵吵嚷嚷的高速公路、繁忙的日程、即将到来的最后期限、大规模的生产、狂躁的多动症，我们很难听到自己内心的声音。“超我”或“内心的批评”会大声地提醒我在每一个转折处作出选择，而这一选择必然要符合广告商、形象顾问、名人、专家、家长、导师和各类领导所设立的卓越、完美的标准。内在的批评、评判、责备在讽刺着别人和我们自己。说教的言论告诉我们要做“正确的”事，可是它的出发点却来自不安全感、防御情绪和神经质的全神贯注。

内心的批评的谴责是令人无法忍受的，它促使自我主义心理对别人的“罪行”进行防御，只因这“罪行”是完美主义者自身具有且无法忍受的。完美主义者清楚地知道内心的批评是多么严厉且不可宽恕。内心的批评欣赏愤怒的报复。它的外在表现为对别人的指指点点和责备。与之相反，我们的“守护神”的任何指示都不会包含恐吓和愤怒之情。“守护神”会用慈爱的语调耐心地指导我们以正确的意图做正确的事，会给我们令人慰藉的精神指引。

> 人类之父宙斯，将人类从巨大的苦难中解救出来吧，或者让他们看到自己的心灵向导——守护神。
>
> ——古希腊哲学家毕达哥拉斯
>
> 宙斯为每个人安排了一个监护人——守护神，他承担着照顾人的使命。这个永不休息的监护人从不渎职。
>
> ——斯多葛学派哲学家爱比克泰德

当然，遵循道德和做道义上正确的事是好的，尽管这来源于超我的推动作用。但是完美主义者做正确的事总伴随着对自己的痛打，因为他们觉得不充分和有缺陷是不健康的。出于错误的心理原因做正确的事永远是一种自欺的行为。完美主义者对于无法做或表达正确的事的恐惧心理、缺乏完美所产生的内疚之情永远是造成恐惧、不安的原因。结果内心独白的内容会是理智的自我辩白或自责。

在这种情况下，自我使得道德良知受良心的责备与良性的谦卑混淆。恰好相反，“守护神”不会从自虐或虐待狂对别人的不完美的攻击中获得快乐。

完美主义者需要时间去冥想和虔诚的静默。如果要接受你的“守护神”的建议，你需要平静的内心。你需要练习安静的冥想，学习活在当下。

放下一切杂念。这里所说的冥想不要求任何类型的理性的、知性的或逻辑上的分析。事实上，这样的分析最终会适得其反且弄巧成拙。我们在此试着平息佛家所说的“疯狂的猴子的思想”。

所以当你的头脑出现想法，你只需任其进出你的意识。慢慢地，它们就会出现得不那么频繁。当各种念头不再频繁出现于你的头脑时，广阔的高层意识就会呈现。你现在的任务是敞开自己的内心，用心去观察，安静地体验。超越了无限的沉静，我们将获得方向的指引。寂静的声音有能力平息不安的灵魂。

最后，完美主义者需要重新了解重要的无罪推定。通过允许更高级的自发的表现，他们能全面改善自身的心理健康状况，尤其是在本能欲望和对生活态度方面的表现。[10]

完美主义者可能会深受伤害，甚至在他们教条式的准则上十分顽固。完美主义者需要放松下来，慢慢变得不那么固执己见。从事情的另一方面来说，完美主义者需要认识到生物的特征是我们“人类”本性的一部分。它不肮脏也不罪恶。例如，这不简单是放荡追求的性。我们可以以深情的、精神的方式描述人类的性欲。重要的是，我们不仅要对身体还要对一切事物有更为开放的心胸和包容心，这样就会诞生好奇心、嬉闹、热情和愉悦这些在天真的童年时期所具有的特性。重新回归到这种童年时期的天真方能获得真正的重生。

第二节　无私给予者

不要忘记爱自己。

——丹麦宗教哲学心理学家索伦·克尔凯郭尔

失落的本质

讨论至此，我们已经越来越熟悉自我异化的理念。此刻，我们已经知道了自己的真实身份，它是由我们的本质定义的。不幸的是，我们中仍有许多人在承受错误的身份，根据自我个性来定义自我。

由第一种性格我们观察到，来自父母权威的严厉批评教训如何被内化，完美主义者的心理脚本皆来自这些脚本，而这种脚本在他们每一天的戏剧人生中不断上演。如果完美主义者希望痊愈，他们需要看到并欣赏到他们的内在是完美的这一现实。他们没有瑕疵、没有污点、没有缺陷、没有堕落。

与完美主义者相比，无私给予者在本质上是完美的，但他们的失落感或失落的本质更多围绕着爱的本质特征。如同完美主义者，无私给予者的失落感始于童年。

正如九型人格的研究者理查德·罗尔和安德烈亚斯·艾伯特所指出的：

> 很多无私给予者都有一个阴郁和悲伤的童年。他们有时面临安全感和家庭归属感的缺失或不足的问题。其他无私给予者指出，他们只得到过有条件的爱。在他们的人生中，他们只能通过良好的行为举止来获得对他们非常重要的人的爱。如果他们迎合了那些条件，在特定情况下，他们就会得到很多的爱和安全感。这些无私给予者经历了“美好的”童年，他们不会变得容易愤怒或悲伤，他们不断被敦促实践更好的行为举止。有些无私给予者记得在其幼年也曾有过一种感觉——自己需要满足其他家庭成员的情感需求。他们也曾想过，自己只有成为有用之才，这样才能得到他人的注意和关爱。[1]

根据罗尔和艾伯特的理论，无私给予者所受到的精神创伤导致了“有条件的”爱的产物的出现。然而，已被误导的思维只会彻底忘记本质特性。

可悲的是，有些孩子在生活中经常被告知他们只有在为别人提供帮助这一特定情况下才是可爱的。当这种教育被内化后，表现“良好”已与端正道德无关，而这是完美主义者最为关注的。受到伤害的无私给予者认为：“我需要获得关爱，所以我要付出相应的代价以赢得爱。”

在无私给予者的童年生活环境中，错误的角色逆转发生在家长（或监护人）与孩子之间。为了被爱或至少拥有表现为关注或注意的爱，年少的无私给予者不得不抑制他（或她）的需求，并尽量满足大人的需求。孩子最终得出这样的结论：“我只有在帮助他人并忽略自身需求的情况下，才能得到爱。”

这样的结果必然导致年龄上不相称的角色互换。那些本该关爱孩子的成人开始慢慢变得软弱，并且需要帮助，而年少助人的“无私给予者”开始照顾那些明显生活不能自理的人。

不断发展的自我主义心理快速“锁存”在这种强势感中，而这种感觉源自服务他人。依附于这种强势感，一种受伤的自我身份应运而生。[2]

“服务他人”的理念突然跃入我的脑海中，唤起了我对高中时的一段经历的回忆。我记得有一次我去一个伙伴家。他妹妹当时还在上小学，与我们这些男孩儿待在一起。我相信她一直在听着我们的交谈，体会到我们之间的年龄代沟。当时没人真正关注她，直到她突然为我们大家拿出许多枕头，并将它们放在睡椅和椅子上使大家觉得舒适。她还为我拿来一个软垫椅，让我的脚可以舒服地放在上面。当然，这样的行为最后得到了我们大家的注意。我们开始和我们的这位小女主人互动，开始对她讲她有多可爱多体贴之类的赞美话。不久，她又将汽水和爆米花拿给我们。只要我们的小女主人一直能满足我们的需要，她就是我们中的一分子。她收获了关注和激情洋溢的赞美。正如你所预料的，以年轻人感觉迟钝和自我为中心的本性，我们一旦吃饱喝足且结束谈话后，就会毫不迟疑地离开，将我们的小侍女独自丢在家里。之后，我们每次到访，她对我们的照顾都会愈加“专业”，以获得别人的关注。“枕头事件”已不值得一提，因为它已成为我们意料之中的事。于是，她认识到，她需要做更多的事，以获得大家的关注。从她认识到这一事实的那一刻起，她的心中就可能产生了不安全感，而这种不安全感很有可能时至今日仍在困扰她，尽管我们都希望事情并非如此。

心理世界观及补偿策略

无私给予者是有感情的个体。如以往一样，他们通过“心眼”来看这个世界。无论在哪儿，他们都会伸出双手去帮助那些有困难、需要帮助的人。不信你瞧！如果换成你我走在大街上，看到一个酒鬼或乞丐，肯定懒得搭理直接就走过去了，心中充满了不屑之情。而无私给予者的眼中则更有可能看到的是一个有困难、绝望的人。他甚至会停下脚步，过去帮助他，至少会向乞丐的讨饭碗里扔几个钢镚儿。当然，肯定会有一些人更热衷于告诫那个“叫花子”，让他找一份儿正经工作好好过日子。相比之下，无私给予者或许更好奇，想知道这个人的经历以及导致他走到今天这一步的原因。他们比常人更懂得如何去关心、同情他人，而且他们永远都是心甘情愿、无怨无悔地付出。他们总能透过某人丑陋可怕的外表看到他内心的真善美。无私给予者具有高尚慷慨之心的典型特征表现为：无论他人外表如何，都能看透其本质，感知其痛楚及要求，并且无怨无悔地付出。世界著名天主教慈善工作者特丽莎修女和南非著名黑人主教德斯蒙德·图图很可能就属于这种人。近年来，涌现出诸如美国女演员莎莉·菲尔德、世界著名意大利男高音歌唱家卢西亚诺·帕瓦罗蒂以及美国女歌手多莉·帕顿等。

有些东西你能通过肉眼看到，而有些东西则需要你用心去体会。

——《“小脚板”走天涯》中“小脚板”的母亲说的话

作为有情感的一类人，无私给予者总是在向他人靠拢。他们需要被他人需要这一事实为他们提供的自我定义是：他们需要因被他人需要而获得满足感。他们对其靠近的对象并没有条件限制或毫无根据。他们总是在寻找那些在感情上愿意鼓励他们或是在一定程度上打动他们的人。他们想方设法与这些人接触，希望能成为心腹、帮助者或助理之类的角色。

他们热衷于在他人的生活中扮演配角。毕竟他们从年少时就开始学习如此行事。他们是为一些人创造条件成功的幕后推手。他们所获得的满足感来源于他们与“明星们”和“胜利者”的交往，抑或是与成功且重要的拥有权力、专门技术或影响力的个体的交往。无私给予者总是为一些人实现目标而摇旗呐喊的啦啦队队长。[3]他们作为管理者的职能是组织并帮助确保个体不断成功，而这个个体给予了他们鼓励。他们从这一个体身上获得鼓励和动力。

无私给予者的心理倾向是要接触到很多人，并确保这件事能够实现。他们的注意力向外而非向内聚焦。他们利用大半童年时光来满足他人的需求，最终形成了关注他人需求而非自身需求的感性习惯。

在帮助他人的过程中，无私给予者们具有一种可读懂肢体语言、他人的关注和兴趣的领悟力。事实上，有些无私给予者甚至能在你了解到自身需求之前猜到你的需求，并满足你的需求。这就是为什么无私给予者非常会照顾人、体贴周到的重要原因。他们似乎总能提前知道你的兴趣，而非他们自身的兴趣。怪不得他们总是这么招人喜欢。

相比之下，我们就显得很自私了，因为我们更倾向于喜欢那些能为我们办实事的人。说到这里，我想起一场在郊外举行的我的几个女儿都参加的竞技比赛。比赛在户外进行，而那天早晨却寒风刺骨。我和太太与一个参赛小孩儿的父亲坐在一起闲聊，那个人的太太突然出现在我们面前，手中端着咖啡和百吉饼供我们大家品尝——她是多么细心啊！她说，在如此寒冷的清晨，我们应该会需要这些提神点心。这确实正是我们所需要的。这个女人看透了我们的心思。这种所谓的“读心术”的确是无私给予者所具有的典型特征。我想她恰巧正是那种人——善良、体贴、周到。

无私给予者具有瞬间扮上和卸去多种角色的能力，就像我们换衣服那样易如反掌。与他人结交并取悦他人的欲望将无私给予者塑造成了那种善变之人。这是因为他们可以并且愿意在同一时间里接触到更多的人。

在一个特定场合，无私给予者会兴高采烈地精心打扮、着装正式、举止高雅。而在另一种情况下，他们又很友好、穿着随意、淳朴热情。他们能够审时度势，展现出适合自己的风格。他们总是具有每个人都喜欢或需要的特征。他们通常很乐意传达和感激随之得到的关注。

对无私给予者们来说，外表是至关重要的，所以他们通常被形容为“形象派”。对于他们而言，无论在何种情形下，最重要的是要展现出良好的形象，这取决于要照顾的对象的愿望或需求。换一张不同的脸孔或外表或许对能够继续获得关注和感激之情十分必要。对于他们而言，做这一切并非不诚实或欺骗的表现，只是在特殊情况下采取的适当手段罢了。他们的自我定义是建立在与他人关系之上的，并对他人的愿望、欲望和期望表示顺从。

无私给予者的健康与不健康的表征

心理健康的无私给予者有可能是所有已识别的性格类型中最无私的。他们无条件地付出爱，没有任何附加动机。[4]他们的付出也不是缺乏动机。这是一种积极地帮助他人的行为。他们没有什么获得他们想要的东西的计划。维护自我形象也不是他们要考虑的事儿。这种无私的给予和付出是最真诚、最纯洁的，其初衷也是善意的。

在所有的健康类型里，你最有可能在一个无私给予者脸上看到平静而幸福的表情。与其本质有紧密接触的无私给予者会以谦恭而又自我陶醉的形式给予或付出。这样的付出是绝对免费且又心甘情愿的，不期待什么回报。即使别人不感激他们，也不会心生怨恨。心理健康的无私给予者是最无私的博爱的化身。

然而，他们在付出的同时并没有遗失自我。他们的行为毫无拘束、有意识且目的性强。他们只是期望能为他人做点事儿，真正是为了他人好，而不是为了实施某一阴暗的、无意识的、隐藏的既定安排。

其他能够修饰健康的无私给予者的形容词无非是“关心体贴的”、“思维缜密的”、“热心肠的”、“设身处地为他人着想的”、“真诚的”、“宽宏大量的”以及“富有同情心的”。从这些修饰词中，我们可以了解到具有这种性格的人是怎样生活的。

在心理不健康的无私给予者身上，我们或许也从表象见证了同样的给予和付出，但在他们的内心深处，却有着不同的初衷。缺乏安全感的无私给予者帮助他人是为了结交新朋友、建立良好的关系网。他们不断寻找自己心目中“更好的另一半”以实现自我完善。如果找不到“另一半”，他们是不完整的，也不会完整。至少他们是这样想的。事实上，这种人依据他人的兴趣、职业、成就及威望来界定自己。他们试图与某个重要、有钱、有影响力、漂亮、帅气、有魅力的人“结交”或者结合在一起。这个“别人”的所有特征补偿了他们感知到的一切缺陷，而这些缺陷源自于他们的主观想法，他们坚信自身正在遭受这些缺陷的折磨。无私给予者希望认识一个有可能实现他们的愿望的人，并与之保持最忠诚的关系，这样的关系的确是一种“很特殊的关系”，但很不幸的是，这种想法几乎都是在起初萌芽之时，就已注定了最终失败的苦果。[5]

无私给予者们与他人“结交”时常用的一个小伎俩就是拍马屁。试问谁没受过其害？当别人恭维我们时，我们心中的自我就会开始膨胀，而别人可以从我们的表情、行为模式等方面注意到这一点并合理利用这一点，最终就把我们给“忽悠”了。这种溜须拍马的话绝对很有诱惑力，无私给予者对此心知肚明，不论这是有意识还是无意识的行为。为此，我们也会顺理成章地掉入他们给我们设的圈套里。无论是在肉体、情感上还是在心理上，我们和他们越走越近。溜须者促使我们的自我膨胀，而且我们也很享受这种感觉。我们甚至会慢慢地喜欢上这个“心理按摩师”，不管是谁。当然，这才是无私给予者的终极目的。然而，我们最终会找到这种促成自我膨胀行为的核心，那就是一个人出于自私的考虑而巴结迎合他们的隐藏动机。或许他的恭维话会为他们达成最终的目的，溜须者或许会得到对方的赏识。而最有可能出现的就是，自我膨胀的受领者将被阿谀奉承的无私给予者抛弃，然而他们的脑海中却还留存着对无私给予者的好感！

无私给予者的诱惑手段总是能运用在性爱领域。他们在努力遮掩自身产生的无用感的同时，还是那种典型的寻欢作乐者。随着时间的流逝，这种寻欢作乐慢慢地会成为一种极度渴望，而当这一刻来临时，性爱就成了可获得自我满足的便利途径。性爱或者肌肤之亲逐步成为能使无私给予者心情舒畅的解毒剂，帮助其摆脱对自我缺陷的认知及自我缺陷带来的痛苦。这种性爱带来的欢愉感也有其附加好处，就是能取悦满足他们的性伙伴。可问题在于，如果你并非心甘情愿地取悦某人，那就需要你舍弃自己的尊严。

事实上，从没有人真正丢过自己的尊严，因为从一个更高层的角度来看，我们的价值是未受亵渎的。虽然如此，在无私给予者的错误想法中，他们也受到了自我主义心理造成的感情伤害。

在不健康的特殊关系里，无私给予者的目标是要让他人证明给他们看，他们是值得爱的。与他人“结交”是一种能平息自我主义心理恐惧的方法，不至于让人觉得自己是如此微不足道。

在这些特殊关系里，他人要为个体的幸福负责。如果你关注我，那你就要认同我，渴望拥有我并且欣赏我，这样我才会变得完整。如果这些未曾发生，那我只能忍受心灵上的痛苦，对我作为一个人的身份和自我价值缺乏安全感。因此就会出现“我需要你让我兴奋起来”“没有你，我将一文不值”这些无私给予者的心声，而正是这样的心声掩盖了他们真正的身份。他们这种对他人的病态依赖呈现出了一种“黏着”状态，而这种状态起源于一种持续的不安全感，担心对方会离他而去，会对他失去兴趣，或者说会另寻某个更有价值的“新欢”。事实上，特殊关系是建立在一种摇摇欲坠的根基之上的。我们也可以说，无私给予者是被那个很重要的对方给甩掉的。那么，好吧，可悲的传说只能继续下去并不断循环上演。心理不健康的无私给予者出于自我主义心理验证的需要而寻找其他的人际关系。在他们受伤的灵魂深处，隐藏的不是对他人的真爱，而是证明自己是值得爱的动机。

从苦难的无私给予者的角度来看，这种人际关系事实上是为了“我”而不是“我们”。他们会认为：“我这枯燥乏味、毫无意义的人生可以因你而辉煌。我的无足轻重可以因你的至关重要而得到补偿。我很期待，你会使我在他人眼中呈现出别样的风采。我那卑微的自尊心可以因你对我的兴趣而得到增强。你我若同心协力，我就能正视自己对人生的恐惧。你想，当我们一起走在大街小巷时，看上去会多么拉风！想象一下，别人会多么钦佩和尊敬我们。如果我和你在一起，人们一定会对我印象深刻。”

然而，这种基于缺失性动机的特殊关系使无私给予者一再失败。一旦他们不再去满足对方的需求，那么对方就很有可能离开他。还记得数年前我的高中伙伴们和我如何让我们的小侍女心生希望而又害她希望破灭的事儿吗？她必须要做更多的事来获得同等程度的关注。她送完了靠垫，她还得给我们端上茶点和爆米花，可我们仍希望得到更多的服侍以便有机会关注到她。作为一个年幼不谙世事的小女孩儿，她不会了解到，其实一直以来我们都是在利用她来得到自己想要的东西。很明显，她已准备就绪，随时可以心甘情愿地伺候我们，我们想要什么她就能给我们提供什么。

然而，成人们通常都会对他们的付出或牺牲设定预定额度。当这些额度达到之时，受益的对方通常会对这种“特殊待遇”习以为常，不再觉得受宠若惊。别人或许会认为无私给予者的付出都是理所应当的，视之如草芥，忽略他们或者抛弃他们，就像我们对待那位小侍女的方式一样。

对方或许也察觉到了一些鬼鬼祟祟的东西。请记住，这种特殊关系是建立在一种感情陷阱之上的。无私给予者实际上完全操纵了对方，通过给予对方所需的东西来让对方喜欢上自己。

然而，这样的特殊关系有时也会以另一种意想不到的方式宣告失败。譬如说，对方无论如何也不肯再满足无私给予者的需要了，那么，这种关系又一次地终结了。对方曾经长得很有吸引力，或许现在相貌平平了。即便他们短期内相安无事，潜意识里却总有种莫名的恐惧感，担心不久后的某一天他们的关系会彻底决裂。

你瞧，对于非正常的无私给予者来说，任何人际关系的初衷都不是善意的，他们都察觉到了自身的微不足道。这种令人困惑的想法一直潜伏在某种想法的背后蠢蠢欲动，这种想法就是“任何可能需要‘我’的人都是毫无价值的垃圾”。总之，骨子里根深蒂固的不安全感会快速地破坏正处于萌芽阶段的人际关系，不然这种关系就是建立于一种不诚实的基础之上。

这种毁灭性的特殊关系是建立在“付出就要有所回报”的原则之上的。假如我从你身上获得了心理上的慰藉，而你又忙着从我身上得到偏爱或者肉体上的快感，那么我们就是在相互窃取自己的所需。我想要你身上有的东西，而你也想要我身上有的东西。你可以从我身上随意窃取，我也一样。

安·兰德是一位二十世纪的亲资本主义的哲学家，他基本认可这种人际关系，只要它是建立在“公平交易”的协定上的。原则上看，我想双方可以公平地互给互拿。然而，一旦你不再拥有我所需要的存货、商品或者服务，那么交易就会以和平的方式或不愉快的方式终止。而不愉快可能会令大家互生怨恨，从而导致感情交易的失衡。促成这一切的只能是交易中的一方，要么是你，要么是我。我们之间的公平交易最终就变得一点儿也不公平了。

将这种特殊关系作为理想就会导致所谓一生的承诺、传统婚姻及精神上的结合等理念的彻底瓦解。接受这一理念就意味着认同在无尽的破碎的协议中的自私手段。认可这一理念，就要认可在无尽的破碎的协议中都有自私的因素在作祟。试问，有哪些基于错误的私心之上的协议能持久存在？到最后，特殊的爱情关系也不再特殊。对那些婚介所以及总在电视上让单身男女们列举其对未来伴侣有何“要求”的相亲节目来说这该是多么坏的信息啊！而单身男女们通常会说，他（或她）得有钱、有幽默感、前途无量等。

每个人似乎提前就知道他们想从对方身上得到些什么，只有那些有着令人满意的个人形象和心理轮廓的佼佼者才会参加“配配对”节目。参加节目的人也知道要从他们的“特殊关系供给者”身上得到什么。然而，那些从事“感情交流经济学”的人应该知道，对于感情供应者来说不存在不合格的忠诚，不管他（或她）是谁。如果申请者的需求没有得到满足，他（或她）仅是退出舞台而已。

在不了解自身本质的情况下，心理不健康的无私给予者塑造了一种理想化的自我形象。[6]他们花费时间和精力，试图树立一个理想的自我形象，而不是立足于自身的实际情况。不幸的是，这种理想化的自我形象的产生和维护或许需要以虚情假意和虚假的自我满足的方式表现出来。譬如说，无私给予者要让别人觉得自己很有魅力或者很酷，或许需要一点“装腔作势”。如果他们表现出自己的真实状态，就很有可能把事情搞砸。譬如说，为了维持与他人的关系而去满足他人的需求，这或许也需要压制或否定自己的真实想法，而不能让它成为你要当“完美女主人”这一理想化的自我形象的绊脚石。

积极形象总得维持下去，不管他们有怎样的消极情绪。所有的自我主义心理欺骗、否定及不真实性都将个体淹没在萨特所宣称的“奸诈无信”的海洋中。在这种情况下，伪装就构成了一种针对自身的心理暴力行为。

当然，人们通常并不希望有针对自身的直接暴力，因此，自我主义心理就理所应当地介入其中了。无私给予者若能抵达他们的突破点——当他们不能再忍受自己对他人的心理上的背叛或是当他们那种百折不挠、不厌其烦的努力无人问津、无人感激的时候，自我主义心理就会促使他们从情感上猛烈攻击那些忘恩负义者——本该回报他们所付出的“深爱的”关心却没能这样做的人。

譬如说，我们常常会亲眼见证如演戏般善于表现自己的无私给予者。当他们感到极度绝望和挫折时，他们总是会通过自己愤怒和挑衅的行为突然袭击对方。这些人情感上如演戏般的表现也许包括了诸如昏厥、咒语或假意的自杀企图等。这样的行为会立刻吸引大家的注意力，仅仅为了强迫他人给予自己所想要的东西。无私给予者通常会为了满足自己的需求而用尽各种卑鄙无耻的情感表达方式，不管这种表达方式多么不理智。和心理不健康的无私给予者讲理经常是对牛弹琴。作为情感类群体，他们通常都很仇视知识分子，因为理智的力量丝毫无法说服他们。〔7〕

总结了无私给予者的心理世界观之后，我们可以得知：他们更倾向于将注意力聚焦在他人身上，通过自我牺牲及为他人服务来获得别人的认同。我们有理由相信，他们必定会获得他人的好感。不难想象，好人没有什么个人需求，却更致力于满足他人的需求。因此，无私给予者在他们的人生中屡次成为援救者，凡是遇到有困难的人都会“倾囊相助”。通过帮助有困难的人群，无私给予者成了非常重要甚至不可或缺的人。

无私给予者也会采取与令人印象深刻的人交往的策略，希望自己也能成为那样的人。他们也会成为幕后的组织者和援助者。当然，这种策略是为了让自己的付出有所回报，虽然他们并不知道隐藏在自身行为背后的真正动机。其实，我们在生活中并不总是忠实于或者知道自己的真正动机。其中牵涉到的自我欺骗会导致情感上及心理上的灾难性后果。

个性的阴暗面

对心理上缺乏安全感的无私给予者来说，会让他们大跌眼镜的是，他们孤注一掷，与他人交往或帮助他人，只是为了获得自豪感，使自己感到骄傲。我们总是认为，骄傲源于自夸、自负或很明显利己的个体。典型的无私给予者有可能会有其他特征，但绝不会骄傲，至少从表面上看是这样的。既然都是“幕后”策划人了，怎么还会喜欢自夸呢？为他人的事业而不遗余力地出谋划策怎么能叫利己呢？当然，帮助有困难的人不能被认为是自私的表现，怎么可能呢？

在回答上述问题的同时，请记住一点：无私给予者需要通过对别人的给予和付出来获得自我满足和认同。如果是我，或是你，或是其他任何人，觉得彻底离不开无私给予者的帮助，对我们来讲，他们就会变得极为重要。无私给予者曾感受过自我满足的滋味，他们知道自己已不可或缺，我们的生活中不能没有他们。

我们来举例说明，家长们或许会非常溺爱自己的孩子，满足他们的一切愿望，即便在他们长大成人之后。不知不觉中，有些作为家长的无私给予者就会想尽办法阻止孩子不断发展个人的责任感和独立性，那么对于孩子（现在已是成人了），就绝不会想到过自己的生活。如果包揽孩子一切问题的父母动不动就保护他们的话，那么总是给予关怀的父母就会认为，他们的子孙后代总是需要帮助的。无私给予者型的家长总是至关重要、不可或缺的。他们甚至会受到亲友邻居们的赞誉和称颂，因为他们对自己孩子无穷尽地慷慨大度。在这种情况下，隐藏在慷慨行为背后的真正动机并不一定很纯洁。

无私给予者在工作中或在志愿者协会中表现出的“幕后”行为

也是其骄傲的来源之一。如果要让事业有成的大人物也开始依赖无私给予者，那么他们必须得令人印象深刻才行。通过花费大量时间、精力和财力而慷慨地给予和付出，无私给予者总会受到他人的赞誉和赏识，因为那些人不会像他们一样不断地付出。因为他们对他人的牺牲行为，无私给予者看上去几乎总是很圣洁。我们中的大多数人都“太自私”，而不能像无私给予者那样去无私地给予和付出。因此，无私给予者必须在道德上比我们更有觉悟且做得更好，这是一种允许他们的骄傲感四处泛滥的想法。

最后，他们的骄傲感也会来自于他们有能力去操控他人对他们的认识——喜欢他们、关注他们，从而给予他们想要的东西。这是一种多么不道德的消遣啊！譬如说，违心地称赞某人，或者是假装关心对方的情况，而这一切的努力仅仅是为了换来别人的关注和感激之情，仅仅是为了树立自尊。

桀骜不驯最终会走向失败和灭亡！

——民间谚语

有悖常理的是，导致无私给予者桀骜不驯的因素正是导致他们心理障碍的因素。无私给予者总是知道别人喜欢他们。无私给予者为了他们的隐藏目的而利用别人对他们的好感。其他人被欺骗进而喜欢无私给予者。然而如果这样的利用停止了又将如何？如果无私给予者不再给予或者过于疲劳而无法给予又将如何？

他们担心人们对他们的关爱和关注会逐渐消失。因此，为了得到认可和爱护，或者关注和赞赏，无私给予者必须成为那种不断并永无休止地给予和付出的人。

因此，无私给予者在情感上会慢慢地与他人相互依存，而那些人受他们的操控，开始慢慢喜欢上并依赖于他们。

无私给予者的自我认同基于他人对他们的认可之上。问题在于，别人对他们的认可不是发自肺腑的。因此，别人对无私给予者的好感在某种程度上受到了无私给予者本身的认可，而他们不配获得这种认可，因为它是建立在自私自利的动机上，而这种动机又太难以启齿。鉴于无私给予者变相操控了此人，于是每次都第一时间给予无私给予者赞赏，这种行为潜藏着一丝令人厌恶的罪恶。

心理不健康的无私给予者认为："我需要依靠我所受到的赞誉存活下去。可问题在于，那些说法一致的赞誉源于我内心深处暗藏的动机，因此毫无价值。那么，我的心理动机就是要不断努力获得我想要的东西，而这种东西最终毫无价值可言。"这是自我驱动的个性会产生的混乱想法。

一旦涉及人际关系，无私给予者就会通过自身的不安全感创造一种双向绑定的局面。一方面，在某种程度上，他们坚信，活在别人的生活里，他们会慢慢失去自我；另一方面，如果他们选择活在自己的生活里，他们也会慢慢失去对方。这种进退维谷的局面扭曲了事实真相，使事情过于简单化，最终导致无私给予者会永远背负着精神障碍。

从逻辑上讲，无私给予者堕入了"不取中庸之道"的谬误中，虽然他们本来可以采取一种比较中庸的手段和方法。当然，肯定会有既能为他人服务，又不用完全出卖自己的方法。他们担心自己的福佑最终必然会导致被人遗弃和孤立，而这种担心无凭无据，使他们陷入认知行为治疗者所说的"灾难化"处境之中。

对提高心理健康和通往内心平静的理疗建议

和所有性格类型相同的是，无私给予者需要做的第一件事就是得承认自我主义心理引发的问题。你若不承认自己有错，你就不会改变。这样做对很多人来说是很痛苦的，然而对无私给予者来说更痛苦。他们是情感类群体，比起其他人，他们在感情上受到创伤更不容易修复，而比起他们，其他人在对待生活的态度方面更理性、更多出自本能。在发现自我影像时所经受的任何痛苦都会给心灵带来震撼，甚至有可能是恐惧感。请记住一点，通往自知之明的道路并不总是令人愉快的。它需要勇气和决心。在愈合的过程中，我们发现了自身存在的一些问题，那就是，我们希望自己是不真实的，而只有我们直视自我个性中的黑暗面，根本的变化才会发生。除了我们身上的其他特性，无私给予者还需要意识到这一点。

无私给予者需要做的另一件事就是与自己的需求达成协议。在很长一段时间里，像“依附者”一样活着是不会受到任何人钟爱的。如果你整天被有困难或黏人的人们围绕左右，慢慢你就会了解到自己要完全呈现在他们面前该有多困难。你就想象一下，如果两个有困难的无私给予者试着赢得对方的关注和认可，那必定是不和谐的。

在任何情况下，与无私给予者的多次沟通交流似乎意味着是为了满足“依附者”的需求，而不是建立某种真诚的、透明的、双向的、意味深长的关系。当然，对大多数无私给予者来说承认自己的需求只是过于尴尬而已。承认自己的需求等同于承认了这样一个事实：自己是孤寂的、毫无价值的、有缺陷的——这会带来令人难以承受的恐惧感。如果你无法承认自己的需求，那么最好的办法或许就是先承认满足骄傲的需求。

骄傲在人类道德缺陷的等级中也没有那么不堪，相对来说还有很多积极的情况。如果一个人心存骄傲，那么他肯定有可能有一个令他骄傲的充分理由。多数的自我主义心理中都贮藏了一定的成就。然而对于无私给予者，骄傲来自于与别人交往或从中获得的认同感。可悲的现实是他们选择了与他人打成一片，并过着“代理”的生活。因此，他们获得的积极的感受源于所谓的“寄生存在”。这才是令人恐惧之处！我们帮助他人，庆祝他们所取得的成就，这本身并没有错。然而，如果一个人的自我定义是围绕着别人的生活形成的，那么此人与他们之间就会产生相互依存、关心，此人心中的不安全感就永远不会消失。我们不能控制别人的生活，或者强迫他们喜欢我们、赞扬我们、需要我们。将一个人的生活建立于“别人会以那样的方式对待自己”的想法之上，他们就为困惑的心灵搭建了条件的平台。这样做就会让自己成为自身不幸的缔造者。

无私给予者需要自我认可。当他们做到这一点时，其他人也会认可他们。无私给予者要变得心理健康并要永远保持这样，就不要那么在乎他人对自己的看法。这并不意味着他们要产生一种“什么都不在乎”的态度，而是不要再那么痴迷于他人的感觉和意见。

女演员莎莉·菲尔德曾说过一些话，这些话使一个心灵备受煎熬的无私给予者燃起了希望之火。这个人不光穷困潦倒，还非常渴望得到别人的认可和赞同。我认为莎莉·菲尔德在1985年奥斯卡颁奖典礼上的演讲具有划时代的意义。在喜剧演艺圈以及午夜电视秀里这次演讲内容被再三提及，她在心理上对自己是否会被认可的担心很明显引起了无数人的共鸣。

在颁奖典礼上，莎莉·菲尔德曾说过：“我没有正经的职业，而且我非常渴望得到你们大家的尊重。第一次获得提名的我没有感觉到这一点，但这次我感觉到了，我不能否认这样一个事实，那就是你们喜欢我，就在此刻，你们喜欢我。”

不幸的是，对莎莉·菲尔德来说，多年来，这些话让她成为大家的笑柄。一个人要公开承认自己需要被人喜欢被人尊重，很多人会认为这个人已经到了近乎可悲的程度。通过研究她在演讲中说过的每一句话，我发现莎莉·菲尔德引用了一些很有趣的话，使台下其他也有不安全感的无私给予者们燃起了希望之火。

后来她又说过："我天生就能觉察到，某人想让我成为什么样的人。我花了很长时间才做到不依据别人的眼光评价自己。"

很明显，她能说出这样的话，在某种程度上反映出了她的成长历程。莎莉·菲尔德也做了一些工作，流露出自己理想化的自我形象。她有些话被录了下来："别人怎么称呼我我不在乎，我却从没这样称呼过自己。这就像与鬼魂打斗一样。"

因此，不顾忌自己的好莱坞形象貌似对她的生活没有影响，尽管她是一个无私给予者，但她仍保留着属于自己的形象。我突然想起她的最后两句陈述蕴含着的心理学意义，它证明了一个人在涉及自信和心理健康的问题时究竟能走多远。一旦强烈的不安全感作祟并且自己突然成为大家的笑料，那么莎莉就会成为功能失调且又很努力想给这个世界留下深刻印象的形象代表。她似乎已经接受了自己，此刻以一个"真实的自我"与世人交往。她心里更清楚，她在本质上并不属于自己的好莱坞形象。

她以自己的诚实品格赢得了我们大家的尊重。恭喜你，莎莉！！感谢你成为我们的老师。你不光在过去的日子里带给了我们欢笑，你不光继续以你现在的职业计划来赢得我们大家的关注，此刻还带给了我们对未来的希望和憧憬。就因为这些，我们真正地喜欢你！

无私给予者不能一直这样照顾那些困难户，他们必须强迫自己停下来。帮助那些困难户本身并没有错，事实上，有很多人道主义者和有信仰的人坚信，他们有责任有义务这样做！可是当帮助困难户的需求无法控制或有强制性时，问题也就产生了。当这种事发生时，帮助他人就不再是重点，而帮助自己摆脱绝望则成了重点。

我们可以将这种行为称为"病态性给予"。要克服这种强制力，无私给予者需要认识到一种我们之前学过的东西，它有个专有称呼，就是"感知即是投影"。无私给予者所感知到的，包括他人的需求，其实就是他们自身心理的一种投影。

无私给予者的现实与每个人都一样，是一种思维的构建。那么有些朋友可能就会问："对无私给予者来说，他们从受伤害的人中或困难户身上所感受到的东西反映出了他们的现状，而这种现状究竟又能说明什么？"如果一个醉汉出现在你家门口，你可能会认为他是个流浪汉，或者说是受社会环境毒害的牺牲品。比起那些更愿选择后者说法、像无私给予者那样的人，会选择前者说法的那些人有一种不同的思维定势。对无私给予者来说，他们在这里的主要任务就是检查所有其他的想法和感觉，而这些想法和感觉是以一个受害者的眼光来找出隐藏在内部的事实。

无私给予者一定会问："我对可怜之人的感觉告诉了有关我自身的什么事儿呢？"因此，困难户的感受为无私给予者了解自我创造了机会。从行为上来看，好像是无私给予者总是在救助那些困难户，因为他们能从中感受到自身的需要。

他们为他人服务，同时也希望他人能为自己服务，这是黄金定律的一个微妙变化。黄金定律有一个基本的道德底线，与之相比，无私给予者的助人行为也有一个"心理生存函数"。

无私给予者可以通过自我表现的多种形式使他人获益。他们中的许多人终其一生将自己的注意力几乎全部聚焦在他人身上，从而忽略了他们自己。

无私给予者在努力赢得他人尊重的同时，他们却在很大程度上不自重。慢慢学会为自己做点儿事并不叫自私，而是必需的。如果一个人希望成为一个真诚的给予者，他（或她）本身必须有足够的资本和保障，而不是缺东少西或神经质。

有一句老掉牙的话，总是会被人扭曲其含义，但尽管如此，这里仍值得一提：你只有先学会爱自己，才能去爱别人。

我认为航空安全指令提供的一个对人生的恰当隐喻可以解释这

里要表达的意思。在任何一家航空公司，安全指令都会在紧急情况发生时告诉你先戴好自己的氧气罩再去管别人，而不说先为你的孩子戴好氧气罩。这样说的重点是如果你不先照顾好自己，你就不可能更好地照顾你的孩子。把氧气罩先戴在无助的孩子的脸上，表面上看这种行为很英勇很无私，但实际上这可能意味着你——一个成人没能幸存下来，因此，你也不可能再帮助孩子脱离危险，因为一旦你遇难了，当通体燃烧的飞机撞向地面时，你就不能背着孩子和降落伞一起从机舱里跳出来了（我说的有点儿夸张，请读者朋友们原谅）。为你俩着想，我个人强烈建议先保住你自己的性命，然后再去管别人。这样做的话，最后大家都有可能生还，没有人会为了别人的利益而牺牲自我。这个选择不必是非此即彼，而可以是皆大欢喜的。

由此，对于无私给予者的启示是，他们需要做一些事情，如发掘和开拓无须迎合他人却有助于发展其创造力和个人表达能力的兴趣爱好。试想，通过确立创造性的自我表现的目标及从自身的努力和成就中获得快乐，无私给予者会以一种更健康的方式与这个世界分享自己的快乐。这种给予或付出不再具有操控性，但却反映了真正的慷慨大度及自我满足，因为他们能够为他人和这个世界作出一定的贡献。

如果你是一个需要给予的无私给予者，那么就将自己最好的东西给予这个世界，而这个所谓的“最好的东西”就是成为你最有可能成为的那个最好的个体。活在别人的世界里不该是你要做的事儿。

最后要说的是，对无私给予者来说，最重要的是要记住自己真实的精神本体。他们所寻找的爱的源泉其实就是一种“神圣之爱”的表现形式，而这种形式不能被支配、抑制或者缩减。[8]这种爱不像商品那样可以买到或没收，因为在它最真实的表现形式里，它根本就不是自我主义的功能。出人意料的是，“本质的爱”甚至不是这样的一种感受或情感。爱的感觉可以在我们身上映射出一种更深层的本体存在，但“本质的爱”已经超出了任何言语和概念所能形容的范围。这种爱根本不懂得分离的界限或程度，它不属于自我主义心理产生的二元现实的范畴，因此，它也不是心理学知识的研究对象。事实上，爱的存在的感知受我们个性中的习惯和错误信念的阻挠。[9]我们不能心甘情愿地爱自己或爱其他人，而我们所能做的仅仅是从我们和他人身上认知到爱的存在。奇迹不久就会出现。

> 没有人可以要求别人完美无瑕，但他可以让自己先变得完美无瑕，这样再将自己所得到的给予他人。
>
> ——《奇迹课程》

第三节　善于表演的明星

世上再没有比你爬到云梯之巅却发现自己爬错了地方更糟糕的事情了。

——奥巴马的精神导师约瑟夫·坎贝尔

失落的本质

就算是最忧郁的人，只要瞥见任何一个嬉戏中蹒跚学步的孩子，脸上都会呈现笑容。其中有一部分原因是因为我们从孩子身上看到了一种奇妙、诚挚的透明物，温暖了我们的心。孩子就想当孩子，他们就是孩子。此刻，他们的意识里没有昨天或明天，他们只活在自己的永恒世界里。蹒跚学步的孩子不会想到去规划自己的将来，也不会为过去的事感到懊悔。他们不会为明年的事而忧心忡忡，也不会因自己去年做过的事怀有负疚感。“学步时代”是一生中会感到“一日即是永恒”的岁月——“爸爸下班后‘从没’回过家”大概就是这个样子。

孩子的世界不像成人世界。为了向他人证明自己的价值，成人们无时无刻不在奔波劳碌，而小不点儿们从未扪心自问过等他们长大后打算成为什么样的人。

这里我想起我与我儿子的一段对话。我记得在他三四岁时，我曾问过他，等他长大成人后打算成为什么样的人。他的回答让我大吃一惊："迈克尔。"很明显，小孩子的嘴里吐露出的永远都是真相。

当然，在没留心的精神错乱的一瞬间，根据儿子未来的角色或职业，爸爸为他描绘了一幅大好蓝图，期望那将是他的未来。在他年少的天真无邪中，儿子看到自己一生在本质上都是同一个人。

目前，他正在经历人生，就如仅是当今或者说当年存在的某人，就如现存于实时而非以假想的未来可能性的某人。在早期童年里，孩子比许多成人更接近于自己的本质。

我总有一种强烈的愿望，想知道某人的孩子的兴趣或倾向会是什么。很多家长喜欢看着自己的子女以他们最独特的方式尽情绽放自己的风采，兴高采烈地承担起为子女创造安全滋润的环境的责任。在情感上、物质上及肉体上的支持无论何时需要都能得到。当自己能够越过发展中的绊脚石时，大人们的掌声就会立刻响起，无私地给予他们。不幸的是，无论充满爱意的家长们的初衷是多么出于善意，年幼的孩子们有时也会误解他们所受到的赞誉和支持。无论他们的理解正确与否，在有些年幼的孩子的心灵深处，总会有这样一种信念，他们在很大程度上被大人们忽视了。除非他们做了什么特别"棒"的事；除非他们圆满完成了一些明显超出他们年龄范围的事情；除非他们展现了比其他人更好的一种能力或完成了一项表演。在那些获得成就的时刻，他们成了一个值得关注的人，而在此之前，他们又觉得自己无足轻重，"什么也不是"，被大人们忽视。

记住，这里谁都没错。家长们以身作则，尽最大的努力扮好自己的角色。他们的初衷也许是出于善意，并不想通过孩子来实现自己当年未曾实现的梦想和渴望，尽管有时也会有这种事发生。家长们或许仅仅是试图帮助孩子获得心理健康的自我概念以及积极向上的自尊心。

鉴于本书迄今为止的讨论，这样养育子女的目标或许需要重新考虑一下了。在任何情况下，爸爸和妈妈都应当一直将孩子的最大兴趣放在首位，而不是他们自己的。对于爸爸妈妈的好意，孩子是最终的受益者。

不管怎么说，在认知以自我主义心理为中心、不成熟及不谙世故的少年时期，孩子或许慢慢会看到如此与众不同的田园般的环境，而结果就是在精神上受到伤害。他们或许慢慢会认为，大人们的认可只源于自己的行动和表现——“作为一个人，我的价值完全取决于我的成就。”“只有当我表现得比别人都好时，我的父母才爱我。”

在不健康的培养环境下，事情甚至会进一步恶化。此处讨论的家长或监护人可能会试图通过养育“奖杯仔”（指获得荣誉的小孩儿）使自身风光，与此同时，他们的自尊心也通过其子女的成就而获得提升。但孩子们着实成了牺牲品，成了有权力控制他们的那些大人们的神经质的游戏中的工具。下午的电视脱口秀节目就是其中一个体现这一事实的令人厌恶的例子。正如我们在节目中看到的，一些家长将会用尽全力使他们的孩子在好莱坞电影中出演角色，或者他们精心为自己的孩子打扮、化与其年龄不相符的妆以期在儿童选美和智力测试中胜出。运动员的家长有时也同样地爱出风头。试想，有这样一位古板讨厌的母亲，其子效力于更具竞争性的全明星级别的足球队。她坚信她的孩子如果换一位教练或者在赛场上获得球员更好的支持就会表现得更加优秀。任何她的孩子不够出色的表现总是被视为别人的过失，这位母亲还试图使我们相信这一点。“我的小宝贝比其他队员进步、优秀得太多了……”“顺便提一下，我也比其他母亲优秀”，这位母亲出于对自身的不安全感或自我厌恶感的防卫会这样想。这位母亲是多么可悲。这个孩子会有多么不健康的未来呀！

在努力取悦父母的过程中，善于表演者逐渐失去了他们孩提时的天真无邪和清澈透明。他们的人生已不是生活而是表演。善于表演的孩子的价值开始取决于上一次的成绩单或上一次比赛的表现。

大三学生的自尊可能依赖于其在公共演讲比赛中的最终排名，或者在学校剧场或音乐剧演出中获得的关注和认可。

当人生更多地变为了表演而非现实的生活和体验，本质的可信赖性特征就开始渐渐褪色。人生对其已不再那么真实，而更多的是在人群中“表演”以获得他们的表扬和奉承。没有这些，善于表演者的内心深处会隐约呈现出一丝恐惧感：自己将变得一无是处。

心理世界观及补偿策略

无论爸爸妈妈是否爱他们，无论他们心理是否健康，无论他们是否有不正常的不安全感及自私心态，善于表演的明星都会在潜意识里内化生活中给予他们关爱的父母的期待。在情感上，他们总是更依赖于在家庭中扮演主导“培养者”角色的那个人。[1]根据“培养者”的心理健康状况，他们或许会有意或无意地教导属于“善于表演的明星”这个范畴的孩子扮演“家庭英雄”或“家庭明星”的角色。

因为从扮演这样的角色中得到了赞誉及支持，善于表演的孩子通常密切关注日常生活。如果孩子本身有天赋和能力，不管怎样他都会有很多不错的机会可以发挥优势、展现自我，甚至有时他们只付出相对小的努力就可以实现这些。因此，对于这种天赋异禀的善于表演的孩子来说，“爸爸妈妈会一直陪伴着我，关注我，给我渴望的悉心照料”。

在情感经历上明星孩子与其相互依存的培养者会出现情感的乱伦。有些人或许会称之为“天生有瘾”。其经历的成就感就像情感上的极度亢奋，完全令人心醉神迷。孩子与家长或许已习惯性地深爱上了肾上腺素在体内沸腾的快感、对荣耀的庆祝和期望、骨子里的竞争之魂等。

所有这些情感上的刺激就为了让注意力远离真相，而这个真相就是：真实的自我已在所有的竞争和成就中彻底消失了！

不幸的是，寻找认可所带来的消极心理也不是普普通通的小事儿。我们膨胀的自我主义心理不希望我们意识到这一点。只要我们仍旧错误地相信我们的自我价值基于表现之上，那么自我主义心理就仍在作祟。但是请记住，自我主义心理是一个“双面特工”，它既能帮助我们得到我们自己认为想得到的东西——即便那东西最终会伤害到我们，又可能会将我们从真实的自我中脱离。说到这里，想一下传统现实疗法是如何设计用来帮助人们满足其需求。这样做不总是明智的。我们会在本书的最后一章里详加说明。

“幸福”是一个人得到自己想要的东西时的那种感觉，但它却没有提供任何他真正想得到的东西，而这种东西正是道德上所缺失的。

——佚名

体现在你身上的“真相”，永远保留着犹如繁星般的光芒，犹如光源般的纯洁！

——《奇迹课程》

随着任何一个个体的成长，想要展现自我的需求逐渐从父母身上转移到大众身上。[2] 自我主义心理的策略是要通过取得理想化的自我形象这一积极成就来证明他的个人价值。到了青春期，孩子已经慢慢知道成功意味着什么，以及对于其他人来说，以这种方式来认知他又意味着什么。成功的经验引发了自己对成就的热切追求，而这种成就是由本人所处的社会环境所界定的。

个性与“出卖”的形象密不可分。善于表演的明星努力按照他人的意愿和期待来塑造自己的形象。在他们的不懈努力下，善于表演的明星总是设法在多重领域里获得成功。衣着光鲜、举止优雅、富有魅力都是他们的典型特征，他们会成为耀眼的新星，会成为青年总裁协会的成员，或者成为社会上万众敬仰的领袖。因为善于表演的明星平易近人的风范以及所取得的耀眼的成就，民众都会仰视他们。[3]

善于表演的明星是社会价值才能的化身。他们会一步步地爬到公司或集团的最高层。他们常常开名车、穿名牌衣服，以此来向他人炫耀自己的成就。他们在社交方面野心勃勃，为了实现未来的大业不断建立并加强关系网，喜欢逢人就塞名片。[4]

善于表演的明星在其永无休止的个人发展计划中被视为“已经成功”或“努力取得成功”的群体。他们希望尽最大努力能让自己变得最好最强大，至少自我主义心理是这样界定他们的。妈妈们要成为“超级老妈”，爸爸们要成为“超级老爸”或者“超人”，他们要最大限度地为家庭提供一切，还要比别人都优秀才行，同时又要穿着得体、仪表堂堂。善于表演的明星具有无穷尽的能量，所获得的成就也是登峰造极、意义显赫的。这里可举出的众所周知的例子有美国总统比尔·克林顿、巴拉克·奥巴马以及世界级潜能开发专家托尼·罗宾斯。

所有善于表演的明星都体现了我们中许多人希望自己能成为的那种人的特征。他们是“美国梦”的实践者。他们都很有钱、很有名气……要是我们也能那样就好了。

对于善于表演的明星来说都会有这种感觉，认为其他人“都梦想成为像我这样的人或站在我的立场上”。哪还会有比这更好的自我主义心理验证啊！可问题在于，究竟是哪个“自我”得到了确认：是“真正的自我”，还是那个“虚假的自我”？哪个是自我主义心理虚构出来的幻象？

快速瞄一下这类善于表演的明星，就能得出一个简单的印象：

他们在追逐自己的目标时，都会表现得很活跃，浑身都是使不完的劲儿。他们在社交方面总是成就不断，他们是重视形象和地位的表演者。

对于善于表演的明星，无论真实的现实怎么样，最重要的是要时刻给人一种“事业成功人士”的印象。形象就是一切！善于表演的明星愿为自己想要、为之奋斗的东西公然抗争，因为胜利和战利品都是必不可少的，至少他们是这样想的。

善于表演的明星都是勤勉刻苦的个体，希望让这个世界变得更有效率、更多产。[5]善于表演的明星帮助人们完成了很多不可能完成的事，进而成为私人企业、社会团体、教育机构的优秀领头人，成为焦点人物。

对善于表演的明星的“庇佑”已经达到了这种程度：他们象征着巨大的价值。他们的性格允许他们要么全部或者部分买进要比我们稍后将要讨论到的其他几种性格的人更多的东西。当前围绕“自我品牌推广”的商业热潮简直是为善于表演的明星“量身定做”的——很有可能就是善于表演的明星为自身“量身定做”的。

通过这一技术手段，善于表演的明星可以向这个世界吹嘘自己的成就。他们可以为自己的形象做广告宣传。自主品牌宣传如同一个孩子一边骑着三轮车一边叫喊着：“快来看我啊……快来看我啊！”

通过对个体和社会进行比较，柏拉图发现，任何一个特有的社会都会孕育出不同类型的独特个体，他们得到养育，并获得回报。这种回报是理想化的、有价值的或者在那个社会中被认为是较重要的。

在资本主义“消费社会”的大背景下，兴奋与浮华似乎总是比物质更有价值，人们不会因其性格的好坏而是根据他的公文包的大小来判定一个VIP（贵宾或大人物）。有社会地位意识的善于表演的明星在经济方面的确“实现”了这一切，因此他们受到了称颂及最深的敬意，那些被称颂的人极度渴望成为《华尔街日报》上的下一个成功案例。可以论证的是，当代的美国社会有这样一种性格类型——所谓的善于表演的明星。怪不得那些反映“善于表演的明星”的特性也在其中得到了良好的体现。任何可以分享并表现商业文化价值的人都有可能极速登顶。

> 我们必须承认，属于国家的元素和特性同时一定也存在于其中的个体身上，不然它们从何而来？
>
> ——古希腊哲学家柏拉图

善于表演的明星的健康与不健康的表征

心理健康的善于表演的明星会尽最大努力为这个世界贡献出自己的天赋及才能。他们创造性的协同作用绝对惊人。他们为完成并做好某事的激励动机及热情，就像是一种一切围绕他们而转的灵感。

心理健康的善于表演的明星更倾向于努力提高自身的水平，也会鼓励其他人这样严格要求自己。善于表演的明星会尽其所能地为他人服务，将自己对自我的兴趣转为实现目标。譬如说，奥普拉·维弗瑞近年来在非洲建了一所学校，帮助那所学校的孩子成长以及最大化地激发他们的潜能，这也是奥普拉为她自己定下的一个目标。奥普拉曾说过，她人生中的一个指导原则就是“我

> 奥普拉·维弗瑞(1954~)，美国电视脱口秀节目主持人、演员、制片人。她通过对哈普娱乐集团的控股，掌握了超过10亿美元的个人财富；主持的电视谈话节目《奥普拉脱口秀》平均每周吸引3300万名观众，并连续16年排在同类节目的首位。

们都应该努力实现自己的梦想”。

她眼见很多人在生活中因自己力所不能及的事情而被拖了后腿不能前进，譬如贫穷，她感到憎恶与无奈。对那些在如此困难的经济条件下坚持学业的孩子来说，让他们的自我实现成为可能绝对是个奇迹，而在这个奇迹中，她扮演了至关重要的角色。

你不禁会注意到有关心理健康的善于表演的明星的一点是他们外向及活跃的本性。他们精于世故，拥有很强的社交能力。他们总能以各种方式取悦众人。他们朝气蓬勃，在社交方面很有一套。善于表演的明星以其独特的魅力及聪明才智让我们惊叹不已。[6]一个发展良好的善于表演的明星会在公司聚会中，轻松、自然地“布置聚会厅”。

将魅力、激情与为了给人留下深刻的印象而专业设计的着装、发型、妆容及管理策略结合在一起，你就成了一位“出类拔萃”的强势领导者了。

心理不健康的善于表演的明星会受恐惧感及不安全感的影响而苦恼不堪。取悦众人或许并不总是一帆风顺的，有时有人也会不认可他们，这正是他们所担心的。如果其他人“看着我”，但他们却并不喜欢自己所看到的景象，那该怎么办？当一个人的自我定义完全建立在从他人身上获得认可的基础上时，那么他就处在了这样一个非常没有安全感的形势下，他就得一直取悦众人、给人留下深刻的印象。善于表演的明星在心理上受到了年轻时的精神创伤的折磨，就是因为他们内化了一种错误的信念：如果他们不能“出类拔萃”的话，他们就是“垃圾”、“废物”，至少他们的自我主义心理是这样认为的。因为最初受到的创伤，善于表演的明星这一辈子都在向世人证明他们很重要、他们很有能力，就好像这个事实需要证据证明才行。

不安全感可以是一种巨大的动力。

——美国篮球运动员科米特·华盛顿

善于表演的明星为达到“出类拔萃”这一终极目的而作出的奋力拼搏总会体现出“完美主义者”的个性，具有那种个性的人更有可能得心脏病和巨大压力引发的疾病。善于表演的明星为获得成就的“不择手段”毕竟是建立在心理焦虑上的，而这种焦虑源于恐惧，恐惧自己会跌入虚无的深渊里，没有众所周知的成就，没有受人称颂的表现。处在万丈深渊的边缘，一直担心自己存在的价值，最后只能让他坐卧不安，有种不祥的预感。瞬间的成功只能暂时缓解精神上受到的折磨。你也只配有上次的成功了，下一次还说不定会怎样呢！“届时我看起来会怎么样？”“届时我可能会被世人认为是徒有虚名的冒牌货，慢慢地，在我的内心深处，我自己也会开始这么认为。”

善于表演的明星对这种恐惧也会有相应的辩护。由自我主义心态产生的“虚假的自我”事实上就是个冒牌货。根本不需要担心“真正的自我”。不幸的是，心理不健康的善于表演的明星已然忘记了自己的真实身份，而是选择了“虚假的自我”。

最大的隐患在于，在善于表演的明星全力追求他人赐予的价值时，他们慢慢失去了自我。正如研究九型人格的权威专家唐·里索和拉斯·哈德逊所指出的：“……他们内心的渴望已被抛于脑后，直到他们再也认知不到时。”[7]最后，他们已和自己的真实感受及真正兴趣相去甚远，然而根据善于表演的明星的想法，这也不一定是一件糟糕透顶的事。他们的恐惧感来自于对自己或许不再入潮流、不再被那些大人物所认可的担心。

将自己的灵魂出卖给“浮士德”魔鬼，仅仅为了换来别人希望他们拥有的品质，这样，一笔“交易”就由自我主义心理实现了。可问题在于，在做这笔交易时，善于表演的明星们达到了这样一种程度：他们不再知道自己究竟想要什么或自己最真实的感受如何。这种事似乎会让他人觉得非常不妥，所以实际上对他们的“明星地位”来说也是一种潜在的危险。

“不管怎么说，‘真正的自我’跟我又有什么关系呢？”善于表演的明星通常会这样想，“我获得了成功，获得了他人的认可！而你没有，但你又渴望得到这一切！哈哈，哈哈哈哈哈！最终还是我赢了，瞧见没，我比你们更优秀！”

在回应善于表演的明星时，我们会这样问：“如果成功和声望让你这么幸福，那你为何还有如此强烈的不安全感呢？”

然而，你一定要非常小心地选择问这个问题的方式。

心理不健康的善于表演的明星会为一点儿小事儿而对别人怀恨在心。谁要让一个善于表演的明星当众出丑，或者揭露他们巧妙伪装的缺陷，那他就该倒大霉了。一旦你这样做了，那么非正常的善于表演的明星就会尽情地报复你。

这里我想起一个案例：一位现任大学校长听说有人在她竞聘这个职务时没有投她的票，我个人猜想是她的档案里有些瑕疵被校务监督委员会的其他成员看到了，并引起了他们的高度重视，然而，这个有问题的人最终还是被任用了。新校长想办法得到了当初投支持票以及反对票的人员名单。正所谓“新官上任三把火”，这位新校长上任没多久，就解雇了至少一名校务监督委员会的官员，而此人就是投反对票的，她给他安了个“莫须有的罪名”就把他直接开除了。要开除此人本应遵循谨慎的原则，但在校长的脑海中，她认为这个人已经丧失了这项权利，因为他没有在她竞聘校长职务时给予支持，她所受的难堪必须让他知道，也得让委员会的全体成员知道，他的职务会因对她的不支持而终结。

这位校长就是典型的善于表演的明星，她的“温柔的报复”证明了这一点。在关系到自己的切身利益时，这些人会表现得有些病态。自我主义心理或许要报复，但这并不能保证自我想要的东西就一定是好的或者是心理健康的。最后那位校长也被学校理事会给开除了。有些人或许会将这一次的开除事件戏称为“因果报应”。

所有由于过于强调形象及表现而导致心理不健康的善于表演的明星在情感方面都很肤浅。从许多善于表演的明星的外在表现可以看出他们的肤浅和虚伪。对于善于表演的明星来说，情绪，尤其是负面情绪，只会阻挡他们前进的脚步。因此，在善于表演的明星身上，情绪和感受总是处在一种原始未开化的状态。

他们关注的焦点总是在外界因素上，如效率、目标的实现等，他们唯独不关心内心的感受。善于表演的明星或许更擅长用肢体语言和实际行动，而不只是用嘴表达对他人的好感。他们直接表达自己的感受会“非常地含糊不清”，而且感受的表达也很不方便、没有收益。感受会被当成是一种需要立即束缚、控制或压制的产物。如果是负面情感（且不说对报复的追求），根本不会产生什么好结果，那么为何还要细想它呢？

善于表演的明星经常使用一些最新潮的话及故弄玄虚的语言来讲话，因为他们不愿意承认困难和挫折。善于表演的明星总能将工作中遇到的烦心事转化为“挑战”，一次次的失败转化为改造的“良机”，一次次的失望转化为“探索其他可能性的机会”。那些能够一眼看透问题、矛盾及失败的核心原因的人马上会受到善于表演的明星的非难，而善于表演的明星也有这样的能力。虽然将注意力聚焦在这种事上，但不太可能出现在善于表演的明星类型的管理人员身上。在商务大权的宝塔中，还原他们的本质会适得其反，令他们恼羞成怒，因为他们中许多人都依附于这座宝塔。

经常使用一些有调整的含糊之词成了他们在职业交流中最偏爱

的模式，被视为一种在人际关系上最优美的交流技能。“直言不讳”只能证明你不属于行政界精英里的事业有成的行动者及震撼者。

这就引出了一个新问题——善于表演的明星的个人影像。

个性的阴暗面

如果诱惑者像现存的法律顾问一样去鼓惑善于表演的明星将其个人案例呈现在众人面前，他或许会在公众舆论的世界法庭上争辩道，他在建立客户网方面取得的成功、个人获得的物质奖励及大众对他的认可等方面是绝对没有错的。或许心理方面的陪审团的各位女士、先生们的观点是，只有“败寇”的人生才有异议，而那些“赢家”似乎并不太介意，我们不都希望自己能成为赢家吗，就像善于表演的明星，在这里受到不人道的指控的善于表演的明星？试问，谁不想拥有更多的东西？谁不想获得世人的认可？受人尊敬又怎么了？

要回应我们的“魔鬼律师”，我想我们可以做个实证调查，看看人们对社会地位和物质方面的想法，也就是说，如果我们希望找到真相，看他们说的话是否属实——这并不是重点。重点是善于表演的明星“如何”以及“为何”要追求这些东西。

首先，要回答“如何”这个问题。我们可以说个人的手段不全是光明正大的。善于表演的明星身上的黑暗影像主要表现为“欺骗和谎言”。为了努力获得自己想要的东西，善于表演的明星逐渐成为他们在公众形象面前所戴的“面具”，不无悲伤地强颜欢笑，表达出自己虚伪的好感。[8]通过宣传并提升自己的形象，他们使自己成了一件商品，可以随意在市场上买卖。

因为形势的需要，或者不断变化的社会市场条件重新定义了当今世界“热销”人物的特征，他们渴望并心甘情愿地改变自己的态度、外表或衣着。

在这一点上，善于表演的明星有点儿像无私给予者，都是善变之人。在推销自己的同时，通过自我宣传及自我品牌推广，善于表演的明星慢慢开始相信只有自己美化的公众形象才能解决一切问题。他们开始与自身最理性化的形象融为一体，并将此形象展现于世人面前。在此过程中，他们开始以自己的“光辉形象”愚弄大众，并将此形象呈现在他们眼前。

在一定程度上，善于表演的明星开始相信自我主义心理生成的新闻报道，他们也在欺骗自己。这种自我欺骗是由情感创伤造成的。

从认知学角度来看，自我欺骗是建立在一种思维的混淆之上的，这种混淆介于条件性的外在认可与无条件的内在价值之间，而这种内在价值从本质上塑造出了一个个不同的人。

下面要回答一下“为何”的问题了。善于表演的明星通过创造一个“假形象”来获得他人的认可，这与他们的童年经历有关，因为那时经历了获得关注的需要受阻的挫折。因为我们前面已经说过，这种渴望得到关注的需求在后期人生中逐渐转型为渴望受到众人欢呼与赞许的需求。因此，隐藏在一切自我宣传、喜好竞争、追求名誉、雄心壮志及辛劳工作背后的真正原因，是要治愈童年所遭受的自我崇拜引起的情感创伤。〔9〕

在心理不健康的善于表演的明星这类人中，对于出类拔萃、万众瞩目的渴望会导致强烈的社会对比以及永无休止的竞争，这只是为证明自己作为一个人的价值。他们有可能会破坏他人的成果，窃取他人的胜利果实并将其据为己有。他们有可能会伪造自己的简历，凭空捏造自己的“成果”。

善于表演的明星对证明自身价值的极度渴望或许甚至会体现出一种公然的风头主义。〔10〕它会以多种形式存在。举个性爱方面的例子，当善于表演的明星成为好出风头的人时，他们就会去勾引异性，这样能使自己安心，觉得自己很有魅力和价值。一个非正常的风头主义者兼善于表演的明星会将自己打扮得时尚入流去吸引异性的关注，倘若成功，爱慕者就不可能再说类似于“滚开，流氓！”这样的话了。具有强烈的形象意识的善于表演的明星需要我们的关注，而非我们发自内心的好感。他们通常只追求别人的关注，而不是长期的人际关系，当然，除非别人能让他们感觉良好！

善于表演的明星想要给人深刻印象的需求也体现在疯狂工作上。这是因为在当今社会有自己的事业和有一份好工作至关重要。加薪、升职以及对工作的肯定评价让人像吸毒一样上瘾，从而实现自我主义膨胀，如此产生的后果也很严重。完成并做好自身的实际工作也不再那么重要。真正重要的是通过工作获得公众的关注和认可。他们做好工作不再呈现任何内在奖励。对于善于表演的明星不能带来任何实惠或公众赞誉的工作根本不值得去做。

善于表演的明星浅薄的情感使其认可并支持这种观点。

近年来，“内在工作”不再受人关注。难道“内在工作”对于奇人隐士、修道士（和尚）、大贤禅师以及那些接受康复方案的芸芸众生来说不是最基本的吗？“管它干吗呢？”善于表演的明星会这样回答。

> 我不知道我究竟是什么，因此，我也不知道自己在做什么、自己在哪儿以及如何看待这个世界和自己。
>
> ——《奇迹课程》

对提高心理健康和通往内心平静的理疗建议

善于表演的明星因认识到自己出卖灵魂的行为而需要进行自我康

复。长久以来的哗众取宠使善于表演的明星不再了解自己的本质。他们已感觉不到自己的真实感受、想法和渴望。他们一直在忙于寻找那些在现存的人生市场做买卖的买家。他们实现了自己的目标，但在此过程中也失去了自己的灵魂。

善于表演的明星首先需要认识到他们反对自己所犯下的“心理暴力行径”。这样做的目的不是要找出鞭笞自己“罪行”的原因。治愈并非来自于自责或责难他人。与其这样，倒不如认识到已遭受的心理创伤，这样才能注意到问题的存在。请记住，你无法改变自己不承认的事情。在这种情况下，善于表演的明星需要接受这样一个残酷的事实：他们所犯下的“罪行”是由自己的无知和童年时代的情感创伤造成的。时至此刻，仅仅为了向世界证明自己存在的价值，他们的人生已在很大程度上不过是一个宏伟绝妙、令人费解的阴谋。自我主义的心理策略仅仅是为了善于表演的明星得到他们自己想要的东西，而他们一开始真正想得到的是世人的认可以及自我价值感。令人悲伤的残酷现实是，自我主义的费尽心机最终成了一场噩梦，与它的疯狂企图及虚无缥缈的追求一起下了地狱。最后，梦幻成了一场噩梦。在战胜了这么多焦虑和精神障碍之后，什么也没换来，一切皆为泡影。

不幸的是，对善于表演的明星来说，永恒的“心静”（有些人又称之为“上帝的和平”）仅仅是一次短暂的热烈欢迎或者是他人的瞬间关注。这就像是浮士德式的交易，需要长期的心理偿还。幸运的是，“灵魂贷方”免除了善于表演的明星的债务，不用他再还利息，我再补充一点，在协议上还没有附加条款！

像我们所有人一样，善于表演的明星需要停止追求表面上的东西，静下心来想想如何得到他们真正需要得到的东西。对所有失去本质的个体来说，最真切的东西就是他们要相信自己在某种意义上是有缺陷的。基于早期童年的经历，每种性格类型都会形成自己独特的策略来弥补那些已识别的缺陷。

当然，在我们的本质现实中是不存在缺陷的。不管怎么说，在我们时常错乱的思维里，我们中许多人仍旧坚信自己天生是有缺陷的，并且一辈子都会对自己的缺陷有“负疚感”。这种负疚感是产生“羞耻”的根源——对善于表演的明星来说，这简直就像活在地狱里一般。

善于表演的明星身上的问题也是所有性格类型人群的问题，那就是，在矫正一个不存在的缺陷时，他们都会变得很冲动，甚至走火入魔。当他们拼命摆脱自己的精神痛苦，试图让自己从那个他们之前为自己挖的洞里爬出来时，他们甚至会对自己的行动上瘾。然而，他们越往深挖以便让自己摆脱困境，那个洞就会变得越深。首先，挖掘导致你陷入情感和心理困境的那个洞是毫无意义的。他们想要更熟练地挖这个洞，然后逢人便吹，说自己能够圆满地完成这项工作，挖得又深又快，因此比任何人都更优秀，且引以为傲，这样做真是荒唐至极。

鉴于这种情况，善于表演的明星需要摒弃膨胀的自我主义心理，将注意力集中于内心深处的实质。没有任何外界因素能够给予人们持久的内心平静，而这种内心平静正是我们都在苦苦找寻的。我们曾经为寻找幸福而在某处付出的努力最后都变成了无用功。如果我们继续干下去，依据我们的切身经历，很显然是行不通的，那么或许就是我们在精神上比较迟钝，需要去这方面的特殊教育班里补补课！我认识几位这方面的专业老师。

我在这里并非想说善于表演的明星应当让自己远离世俗或者做事不再那么有成效。我们都知道，我们可以住在这个世界上，但并“不属于”这个世界。善于表演的明星或多或少可以做些他们一直以来都在做的同样的事情，除非他们需要认识到自己作为人类的价值并不取决于他们的努力。一旦认可了这个事实，对生产率的绝望、上瘾的一面就会消失。再没有什么需要向自身或他人证明的东西了。心中的不安全感就成为人生中的主要动力了。

善于表演的明星会开始享受自己已取得的成功，更重要的是创造出他们的工作。同样，当善于表演的明星不再从外部世界拼命寻找他们现有疾病的解药时，他们就能花更多的时间与他人分享自己的一切。譬如说，他们也会和他人分享自己的真实感受——这种感受是他们此刻才认识到并且愿意真诚交流的。啊，他们终于获得了解脱！有了真诚的自我才会有更多奇迹发生。

善于表演的明星需要摒弃自我主义创造出来的形象。要以心理健康的方式生活，善于表演的明星就得撕掉自己的“面具”。想拥有好莱坞影星的形象并没有错，但你若认定自己就是那个形象就完全是另一回事儿了。在一次采访中，歌手兼词曲作者大卫·鲍威承认他在巡回演出时有一段时间曾极度痴迷于自己在1970年的一部作品——《齐格星辰》，因为这部专辑很能体现他的舞台风度。“形象”对他来说是如此重要，以至于能让他在心理上与之融为一体，与自己的原始身份脱节开来，而那时他也觉察到了这一点——这很有可能仍是他的自我主义心理在作祟。他承认道，这让他承受了心理上的煎熬以及人际关系的不和谐。在自己声名显赫的那段日子里，鲍威忘记了自己的“真实身份”。

那么以此类推，你也可以说《齐格星辰》代表的就是自我个性，就像自我个性代表的正是这个人的真实身份一样——他的“本质自我”。无论在哪种情况下，两者都很容易混淆。鲍威因认同《齐格星辰》而让自己的个性处在危险之中。同样，当我们要在现实世界中表现出自己的本质时，认同个性也会造成很严重的后果。

对于善于表演的明星，对于我们所有的人，该是时候放弃自己梦想要成为的样子并接受自己的真实身份了。那样会更容易点儿。当我们还原自己的本质时，没有人能超越我们。届时，胜利、成功及成就将会随之而来，最后就能实现真正层次上的内心平静了。

你的梦想有些不着边际，宝贝儿，但既然是梦，说明你仍处在睡梦中。（“梦想”和“梦”对应的英文单词是同一个，因此这里是一语双关！）

——美国音乐家鲍勃·迪伦

对于善于表演的明星来说，我给出的另一个建议就是，他们需要试着让自己平静下来，并且能够承受孤独。在西方这样一个竞争激烈的环境中，我们受到鼓舞要让自己努力成为目的性强、有进取精神、能够独当一面的个体，为求成功不惜付出任何代价。我们曾被告知过，主动性、努力工作及一点点运气结合在一起，就能实现自己的“美国梦”。这就是善于表演的明星努力实现的梦想。说得再直白一点儿，相比大多数人，善于表演的明星更倾向于被卷入这个梦想中。

然而，我们都知道，善于表演的明星需要停止自己所有的疯狂举动。有一部分善于表演的明星在工作中喜欢对下属呼来喝去：“不要傻站在那儿，赶紧去干活儿。”对于这种人，我们刚好有个相反的建议：“不要只知道干活儿，站那儿休息一会儿。”〔11〕

善于表演的明星需要学会如何做回简单的自己，如何在渴望持续得到社会认可但又无法实现的情况下生存。正如克劳迪奥·纳兰霍所指出的：“……那些不习惯独处、无法从通过夸张表现解脱出来的人能够从直视自我及不以社会这面大镜子来衡量自己是否‘丢面子’中获益。”〔12〕

重点突出“啥都不干”，可以帮助善于表演的明星调整自己的内心状态。在这方面的欠缺会导致他人认为善于表演的明星很肤浅，但这足以使善于表演的明星为此问题坚定地“做”些努力。

合理的动力不应来自害怕别人评价自己而轻狂，而应来自善于表演的明星对于自身缺乏自知之明的认知。这一动力已经足够了。这就像虚假的忠诚，它或许会对商业有好处，却对生活没什么好处。

对一个人的自我的深层次了解一定是真诚的而非虚假的，否则我们就回到了我们的起点，回到了情感受到伤害而仅能依靠蛇油治疗法医治我们烦恼的心灵的状态。

这里有一句古老的智慧哲语提醒了我们大家：金钱买不来幸福！试想一下，有哪个有钱有声望的人的人生不是凄惨的悲剧？我很好奇，既然如此，为什么还会有那么多人仍旧希望成为他们那样的人？

我们真的就像年幼无知的孩子，偏要玩很锋利的剪刀（这里指好高骛远、不切实际的想法）。我们会毫不犹豫地使尽各种手段来得到自己想要的东西，即便那种东西会严重威胁到我们的健康。幻想要让自己成为一个自我毁灭性的明星纯粹是精神失常。

对于善于表演的明星来说，有一个好办法能让他们触及自己的本质，那就是多参加有创造性的活动。然而，这些活动并非出自炫耀的目的。其终极目的也不应是为了使他人印象深刻，否则我们就又回到了善于表演的明星试图摆脱的那个心理困惑的旋涡中去了。绝对不可以！绘画、陶艺、写作、制图、写日记、音乐创作或者玩乐器都能让善于表演的明星触及自己的真实感受及内心最深处的直觉。通过这种方法，善于表演的明星可以更好地调整自身的心理状态。[13]他们可以享受自我及自我感受，并不以他人的反应作为交换条件。

善于表演的明星与其迎合与自己无关的人群，还不如加入他们信任、能为他们分忧解难的人群中去。[14]

当善于表演的明星不再经常显摆自己时，他们会惊奇地发现自己竟有这么可爱！我们都是人，都会有不安全感。对于善于表演的明星来说，能让他们诚实就是一种脱胎换骨的表现。一旦心理防御机制停止运作，诚实的表现就将成为主宰，他们就不再需要花费太大的精力在公众面前防御自我。他们也不再需要心理防卫，担心自己的形象被玷污。善于表演的明星围绕自身的毛病和限度将会展开更强的主动性表现及幽默感。学会自嘲将使善于表演的明星如释重负。一旦善于表演的明星能这样做，他们最终将得到自由，免受自我主义心理——导致自己精神错乱的因素的束缚。

> 在来世中，万物皆为一体，会滋生一种细微的疯狂想法（譬如，与我们的本源真正脱节开来），上帝也会因此嘲笑（自我主义心理的诞生）。
>
> ——《奇迹课程》

第四节　深情的利己主义者

世人知我甚少，甚至无法理解我对于自己被误解的抱怨。

——丹麦宗教哲学心理学家索伦·克尔凯郭尔

失落的本质

和其他的性格类型一样，深情的利己主义者也经历过一段悲惨的童年。我们也许可以这样形容：深情的利己主义者有过这样一段童年经历，足以能让任何一个多愁善感的人为之动容。

有些人或许会说，像在对容貌的评价问题上，令人可悲的是“情人眼里出西施”呀！因此，从深情的利己主义者的角度所看到的可怕的事情，或许从客观公正的角度来看并没有那么糟糕。

深情的利己主义者会这样回复：“你就是不明白！”“你根本无法想象我所经受的那些挫折！”

深情的利己主义者通常在童年时代就不会依赖于自己的父母或监护人。这不是因为他们粗心大意，在情感上过于内敛。那些照顾深情的利己主义者的人是很重情、很有教养的。可问题在于，深情的利己主义者或许没有如此看待问题，或者仅仅是打心眼里没有认同那些负责养育他们的人。用心理疗法的术语来说，他们没有“投影在父母的眼中”。

因此，孩子的脑海中就生成了一种差异感知。当他们能够感受到心理上的分离时，就会慢慢地得出这样一个结论：他们根本不像那些将自己带到这个世上的人。其结果就是，深情的利己主义者从心理上与他们脱离开来。〔1〕

我们常常会听到深情的利己主义者说起对父母的印象，而他们的父母并没有看到他们的本质。有时，深情的利己主义者禁不住会想他们是否出生时在医院被人错误地“调了包”，自己并不是母亲的亲生孩子。而另有一部分人则会怀疑是否自己本身就是孤儿，然后被现在的父母所领养。〔2〕

在讨论到已察觉的分离与差异这个话题时，试想一下，假如某人生来就是同性恋者，或者说某人的基因决定了他是同性恋者，那么此人在其童年经历中可能就不喜欢“过家家”的游戏，无法认同他的爸爸。另外，妈妈的身体特征可能在其眼中也不一样，于是对妈妈角色的认同会更加没困难。那么这个人可能就不会习惯“当爸爸”，不会认同“爸爸”这个角色，当然也就不会努力扮演好“爸爸”这个角色。而妈妈呢，从另一方面来讲，从其外表来看或许也不尽然相同，试着要和她结合在一起更是难上加难。

上文中同性恋的例子说明了一点，那就是父母与孩子无法建立紧密关系，而这不是父母或孩子的过错。这种失败不应令人产生心理上的负罪感。

让我们再举个例子：在一个大家庭里，在深情的利己主义者的童年阶段，家中还有别的兄弟姐妹。家长的注意力就很有可能分散转移到其他孩子身上。就受到父母关注的程度而言，这些兄弟姐妹将来就很有可能成为深情的利己主义者的对手。

如果父母因为公务繁忙或是家庭条件的限制而不能满足深情的利己主义者的一切需求，包括无法给予足够的关注，那么深情的利己主义者就会把这当成是一种“罪行”。

然而，从深情的利己主义者的孩子的认知性利己主义行为的角度来看，家人的不关注意味着他（或她）因为他人的麻木不仁而成了无辜受害者。孩子会这样想：“可是我并没做错什么啊，为什么他们都不理我，就好像我压根儿不存在一样？”“我真的就那么微不足道吗？”“这些人究竟是谁啊？”“我和他们没有一点儿共通性。”“等我将来长大成人，我一定不会和他们一样。”“我愿意为我的孩子付出全身心的关爱，而这种关爱是我以前没有得到的。”“我永远不会像我父母那样！”

在这里，因为自己受到的怠慢和“暴行”，我们亲眼见证了一副年幼无辜的面孔冲着自己尖声呐喊。就在此刻，自我主义心理冲进来，挽救了情感上受到创伤的“受害者”。随着自我主义心理的努力，最终使人从心理上与他人及这个世界脱离开来。“我就是我自己，仅仅是我自己而已。”自我主义心理道出了深情的利己主义者的心声。

深情的利己主义者的人生往往起源于一个认同转折点。他们也不知道自己能否在日后的生活中塑造出一个相对稳定的自我概念，更不会知道自己的“真实”身份。

“如果我一点儿都不像我的父母，而且在他们的眼中也看不到我自己，那么我究竟是谁呢？”

从这个认同转折点中可以得出这样一些想法：“我本身肯定有问题。”“如果我是家里的明星，大家就不会忽视我了。如果我像我哥哥那样魅力十足，别人也会关注我的。”“如果我表现得更自信，或者像我老姐那样张扬，餐桌上的闲聊就会以我为中心。”“我是不是就是一个反社会的失败者，一个毫无价值的无名小卒，甚至都得不到亲生父母的关注？作为一个人，我浑身都是毛病。”

这些想法在深情的利己主义者的脑海中逐渐根深蒂固。

从深情的利己主义者的早期童年经历中我们可以看到，无论在其年轻时的生活有多么平坦，他们都已经受了心理上的煎熬。“平静”的本质特性已遗失于小家伙的尘世阅历中。〔3〕“平静”可以理解为“本质”的完整化身。它体现出了一种完整感，没有缺乏或遗失的东西，也没有不对劲儿的东西。

我们经历“平静”的完整感来自于我们拥有的持久深远的满足感。我是谁就是谁，无论在哪儿我都庆幸可以做回我自己。世上再无他处值得留恋。自己没有任何缺陷，自己也不想成为他人，只想做自己。一切皆在完美的平衡中。

哦，这样的话我们就都能回归到自己的“本质”中去，希望自己会与众不同（不同于我们的核心的本质）。这是一个奇怪的希望，真的，毋庸置疑，最后一定是“竹篮打水一场空”。

试图不做自己其实是愚蠢的。同样，总是希望到达你永远到达不了的地方也会让你总是不满足于自己的现状。

这里让我们想到了一句佛祖曾说过的话，也是他的至理名言：我们的渴望是导致自己对人生不满的罪魁祸首。同样，以自己无法拥有的东西为准绳来界定“幸福”并将其定位在你此刻尚无法达到的处境中，也是疯狂的念头。

唐·里索与拉斯·哈德逊从深情的利己主义者的心理角度总结了“本质平静”的经验。他们指出：“从深情的利己主义者的角度，我们来感受‘平静’。一旦我们接受了内心的富足及在现实中生活会有永不枯竭的奇迹发生这一事实，由强烈的印象、感官及感受组成的万花筒就会使我们逐步充盈起来。平静给予了我们力量，能够包容所有这些永久不变的才能，且不会让我们卷入对它们的情感反应中去……平静可以让‘本质自我’参与到感受和内在特性的聚宝盆中，且不会让我们固守或恐惧它们，也不会让我们抱憾于它们的逝去。如此一来，个人的感觉就会持续加深，以至于能够完全体会到这种强烈的感受，但又不会压制其‘本质身份’。我们将会感受到令人心醉神迷的快乐和强烈的苦痛，却又不会迷失其中。”[4]

心理世界观及补偿策略

对于深情的利己主义者来说，首先要注意的是，他们很难安于现状。他们的关注力总是会游离在外，聚焦于过去或将来自身缺失的或难以获得的事物。[5]譬如说，在聚会上他们会想某位朋友缺席的原因，或者身处幸福生活之中却禁不住想如何能过得更好。

深情的利己主义者无限放大了自己现在的负面形象或缺陷，因此现存或正被感受的事物没有想象中的那么有吸引力。相反，深情的利己主义者更倾向于无意识地放大自己的正面形象，而这种形象已经遗失、得不到或丢在某处了。

说实话，如果消失不见的人或物体事实上仍存在，就不会那么吸引人了。位于远处的某人或某物会再次展现出无限的魅力。

这种感性倾向在很大程度上促使深情的利己主义者这样想：远处的风景更美。

深情的利己主义者是感性的个体。因此，要完全理解他们的心理世界观，最重要的是要仔细观察感情在他们现存的心理动态中所扮演的角色。要做到这一点，就很有必要指出，不仅是深情的利己主义者，还包括我们所有人都发出了“感应”，这是二十世纪六十年代嬉皮士的表达。无论何时我们进入一个房间，我们的存在都会设定一个情感基调。我们会发出所谓的“好的感应”或“负面的感应”。毋庸置疑的是，这都要取决于我们留给他人的第一印象。

由我们的个性设定的基调感应也可以称为“情绪氛围”。它完全包围着我们，同时也包围着与我们有接触的其他人，并影响了我们对现实的感知。万物在和煦的晴天里所呈现的状态与它们在灰蒙蒙的阴天里所呈现的状态常常不一样。同样，一个人的感情基调也渲染了他对现实的感知。现在你明白了吗？

此外，由我们的个性形成的情绪氛围禁不住会影响到和我们接触的人。如果跟你谈话就意味着步入狂风暴雨中，那么凭经验而论，这和跟一个思想成熟的人交谈是完全不同的经历，因为和他交流，就好像在一个阳光明媚的夏日里逛公园。那么你今天的情感基调是什么，或者你将“传播”怎样的心情？和你在一起就像是漫步于鸟语花香的公园里，还是说你要强迫每个人都迎着暴风雨狂奔？

说到这儿，要考虑一下深情的利己主义者的普遍情绪氛围，他们几乎一生都受其影响。这就是所谓的“内在情感氛围”，或者说“情绪气象系统”，而他们一生都活在其中，也都经历了这一切。[6]现在让我们来和其他已经研究过的性格类型做个对比，看看有何差异。

对于第一类的完美主义者，你应该会想起，围绕这类性格人群的情绪氛围总是过于苛刻的人生态度及内心的不安和躁动，这从完美主义者被压抑的愤怒或受紧密控制的愤世嫉俗中可以体现出来。非正常的完美主义者的情感克制及束缚他人的偏好会让其他人有种莫名其妙的负疚感，以致他们会怀疑自己究竟犯了什么“错”，即便没有任何不幸的事发生。

对于普遍的心理不健康的完美主义者来说，要让他们变得随和、高兴无疑是一件比登天还难的事，尤其是当从他（或她）的角度来看时，一切似乎都有缺陷，需要改进，或者没有本来想象的那么完美。当围绕着苦苦奋斗的完美主义者所产生的能量与一种有什么东西将要爆发的感觉结合在一起时绝对会令人崩溃——这个将要爆发的东西或许就是愤怒的暴风雨。心理上的狂暴天气、闪电般的批评非难，再加上轰鸣雷响的说三道四似乎终有一天会到来。

相比之下，对于心理健康的无私给予者来说，他们的存在就好像沐浴在夏日的阳光下，令人心旷神怡。没有众人冷酷的裁决，无须在倾盆暴雨般的批评非难开始之前就打包闪人。当然，心理健康的善于表演的明星能带来令人振奋的感觉。他们就好比明媚的阳光有着舒适的温度。他们的存在会让我们感受到解脱，能使我们再次活跃起来。

至于深情的利己主义者，他们的内在情感氛围为他们自身创造了一种心理情绪或者说外部情绪氛围，这是一种典型的受到抑制、总让人感到忧郁的情绪氛围。对于心理健康欠佳的深情的利己主义者来说，人生就像十一月下旬的某一天，多云且又多雨。精神忧郁症的雨滴轻柔地滴在空旷田野间一株孤树的寥寥几根树枝上。孤树的枯枝败叶使深情的利己主义者想起了遗失的东西，或者是再也找不回的东西。心理不健康的深情的利己主义者的大半辈子都活在永无休止的伤感的阴云下。这些阴云究竟有多阴暗，阴云覆盖了多大一片天空，雨下得多大，情感的阳光如何才能冲破绝望的阴云，这一切都取决于深情的利己主义者的心理健康的程度。他们的存在有时很难让人感到同情或厌恶，只能感受到一种藏在内心深处的伤感和隐痛，这是一种只有自己才能感受到的隐痛，我们所有人都理解不了。

深情的利己主义者的情感深沉，我们大多数人都承受不了。属于深情的利己主义者性格的名人有美国音乐家鲍勃·迪伦、加拿大歌手兼词曲作者莎拉·克劳克兰、演员马龙·白兰度等。心理学家索伦·克尔凯郭尔也是深情的利己主义者。

有趣的是，我们同时发现，克尔凯郭尔在创作作品时也用过

> 索伦·克尔凯郭尔（1813~1855），丹麦宗教哲学心理学家、诗人，现代存在主义哲学的创始人，后现代主义的先驱，也是现代人本心理学的先驱。曾就读于哥本哈根大学。后继承巨额遗产，终身隐居哥本哈根，从事著述，多以自费出版。他的思想成为存在主义的理论根据之一，一般被视为“存在主义之父”。他反对黑格尔的泛理论，认为哲学研究的不是客观存在而是个人的“存在”，哲学的起点是个人，终点是上帝，人生的道路也就是天路历程。

其他的身份。他曾用过很多笔名，譬如说《焦虑的概念》的作者是维吉利斯·豪夫尼西斯，《人生路上的阶段》的作者是希拉里乌斯·布克班德。当然，事实上这两本书的作者都是克尔凯郭尔本人。

因此，从索伦·克尔凯郭尔身上（以前被称为维吉利斯及希拉里乌斯），我们看到了“艺术家”的影子。他体现出了深情的利己主义者身上特有的心理特征及典型特点。至于克尔凯郭尔个性的另一面——维吉利斯，有些人会说，当我们试图通过某种“傀儡身份”与其间接交流时，他事实上就是希拉里乌斯！

克尔凯郭尔的哲学观无论有多么深刻的见解，抑或是他的方法多么有创造性，但要认同一个由充满假象的自我创造出的假形象，并与其进行交流，且掩盖自己的真实身份，这并不是一件有趣的事！在研究一个人的“本质自我”时所进行的心理挖掘只能变得更加麻烦。世上还有更多“傻子的黄金”有待扔掉！（此处源自杰弗里·乔叟的《坎特伯雷的传说》）

就像无私给予者和善于表演的明星一样，深情的利己主义者也属于“形象派”——把形象看得至高无上。无私给予者喜欢给人一种极具魅力的形象，这样他们就能感受到别人对他们的需要和渴望。善于表演的明星喜欢给人一种成功人士的印象，受到社会的认可，以便支撑他们对自我价值的感知。

至于深情的利己主义者，自我形象就牵涉到差异感知了。深情的利己主义者总觉得自己与众不同、超凡脱俗。[7]

现在，我们会意识到这一切是如何源于他们早期童年的倾向。深情的利己主义者所创造出的理想化的自我形象用来作为一种针对他们的恐惧及不安全感的补偿策略。他们害怕自己有差异，害怕自己会成为一个被驱逐的人或是局外人，而此时，他们的恐惧反而成了优点。自我形象化至少演变出几种不同的形式。有一部分深情的利己主义者会将自己看成“贵族”——偏好高雅、具有文化修养、精于世故。这类深情的利己主义者会觉得自己是精英或是属于上等阶层——有别于一般的底层群体。在这种情况下，他们显得优雅端庄，以互补的形式支撑自我。

另一部分深情的利己主义者则会以一种更放荡不羁的方式展现自我，在他们的表现及对这个世界的自我呈现中显得独一无二、气质非凡。[8]这种极具创造性的深情的利己主义者极度厌恶随波逐流，亦不甘成为一个廉价大众款式的奴隶。这类深情的利己主义者的放荡不羁的形象根本不是用来取悦世人的。不像善于表演的明星，深情的利己主义者绝对不会去主动取悦世人。因此，他们的外表会很雷人，甚至骇人。无论心理健康的深情的利己主义者会呈现出何种形象，至少这一形象主要是为了自己而创造出来的。

大多数深情的利己主义者都想象自己是财大气粗、学识渊博的，这一想象出来的空间对他们来说比真实世界更加趣味横生。在真实世界里，与人交往时在不必要的情况下别人总是会问到你的身份、地位等。

对于深情的利己主义者假想出来的财大气粗、学识渊博的人生，美国的九型人格大师海伦·帕默完美地概述了他们的心理世界观：

> 深情的利己主义者说过，他们情感生活的高潮与低谷加剧了存在的程度，超越了寻常的幸福，远比其他人看似愿意安享的那种幸福还要幸福。对于平凡的现实，他们更愿意当一个局外人，绝对地独一无二、与众不同。他们愿意当一名演员，穿越自己人生的一幕幕。放弃对这种升级版的情感生活的煎熬，意味着不再幻想自己多么特别，而这种幻想是由人生这部大剧本创造出来的。对于深情的利己主义者来说，对获得幸福的展望同时也会威胁到通往强大的情感世界的入口。最糟糕的是，还会有一个很大的风险，那就是要勉强接受一个行者的视角及一个平凡的人生。[9]

……

深情的利己主义者说过，他们更偏爱精神抑郁症带来的富足，而非他人所谓的幸福。[10]

我是一支雏菊中盛开的玫瑰。

——“泡泡棒”

在塑造理想化的自我形象的同时，深情的利己主义者有着很强烈的倾向，希望能变成性格内向者，退出这个世界大舞台，搬入一个荒凉的地方。

我们的第五种性格类型（善于观察思考的人）以及第九种性格类型（超然脱俗的调解者）都有这种希望退出“舞台”的倾向，至于其他几种性格类型我们待会儿会谈到。通过退出人群，深情的利己主义者更容易维持在有苦有甜的忧郁状态。对于深情的利己主义者来说，这种情感经历似乎正是选择的感觉。透过忧郁的光学镜片来看，人生中遇到的平凡事也会觉得很有美感。沮丧可以转化为一种“对人类生存条件的诗歌鉴赏”。在火车站等待某人可以转化为“对挚爱的急切渴望”。无论在何种情形下，从他人的有利位置所看到的貌似荒诞错误的事情，其实就是深情的利己主义者选择保持忧郁。这种忧郁很特别，无法轻易地丢失。在谈论到深情的利己主义者的忧郁这个话题时，海伦·帕默说了下面这段话：

正是这种忧郁的心情，将一个被遗弃的局外人的人生提升到一种具有独特的气质敏感度的境界。这就像扮演故事里的一个角色——一个安置在逆境中的角色。我是这个世界

> 里的一个局外人，没有人知道我是谁，这会让我觉得自己与众不同、受人误解，同时这又引起了一种泰然自若的绝望。没有人能得到我，我是一个局外人，因此永世都要受折磨，但我内心的感受却是很强烈的，因为我受到了折磨。我对自己永远保持神秘，而且我绝对与众不同。[11]

因为已察觉到的分离与孤独，深情的利己主义者总会抱怨说他们觉得自己的人生中少了点儿什么。失去的东西似乎很容易受他人掌控，无论是意志力、自然的态度、自信，还是平静的情绪。这种有缺陷的不安全感最终导致深情的利己主义者会和其他人玩起“捉迷藏”的游戏。通过隐藏自己，深情的利己主义者总是希望人们会注意到他们的缺席。[12]他们通常会给他人带来找寻自己的负担，他们更不会主动向他人示好并与他人接触。在深情的利己主义者思维的最深处，他们会通过“测试”他人的手段来确定他人对他们的兴趣度。

最后，对人际交往的渴望或许会比交往本身更令人感到愉快。一旦最终这样做了，深情的利己主义者不久便会开始怀念先前的状态——“我现在想孑然一身，不想再与人交往了”。

无论他们在哪儿，总感到失去了什么东西。他们真正想要的并不是自己在什么地方。他们在那个自己所处的地方拥有的东西正是让他们感到不满的地方，也是他们不想要的，而且这个永远感到不满的悲剧将会继续下去……

> 与其尝到一点儿甜头，还不如饮下深深的伤痛。
>
> ——英国随笔作家威廉·黑兹利特

深情的利己主义者的健康与不健康的表征

心理健康的深情的利己主义者都很忠实于自己。用存在主义的术语来讲，他们显示了“真实性”。譬如说，他们的独特穿着不再是一种拉开与他人的距离和分离的手段，而是一种最真实的自我表现形式，实际上通常是引领潮流的。[13]

精英人才不墨守成规的狂妄自负一去不复返。他们以一种令人伤心的方式使自我感觉良好，但又呈现出一种在审美表现方面令人印象深刻的能力，且这种能力一直存在。他们或许真的很有艺术感。当然，创造美的能力是深情的利己主义者的一大天赋。深情的利己主义者的细腻的品位让我们生活得充实。当心理健康的深情的利己主义者将他们的创造力、原创性与深厚的感情、洞察力结合在一起时，其结果无疑会震撼世人。

鉴于心理健康的深情的利己主义者的情感深度，他们尤其适合与人协作，共同度过某种个人的危机或悲痛。对于沮丧及其他各种形式的精神痛苦，深情的利己主义者都能够驾驭自如，并显示出无穷的精力去帮助其他人走出人生的低谷。譬如说，他们或许非常愿意陪伴某位至交度过长期治愈毒瘾、疾病或情感创伤的时光。[14]他们不太可能会贬低他人感受的重要意义，或是以某种麻木不仁的形式忽视他们。情绪性及敏感性是深情的利己主义者最重要的特性。

深情的利己主义者通过对他人敞开心扉、为他人着想并服务来实现自我超越。当他们享受到以自己无私的爱去关心他人所带来的喜悦感时，心中那有苦有甜的孤独的自怜感就会减弱。关爱他人会让自己感到喜悦，而不是那种病态的满足——在孤身一人的情况下有种虚伪的优越感。他们要为这种独一无二的需要付出很昂贵的心理代价。说到深情的利己主义者积极向上的一面，里索和哈德逊评论道：

深情的利己主义者是灵魂的深海潜水员。他们能潜入人类灵魂的最深处，再回到表面上来，汇报自己的发现。他们能够以一种高深莫测、催人泪下的方式传达有关人类生存条件的最微妙的真相。深情的利己主义者以一种最基本的方式唤起了我们隐藏在内心最深处的人性——我们最隐秘、隐藏最深、最珍贵的财富，但矛盾的是，它同时也是最普遍的。[15]

心理不健康的深情的利己主义者使自己处于困境。因为他们理想化的自我形象建立在他们的“与众不同”之上，因此，他们的自我定义是很消极的：“我一点儿都不像你。”

大家是否还记得，这种消极的自我形象在很大程度上其实就是一种觉得自己有缺陷的防御性反应。精英人才的不墨守成规或放荡不羁的形象不过是一种弗洛伊德式的防御性反应罢了，并以此来掩盖内心深处的恐惧，这种恐惧来自于对自己缺失东西的担忧，即自己没有一个值得受他人关注的固定身份。因此，心理不健康的深情的利己主义者的自我定义完全依附在一张由虚伪做作及现存的不真实构成的温床上。

大家是否还记得，他们童年时期就萌生了一种被遗弃、被欺骗的感觉，而正是这种感觉导致了这种充满假象的自我身份的形成。深情的利己主义者认为自己受到了驱逐，已经是局外人了。因此，忧郁感便乘虚而入，彻底侵占了他们的心灵，并受到了他们的青睐。深情的利己主义者彻底认同了这种忧郁感，它逐渐成为其自我定义的一部分，它似乎比那些不经大脑的人所追求的“表面的”幸福还要受欢迎，而那些人对起初排斥深情的利己主义者抱有负疚感。

就目前而言，要让深情的利己主义者意识到自己的内在价值、卓越的才能或者“善良的本质”无异于让其以一个“极度忧郁的浪人或者是受苦受难的牺牲品”的身份失去自我认同感。深情的利己主义者要认可自我、忽略自己所看到的瑕疵（真正的“大我”是没有瑕疵的），就需要放弃自己珍视的个性。但试问，天下有谁愿意舍弃自己的个性——自己无比珍视的自我感（当然，不是自我主义）？如果这样做了，就好比完全失去了自我。然而，在此过程中，深情的利己主义者会因担心失去自我而拒绝放弃自己的自我身份，他们将永远停留在抑郁的痛苦中。因此，在这里，我们会再次看到自我主义心理绝不是我们的朋友，尽管它如此宣称。

从心理上的低级自我的有利位置来看，选择放弃自我似乎正意味着恐惧或痛苦，至少在深情的利己主义者个体受误导的思维中是如此：“我受困于自己的精神痛苦中，永世不得解脱！”要想逃出生天，就必须失去自我，陷入空无的深渊。“不要担心，”自我主义说道，“我们可以一起分享你的痛苦！我会陪你度过郁闷的时光。看我多贴心啊！”

随着深情的利己主义者心理上逐渐变得更不健康，他们已跨越了普通的内省性思维，几乎完全与社会脱节。他们的羞耻感与日俱增，最终变得势不可挡，以至于深情的利己主义者甚至不想冒抛头露面的风险。这种感受一定会在家门外引起麻烦。不安全感会逐渐削弱他们的力量，以致许多深情的利己主义者将不能长期有效地工作。他们可能会疏忽自己的责任，或者说，他们对责任的轻重认识可能会大打折扣。深情的利己主义者可能会杜撰一个理由来解释为什么其他所有人会对放弃工作、采取迂回的教育方式或者将人生的各种需求降到最低而怀有负疚感，而这种强加于他们身上的人生并不是他们愿意接受的。

在极不健康的发展水平上，深情的利己主义者会变得令人憎恨，会至今仍持续这种状态，甚至更疏离于他人。深情的利己主义者开始排斥所有的人和事物，如果这些人和事物不支持其自我概念或情感需求的话。他们已经被孤立起来，逐渐变得孤僻内向，此时对于非正常的深情的利己主义者来说，已经很难让他们直接、公然地表达自己的愤怒之情了。尽管不会出错，但情感上的装模作样已不再可能实现。

虽然如此，愤怒一般更有可能会被内化，就像沮丧、冷漠及持续的疲劳感。这种已被内化的愤怒也会令深情的利己主义者仇视有关自己的一切行为，而这并不符合他们理想化的自我形象。这种自我厌恶同时也会体现在仇视他人上，因为他人在自己最需要帮助的时候，不能给予自己情感上的救助。[16]

这种患有临床抑郁症、有自我厌恶情绪的深情的利己主义者可能会在很大程度上破坏掉自己人生中仅存的好的东西。当这一切发生时，他们剩下的只有绝望而已。深情的利己主义者或许会慢慢开始相信，人活着毫无意义，他们浪费了自己一生的时光在追逐无谓的梦想上。深情的利己主义者或许会慢慢开始相信，他们真是虚度了光阴，枉活在世上。在绝望中，他们有可能会有公然自我毁灭的举动，妄想终会有人关注他们，并因此承认他们的存在。这些自杀企图最终会得到世人的关注，但却是以一种失去理智、极其愚蠢的方式。他们会在临死前高声疾呼："我就是我。我活在这个世上。我也有自己的价值。我理应得到你们的关注！你们都给老子等着瞧，一会儿看我是怎么死的。到时候你们就不会再对我视而不见了！"最后，有些人就真的自杀了，而有些人自杀未遂。失去理智的深情的利己主义者试图通过毁灭自己或者以自杀未遂的方式来向这个世界证实他（或她）的人生价值。这就是所谓的心理学或者称为"心理逻辑"（psychologic意为"心理学的"，而将其分开为psycho logic就可译作"心理逻辑"，在这里一语双关，着实体现了此词的精妙之处）。

> 黎明之前总是最黑暗的！
>
> ——谚语

个性的阴暗面

你是否还记得我们先前讲过的庄子的哲理故事：我们都得踏进自己的影子中，如果我们不愿受其驱使控制的话。但并不是说我们一定要靠摆脱自己的影子来摆脱它的折磨。对于深情的利己主义者来说，这就意味着要直视自己的嫉妒心。正是嫉妒心在很大程度上影响了这类性格人群的内在情感氛围。〔17〕

在《韦氏英语百科辞典》中，对于“嫉妒”一词的定义如下：“痛苦、不安、屈辱、看到他人的优秀或成功而萌生的不满；看到别人交好运时心中产生的一种羡慕之情。”

九型人格研究学者克劳迪奥·纳兰霍是这样解释的：“由嫉妒产生的情绪状态牵涉到一种痛苦的感受——觉得自己缺乏很多东西，并渴望朝着自己所没有的东西前进努力；这种情形就牵涉到一种美德，就像自身之外的某些东西需要内化。”〔18〕

从上文中对“嫉妒”的定义和描述，我们不难得知，它在很大程度上取决于比较性判断。他人拥有一些我们没有的东西，而那些东西其实都是身外之物。你就会觉得对方拥有的东西更好，而我们此刻所拥有的或者说仅存的，就是次品或者是不怎么理想的东西。比较性判断让我们看到了差异——介于我们所拥有的东西及我们所没有的但又十分想要的东西之间的差异。它会让我们情不自禁地与他人作对比，而对比的另一方似乎已经是我们想要成为的那种人。

从他人身上，我们看到了一种自己想要的人生，一种自己喜欢的人生，但实际上我们并不曾拥有它。没有成为自己想要的样子以及没有他人所拥有的东西使我们的生活显得暗淡无光。之后，我们的嫉妒心便受自己已察觉的缺陷的驱使。〔19〕的确是毫无希望！

就像人们总是希望自己成为理想中的对方或者总是渴望得到对方

拥有的东西不止引发精神障碍一样，嫉妒心同样也会产生别的负面情绪，诸如愤怒和憎恨。

正如九型人格的研究者桑德拉·麦蒂所指出的：

> 恶意再加上嫉妒，就会使我们觉得上帝（中国人说老天爷、苍天或者玉皇大帝）于己不公，为什么他人拥有的东西而我没有（这里的东西可以是想要的物质财富或才能）？还会让我们感到绝望，因为我们不能掌握或是获得那样优越的东西。因此我们感到无望，因为我们不能将其据为己有。它将永远驻留在我们身外。我们受到了巨大的挫折，极度渴望得到它，同时又想好好地感受它一番，以此来弥补心中的绝望。这终会导致我们对自己认为是“善”的东西产生敌意。我们开始痛恨自己的嫉妒心的根源，因为它让我们感到自己是那么无助，无论怎么做都于事无补。[20]

深情的利己主义者最有可能具有极强的嫉妒心。如果某人在自己不甚关注或完全不了解的某方面（或某个领域）与他人攀比，发现了自己的不足，此时嫉妒就不太可能会产生。当这种攀比“关系到”深情的利己主义者的切身利益，且无形中影响到他们的自我形象时，嫉妒就会展现出它那副丑陋无比的“尊容”。嫉妒绝不是随机产生的。它对个体来讲是有目标性的，且为其本人所特有。

这里还要特别说一下有关“嫉妒”的另一方面，那就是它本身和“猜忌”并不一样。猜忌往往牵涉到人际关系。通常会有一个对手能够在我们人生的某个领域中威胁到我们，而那个领域是我们所认为对自我定义极为重要的。这就牵涉到一种紧密的关系，譬如说，突然出现了一个很有魅力的人，这就是一种危险的征兆，我们的爱人就有可能离开我们随那人而去，就因为他比我们更优秀。我们警惕地守着自己的爱人，坚信对手无权夺走爱人的芳心。猜忌有种“非吾即汝”的特性，只有我们当中一人才能得到双方都想要的东西。

在区分“猜忌”和“嫉妒”的问题上，麦蒂发表了以下见解：“猜忌是指对对手或不忠诚行为的无法容忍或猜疑，对坚信自己持有优势的对手心存敌意，警惕地守护着自己的财产。而嫉妒是指了解到他人拥有某种优势并渴望获得相同的优势而产生的痛苦或愤怒之情。”〔21〕

此处的一个例子或许可以帮助我们理解这个问题：我可能会嫉妒某人拥有了惬意的度假并希望自己也能有这样的机会，但不会质疑别人是否有资格获得这样的机会而产生自己有绝对资格的想法。他人的假期并没有抢走我想要或原本属于我的。原则上讲，我们都可以同时拥有到相同或不同目的地的度假。然而，对于深情的利己主义者来说，这种想法可能永远不会产生，因此，怨恨之情便油然而生了。

在深情的利己主义者现存的心理动态中，嫉妒所扮演的角色与心理捆绑在一起。说得再清楚一点儿，我们在人生经历中所看到的事物只是自身所处的心境的一种投影罢了。

之前我们已经讲过兰斯和班里新来的女生的故事。大家是否还记得，在兰斯的案例中，我们看到他是如何将自己的不安全感投影在贝琪的身上，从而外化了他不喜欢自己的地方。

这就是投影在大多时候的运作原理。然而，对于深情的利己主义者来说，他们的心理动态则有些不同。与其将自己的不安全感投影在别人身上，深情的利己主义者更倾向于将自己的理想投影在别人身上，进而又心生嫉妒，想要更好地模仿别人，以便能成为自己理想中的样子或得到某种理想中的成就。深情的利己主义者总是觉得，别人的人生要比自己的好很多倍，别人的人生是那么完美。在深情的利己主义者看来，别人似乎拥有自己所没有的一切——密切的人际关系，富足的物质生活，儿女满堂或旺盛的生育能力，有技能、特长，能赶着好时机，受欢迎等。难怪深情的利己主义者经常会伤感。相比其他人，深情的利己主义者总觉得自己什么都没有，甚至是在休假的长短、前程、社交、歌唱天赋、人际关系、温馨的家庭或儿女满堂等方面都不如他人。

猜忌会导致一次次的明争暗斗，然而嫉妒的最阴暗面只不过是多了几分含蓄而已。要是心理不健康的深情的利己主义者所嫉妒的对象丢了什么东西或者承受了什么苦难，他们就会暗自幸灾乐祸。“啊……你脸上永远都要留个大疤且挥之不去，我真替你感到难过！”深情的利己主义者这样说道，“哦，他以前是干行政工作的，后来不是被炒了鱿鱼吗……”“哦，原来你考试没及格……别担心，你下次会考得更好（反语，暗指下次考得更差）……”（他们在说这些话的时候，心里却在暗想：我不希望如此！）

幸灾乐祸无疑是一件令人作呕的事情！

嫉妒的另一个阴暗面就是，它为流言蜚语、造谣中伤及背后诽谤创造了有利的条件。[22]对于心理不健康的深情的利己主义者来说，要让他们发现“别人拥有的一切只是其想象出来的，而他们缺失的也只是表面现象”这一事实是件难于登天的事。从他人身上，深情的利己主义者看到的是正面、美好的东西。然而，这种感觉最终会让深情的利己主义者彻底崩溃，这是由其内心深处所感受到的“空虚”所导致的。深情的利己主义者总想着能技压群雄，而那些所谓的“群雄”表面上体现出了某些才能。深情的利己主义者自身却不曾拥有这些才能。因此，深情的利己主义者就会在背后说别人的坏话，贬低他人的成就，或者企图以别的方式伤害那些他们嫉妒的人。譬如说，雄心破灭的深情的利己主义者可能会不公正地批评一个事业有成的人，说他们为达到自己的目的毫不留情、不择手段。在这种情况下，通过削弱、诋毁他人的雄心壮志，深情的利己主义者试图说服自己，当然，在很大程度上是无意识的，无须对自己未取得什么成就而感到难过。深情的利己主义者啊，这一招儿够狠！

当你这样做时，你真觉得好受些吗？隐忍的无意识罪恶感有可能在很大程度上来源于你的自我厌恶感吗？你不会真的将自己的行径归咎于你的不幸吧？你本人不就是促使自己心烦意乱的罪魁祸首吗？

对提高心理健康和通往内心平静的理疗建议

深情的利己主义者需要意识到的第一点就是，昨天已成过去，明天还未到来。人这一辈子必须活在当下——宝贵的当下才是一切的一切。昨天的明天以及明天的昨天都是今天。你过去想要成为什么样子，以及你将来会成为什么样子，都取决于你今天的努力。

当然，对于深情的利己主义者来说，最重要的是要意识到，他们的渴望完全取决于对其他时间和地点的聚焦。对于深情的利己主义者来说，人生就像开车向前疾驰，目光一直固定在后视镜上，以便能看清自己刚刚错过了什么景象，或者说刚刚可能会有什么景象与他们擦肩而过。当深情的利己主义者不再看而且不再希望看到后面的景象时，他们便焦急万分地向更远的前方看去，心中暗想自己的路（这里暗指人生的道路）为何这么长。他们极度渴望到达终点，而在此过程中，他们会一直怀念沿途看到的所有美景。当然，对他们而言，要在人生的道路上旅行，一定会有一条更好的途径。就向前赶路而言，几乎完全陶醉于身后的美景肯定很危险。除此之外，如果总是将注意力聚焦在遥远的地平线上，那么就意味着你会错过自己迄今为止已经走过的路途以及驾车时的快感。

因此，深情的利己主义者应该试着在一天里频繁调整的状态中及时抓住自我，确定自己的时空坐标。他们会这样问：“我此时此刻正在经历现实吗？我现在脑子里一片空白，难道思维已经穿越到了其他的时空里？”无论何时他们的注意力都聚焦在他处，深情的利己主义者应该选择回到当下、活在当下！

即便深情的利己主义者活在当下，也还会有其他的问题存在。深情的利己主义者更倾向于有选择性地聚焦自己的注意力，无限放大现有的负面因素，同时又无限夸大了未来、他处或是他人的正面因素。

事实上，当下也不尽然很糟糕，未来、过去或者他处也不尽然很美好。毋庸置疑的是，自己嫉妒并渴望成为的那个人也有他（或她）的缺陷，我们大家都一样。

说实话，在任何时候，没有任何人是绝对完美的。没有任何东西会正好是深情的利己主义者所想要的。深情的利己主义者需要意识到并且明白，他们的人生困境并非如此可怕，同时其他人的人生境遇也并不比他们好到哪里去。

如前所指，这种妄想建立在选择性知觉扭曲之上。深情的利己主义者需要有意识地选择以不同的眼光、以一种更稳定的方式来看待事物。凡事都有利弊，无论关系到谁，无论情形如何，无论人生在哪儿起步。只要认可这个事实，就应该能帮助深情的利己主义者在他们现有的处境下获得更大的满足。

篱笆对面的青草（暗指人家的好东西）也有很多是枯黄的，如果你贴近看的话。

意识到这一点，有助于深情的利己主义者变得更成熟、更自信。当深情的利己主义者妥协于人生的复杂与变迁时，就不再需要所有这些疯狂的渴望、寻求及忧伤的自怜了。每个人都会有幸运和不幸的时候。在某个心理层面，我们都有自己的毛病和缺陷。

不可以貌取人。譬如说，现在再回过头来想一下形象意识很强的善于表演的明星，其实他们一直在愚弄我们，让我们误以为他们很成功，以此来掩盖他们隐藏在内心深处的真相，那就是他们的人生只不过取决于我们对他们的认可和赞誉。他们只不过是取悦大众的奴隶罢了。

这算是幸事吗？看来篱笆对面的青草不一定很青，不是吗（暗指人家的东西不一定好）？

理想化地认为任何人或者任何一种性格类型比其自身或自身的性格类型更优秀，这是愚蠢的行为。我们都在某种程度上受困于自私自利、消极的自我主义心理。我们都有自己的影像、自己的防御以及自我补偿策略来面对人生的困难和失望。

从“完美生物”的角度来看，“善良”是永恒的，也是无限的，这真是太搞笑了。要是从这个观点来看，人生就是一场“嘉年华”，只为了一个有时间限制的约定。

如果你是深情的利己主义者，你就得试着去宽恕他人、认同自我。我们先前已经领略到，深情的利己主义者是如何将自己的价值观和理想投影在他人身上的，与此同时，他们又会很快开始嫉妒对方。深情的利己主义者从他人身上看到了他们所认为自己匮乏的东西。因为自我主义心理不能长时间地容忍有意识的嫉妒，那种嫉妒便转化为仇恨，而仇恨的对象正是自己所嫉妒的那个人。从自我主义心理的角度来看，仇恨比嫉妒更容易接受——其实也就是承认了自己的失败及不足。在这个所谓的真实的世界里，仇恨与其结合在一起，就有了某种反常的状态。在我们恨某人时，都会表现得很强硬。

在我们批评和谴责他人时，都相信自己这样做没有错。我们没有问题，有问题的是他们。我们相信有缺陷的对方活该受到我们的抨击和批判。当我们批判一个人时，我们就会觉得自己比那个挨批的人更优秀。我们告诉自己那个家伙身上有缺陷，需要心理修复才行。

当然，“理想化的对方”不需要深情的利己主义者的投影。“理想化的对方”多半不会知道，有人会视他们为偶像，但这个偶像很快就会被踹下宝座，而这个宝座正是深情的利己主义者先前“赏赐给”他们的。在离他们很远的地方，他们被捧为偶像，随后又被迅速地毁灭，连他们自己都不知情。他们因自己的特质而被不知不觉地美化了，然后，他们在某人陷入困境的防御心态的幻想地带中莫名其妙地遭到抨击、批评、批判、怨恨，被划为另类。

深情的利己主义者需要在脑海中回顾一下所有那些自己嫉妒、轻蔑的人。深情的利己主义者需要宽恕那些人，因为他们未曾做过什么，从没有故意伤害过深情的利己主义者。深情的利己主义者，还有我们所有人，就那件事而论，总是“己所不欲，而施于人”。在这种情况下，针对一名毫无戒心的无辜者的攻击就开始了。如果任何人都可以理解的话，深情的利己主义者当然也能理解一个人在受到他人折磨时的情感痛苦，即便他们不曾做过任何错事，不该受到这种攻击。目标受害者受到深情的利己主义者的攻击后会大声疾呼：“你不理解……你根本不知道像我这样有多受罪！这些深情的利己主义者究竟想要干什么？他们在未经我本人允许的情况下，选择我来当他们心目中的大英雄，现在又当我是恶棍！我并不想这样！”对于这些问题，要让深情的利己主义者如何诚实作答呢？

深情的利己主义者自身的不安全感在无意中创造出了一个“目标对手”，而这个人活该受到批判和抨击。随着深情的利己主义者更深层地了解人生的复杂性、人类个性的复杂性以及自身现有心理动态的运作模式，他们此刻便能更容易地看清这个令人烦扰的世界（一个介于羡慕和抨击之间游移不定的世界）是如何真正地成为一种心理投影的，因为他们需要承担起自己的责任。在了解到无故抨击自己所嫉妒的人完全是源于自我的无知时，深情的利己主义者也将不再需要批判和谴责别人了。

深情的利己主义者不应将自己的精力浪费在因自我投影和对仇恨的抨击而引起的内疚感上。他们需要更好地理解是什么因素导致了这些事情的发生。正如盘算着如何让小把戏抢魔术的光彩，我们也将揭示自我主义心理的欺骗性如何夺走了“自我”的权力，使我们不再因它的明显效力而欢呼雀跃。但不管怎样，这都是基于幻象，就像魔术本身。

针对所有这些抨击和批判，还有一个缺点。不无讽刺地说，在抨击自己所嫉妒的对象的同时，其实深情的利己主义者也间接地抨击了自己。深情的利己主义者从童年时代起就觉得自身有缺陷，他们从不认同自己的正面特征；当然他们都将其投影到了外部。因为那些正面特征被投影到外部，所以深情的利己主义者在抨击他人的同时也抨击了自己。

此刻，通过无意识地接受投影于别人身上的特征，深情的利己主义者能够更好地接受自身。将他人从“罪行”中解放出来，深情的利己主义者实际上也解脱了自己，他们将不再觉得自己在本质上有缺陷。

由此可见，先前的无故抨击从根本上看是建立在自我憎恨之上的。这种憎恨，或者说自我厌恶，无论其在自我主义形成的初期有多么可悲，但绝非情有可原，因其完全建立于自己“高人一等”的无知想法之上。他们总觉得自己没有缺陷，因此也没有什么需要感到愧疚的。

在时空连续体中，我们无法左右他人的“本质”，同时对方也根本左右不了我们的“本质状态”。

> 要理解所有人，首先需要学会宽恕他们。
>
> ——法国谚语

“外表的东西触及不到我们的灵魂深处。”斯多葛学派的哲学家这样告诫我们。在自我主义心理的地盘内，一切可感受到的伤害、攻击及批判都会发生，一个由仇恨之火点燃的虚拟现实应运而生，而心理上的不安全感引燃了这场“大火”。这个由自我主义心理所创造出来的虚拟现实就是脑海中的活地狱。

思维就是思维，它可以创造出地狱般的天堂，也可以创造出天堂般的地狱。

——英国思想家约翰·弥尔顿

和所有性格类型的人群一样，深情的利己主义者的当务之急就是要与自己的本质保持密切联系。

对于深情的利己主义者来说，在这方面所存在的最大挑战就是要重获平静的美德。从他们认同自我主义心理的那一刻起，就已经失去了人生的平衡，而自我主义心态恰恰符合他们理想化的自我形象。深情的利己主义者在这方面确实很特别。

这里我们需要通过比较法来说明这一点：对于完美主义者来说，自己就是最理想化的自我形象。无私给予者就是无私给予者。善于表演的明星最希望获得成功，为获得成功而不择手段。然而，深情的利己主义者有自我主义心态，而这种心态恰恰不符合理想形象这一标准。因此，这种理想形象便投影在他人身上，而那些人又受到远在天边的深情的利己主义者的嫉妒。因为深情的利己主义者已无路可走，只配认同缺失或不足的东西，幸福似乎已经遥不可及。

“我是一个被人误解、心中忧郁的局外人。”深情的利己主义者会这样说。他们心存一种有悖常理的满足感，而这种满足感源于一种“精英不墨守成规”的心态。

综观这一切，我们可以断言：深情的利己主义者需要意识到一个事实，那就是他们从他人身上所看到的东西无疑是一种自身的投影。深情的利己主义者也常会受到他人的赞誉，因为他们具有某些方面的才能或能力，而这些能力他们先前却未曾发现，他们因此一度嫉妒他人。譬如说，如果对手比自己口才好、演讲很煽情，深情的利己主义者就会感到很郁闷。然而，他们却忽略了这样一个事实：自己之所以会觉得对手口才很好，是因为自己本身有领悟它的能力。对手的“天赋”只有自己这个天才才能看到。古语有云：“彼此彼此。”

我们丝毫没有夸大“投影”对感知的重要性。每当我们看到别人时，其实从某种角度来说我们是在看自己。我们已察觉到的现实构建了我们的思维体系。有时我们会察觉到自己的不安全感，就像兰斯从贝琪身上察觉到了自己的不安全感一样，而有时我们又会看到自身的价值和理想形象。

一旦深情的利己主义者能看到他人身上的“至善至美之处”并意识到自己先前的想法其实只是自己思维的产物时，他们就会看到自身与他人的相似之处。他们从他人身上见证了“真善美”，那么他们也能从自己身上看到一模一样的“真善美”。这种“真善美”会使他们豁然开朗，大彻大悟，不再感到忧郁、沮丧、绝望，从而高兴起来。

你身上的纯洁属于他（你的兄弟）。而你在他身上所看到的纯洁其实也属于你。

——《奇迹课程》

第五节　善于观察思考的人

> 我思故我在。
>
> ——法国哲学家勒内·笛卡儿

失落的本质

所有人都会或多或少地受到自己童年经历的影响。我们童年时受到的培养并无法完全决定已作为成人的我们现已形成的性格以及处世风格，当然也无法决定我们个性的塑造。

自认为是善于观察思考的人总会说自己有段不幸或坎坷的童年经历。与善于观察思考的人相比，善于表演的明星会因自己的成就而不断受到大众的赞誉和奖励。无私给予者也会因其热心肠而不断受到心理上的打击。当然，稚嫩的无私给予者和善于表演的明星并不知晓众人的赞誉和认可会给他们后期的情感带来何等灾难性的后果。届时，他们会不停地受到心理上的打击，还自我感觉良好。“我只要考试得A（高分），爸爸和妈妈就会带我去吃冰激凌。”善于表演的明星说道。“如果我打扫了自己的房间，他们也会带我去。”无私给予者回复道。

他们虽获得了如此奖励，却并不知晓之后将要发生什么。父母所做的这一切只是出于对子女的爱，而并非有意为之。

至于善于观察思考的人，他们的童年经历通常并没有那么一帆风顺。在他们的父母或监护人中，常常会一个扮白脸，另一个扮红脸。无论扮什么脸，父母都会严重侵扰到那些将会成为善于观察思考者的孩子们。他们总是无端闯入孩子的私人空间，无论是在肉体上还是在情感上。父母宁可强加干预，也不让善于观察思考的孩子活在自己的空间里，而且还会没完没了地向他们提出各种要求和建议。父母的干预是强加在他们身上的，并不受他们的欢迎。

从情绪的角度讲，这样做无疑会使善于观察思考的人感到特别心烦意乱，让他们在童年时代就慢慢形成内向的性格。这种内向性格使善于观察思考的人拒绝他人的意外探访，这几乎构成了他们的一种针对自我的“暴力行径”。这是因为善于观察思考的人在其童年时代的发展历程中感受到了危险，不想受父母或监护人的压制。他们总觉得自己在家时很不安全，而事实上家庭无疑是一个能够提供安全和保障的庇护所，至少对身心健康的发展来说是如此。

而最终的结果就是，只有在他们的内心深处才有那么一点点儿安全感的存在。对于大多数善于观察思考的人来说，他们大半生都会选择活在这个心中的“圣殿”里。

在另一种极端情况下，善于观察思考的人在身体、心理两个方面都会自甘堕落。父母对他们的培养存在问题，或许是因为父母有心理疾病、酗酒的恶习或不相爱。[1]但不管怎么说，对善于观察思考的人来说，父母无法不断给予他们最可靠的关爱和安慰。

父母的分居和离异也会导致这种自暴自弃的心理。在这种情况下，有一位家长彻底离开或是疏远了孩子。剩下的那位家长会更关注自身的需求，而不是孩子的。或许此刻单身家长最关注的是如何度过发薪水前的那段日子。在这样的情况下，“善于观察思考的人”这类群体的孩子只能自己想办法谋生了。他们在极其不利的条件下渴望生存。此时，自我主义心理便为了情感救援而“及时”上场了，并伴随着善于观察思考的人的成长，逐步在他（或她）的人生中占据主导地位。

在经历了长期、反复的失望之后，当善于观察思考的人可满足自己最基本的心理需求的时刻来临时，自我主义心理为他们大声宣读了一份社会契约，以这样的口吻说道：“如果你对我奢望不高，我对你奢望也不高。”

受到心理创伤、粗心大意、负担沉重的单身家长很爽快地答应了这一要求：“你看，比利一个人自娱自乐地玩了数小时，他玩得多开心啊……他真的很棒……性格这么独立……好养活。”

家长的自我主义心态卸掉了一切责任和负疚感。不幸的是，已签过字、盖过自我大印的契约（指前文中的社会契约）总会有一段很持久的效果。在不久的将来，对于受苦受难的单身家长来说，他们的自我主义心理肯定会让他（或她）的人生道路变得暂时平坦些，即便对孩子来说也会引发持久的心理问题。

然而，那位单身家长或许会及时体会到更痛苦的事情，徒增了几分悲痛和负疚感，尤其是当他们抚养成人的孩子日后意识到家长先前对他（或她）的忽视时。善于观察思考的人在孩提时期曾经认同、认为很有必要的“交易”，随着他们的逐渐成熟、慢慢懂事，最终会演变成他们仇恨的根源。善于观察思考的人受到不公正的待遇，因此这份协议事实上是一场不公平的交易。“作为一个孩子，从没有人给过我自由成长的权利。”善于观察思考的人会这样想，“人生是不公正的。没有人关心我。父母所想要的无非是想从我这里捞点儿实惠！”

处于父母关系不和的非正常婚姻环境中的善于观察思考的人在其童年总能亲眼目睹父母之间大吵大闹，或者至少是闹别扭。处于童年时代的善于观察思考的人在家里常常会听到尖叫咒骂声，看到锅碗瓢盆满天飞，甚至因为闹得太厉害，会把房东和警察都招到大门口，让他们来平息家庭暴力。

对年幼的善于观察思考的人来说，类似这样的事让他们感到恐惧和困惑。他们看到家长失去理智般地使出浑身解数斗狠，或者突然闯进屋里收拾自己的东西。他们的家长根本没理由这样做，因此孩子就会感到困惑。

然而，对年幼的善于观察思考的孩子来说，人生通常都起始于恐惧和不安全感，而这种恐惧及不安全感又源于对个人违规行为或被人遗弃的担忧。现实中的需要迫使他们不得不做好自我防御，从而免受"世界束缚力"的困扰。

善于观察思考的人早在人生初期就开始意识到：自己根本当不了家！他们的监护人必定不会满足他们的基本需求，因此，他们慢慢会有种不安全感。因此，他们开始找自己身上的缺陷，这对于所有性格类型的人群来说都一样。这种感知到的缺陷会四下传播开来，最后，童年时代的善于观察思考的人不光会冒失去或再也得不到自我所需之物的风险，同时还会觉得自己在很大程度上比较另类。他们总是觉得自己身上有什么问题，尽管他们指不出到底是哪儿出了问题。

此外，要是你仔细地瞧瞧周围，就会惊奇地发现，原来空间就这么大，根本不够让你四处走动。善于观察思考的人会被忽视，他们的喜好也只会被忽略不计，随便一个人就能凌驾于他们之上。要回应这一切，善于观察思考的人就会经历一种"震撼的情感状态或情感性麻痹"——在无意识的状态下，会压制自己的情感。他们此刻因太痛苦而无法承受这种情感。

当善于观察思考的人不再主动与他人接触时，自我与他人的脱节的经验就会增加，但一定要小心地观察，看将会有什么新的不愉快因素来临。"他们下一步又想从我这里得到什么？"善于观察思考的人愤怒地问道。

嬉闹减少了，欢愉感蒸发了，其他人也被视为威胁或侵害的根源。这就是善于观察思考的人悲伤的故事。

在他们的不懈努力下，直接的人生经历总会被试图理解所取代。与其深陷直接的人生经历中，还不如出去闲逛，与人交往。情感上受到伤害的善于观察思考的人开始让自己远离潜在的痛苦经历，试着想出或分析出他人的意图、动机、感受以及想法，而那些人在以往的经历中已被证实是不可靠、具有攻击性的。他们过去如此，将来亦如此，正所谓“江山易改，本性难移”。

从心理学角度考虑，善于观察思考的人其实就是换了个有利位置，以便于他们能从一个更高、更远的角度来观察，正如以前那样。人生起始于边缘。在此过程中，善于观察思考的人渐渐脱离了他人，并疏远了他们身上本质性的东西。

有句话说得好：“不要为了一棵树而放弃一整片森林！”这句话的意思是，一个人要是太投入于某事，就会失去客观性。善于观察思考的人的真正问题在于，他们会从远处看到这片森林，但却并不知晓如果自己在林中仔细观察，就能看清每棵树的美丽之处。他们的客观视角本身虽并非完全不好，但却受到了限制，因为这种视角已成为他们唯一的远距离视角，而这种视角又源于心理困惑的善于观察思考的人的自行操作。

在脱离他人与自我经历的过程中，为了能分析二者，善于观察思考的人忽略了某种基本品质，而这种品质是他们及我们所有人都具有的，我们称之为“高级思维”。这种“高级思维”，或可称之为“神明思维”，关系到一种“直观了解”。通过这种“高级思维”，你就能获得一种知识，而这种知识借助内在的手段远远超越了时空连续体或平凡经历。

这种知识来自有关对柏拉图和托马斯·阿奎那的讨论。大家是否还记得，在阿奎那服务于弥撒节时，他亲身经历了“神的启示”，之后就再也没提过这件事，因为他心中坚信：人类的语言无法表达神对他揭示的真相。

柏拉图在其观念里亦提到与高级形式的知识的“直接知性认知”，尤其是“真善美”。

两位大思想家一致指出，世上有某种更高级形式、无媒介的知识。这种形式的知识没有二元性，也不基于语言学、科学或逻辑学的范畴。它压根儿就没牵涉到脱离，因此也超出了所有自我主义心态及个性问题的范畴。

托马斯·阿奎那（约1225~1274）是中世纪经院哲学的哲学家和神学家。他把理性引进神学，用“自然法则”来论证“君权神圣”说。他是自然神学最早的提倡者之一，也是托马斯哲学学派的创立者。他所撰写的最知名的著作是《神学大全》。天主教教会认为他是历史上最伟大的神学家，将其评为三十三位教会圣师之一。

这种知识正是一种“高级现实”的知识产物。不幸的是，这种直接认知的单一性感受，在善于观察思考的人身上，被自我主义的低级思维所取代，而这种低级思维恰恰认同二元性及脱离——理性客观性的产物。这种低级思维私自篡改了历史，并让这段历史在心理层面上影响到了个性。

换言之，这种低级思维未能触及灵魂深处，确实以最深的程度涉及了表象的事物。

这种思维恰恰和斯多葛学派的相反。当然，事实上灵魂依旧完好无损，但善于观察思考的人认同了这种分离式自我统合的低级思维，从心理上受到了它的幻象的伤害。如同幻肢症所承受的痛苦一样，这种感受似乎很真实，但这就好比外部的肉体表面上引发了身上的疼痛，而这种疼痛实际上是不存在的。自我主义心理也是这个原理，只不过程度更高一点儿罢了。此外，这就好比幻肢症患者会对“自己的疼痛是不真实的”这一想法感到畏怯，丧志的善于观察思考的人也会断然拒绝“源于分离、充满假象的自我主义的伤痛事实上都是幻觉”这一想法。所谓的“真实存在”在这里也会受到质疑。

这种“高级思维”或者说“神明思维”的理念很难用语言来形容，因为它已超出了平凡经历的范畴。对“直观认知”的形容亦受到同样问题的困扰。里索和哈德逊对相关问题解释道：“直观认知……全然有别于自我主义的思维模式，一般来说，它具有可在心中交流、察觉的特征，且总是伴着整理信息及‘资料检索’的过程。然而，在直观认知中，思维是沉默的、开放式的，我们会得到某种意识的支撑，觉得自己该知道的总会知道，因为我们需要知道。即便获得了新的信息、技能或者阅历，我们也会受到某种内在认知的指引，而这种内在认知并非源于自我不满足感。直观认知源于思维最原始、空虚的空间里的一种直接经历：它能使我们摆脱任何一个特殊视角的束缚。我们知道，在不同的时刻与状况下，具有不同的视角或许更有用，这样我们的‘本质’才能引导我们进入最合适的视角。这种内在透明能使我们免受这个异常世界的束缚：当我们以这种能力来运行时，我们就能看清所有物体和事件的本质，它们在广阔、深不可测的奥秘中出现并且消失。我们所看到的这个世界，就好比在某个闪光的空间里，由精致细腻的手势和动作构成的一段优美的舞蹈。”〔2〕

> 通向上帝的路途需穿越沉默、语言和思想。
>
> ——著名精神导师安东尼·狄麦罗

心理世界观及补偿策略

如我们之前所见，因为童年所经受的痛苦，善于观察思考的人逐渐退出了世界大舞台。他们尽量不和外人接触，与此同时又在简化自己的需求。对善于观察思考的人来说，当务之急是要找到一个能受到保护的私人空间。如果找不到这个空间，他们就会想尽办法自己创造一个出来。[3]

善于观察思考的人将是我们本书中所涉及的所有性格类型群体中最内向的一类人。他们极像卡尔·荣格所标注的“内向思维型”。尽管深情的利己主义者普遍说来是一种内向孤僻的人，而且还很缄默，但他们渴求与他人交往，而善于观察思考的人却不会这样做。至少在某种意识程度上，善于观察思考的人总是很向往过一种与世隔绝的隐居生活。

他们之所以偏爱这种生活方式，是因为如果牵涉到他人，就很有可能会牵涉到建立人际关系的问题，进而会牵涉到关系上的依赖，随之而来的就会有责任和义务。而对于善于观察思考的人来说，鉴于他们童年时代与侵犯他们隐私的父母打交道的经历，这种责任和义务是强制性的。

另外，如果他们的父母没有侵犯过他们的隐私，但却在另一个极端情况下忽视了他们，那么，这些生活艰辛、对孩子不太上心或者是某些方面非正常的监护人很有可能将自己的需求和意愿强加在属于善于观察思考类型的孩子身上，比如说时间、帮助、金钱或慈爱。

善于观察思考的人很担心自己被慢慢套住，或是被彻底吸干，因此他们通过躲藏的方式来补偿自己。情感上的依赖已然干涸。[4]善于观察思考的人开始慢慢相信，与他人交往很可能会迫使他们不得不牺牲自己已然空竭的精力储备或者他们设法积聚于自身的残存的资源，而且他人也不会给予帮助或支持。请记住，对善于观察思考的人来说，他们要想得到点儿什么真的是太难了。在谈论到善于观察思考的人对隐居这种生活方式的偏爱时，海伦·帕默写道：

> 对善于观察思考的人来说，他们一旦独处就会活跃起来。他们总想脱离人群，以便能为自己“充电”，将自己的

感受宣泄出来。而当他们面对外人时，这种感受憋在心里发泄不出去。善于观察思考的人在闲暇无事时，脑子里就开始浮想联翩，做着白日梦，想着一些稀奇有趣的事情。他们热衷于自己的思维陪伴自己，除非心中的隐私升华为了一种孤立感，否则他们很少会觉得沮丧或者无聊，因为他们确实无事可做……尽管从外向型群体的角度来看，善于观察思考的人看上去显得很孤独，与世隔绝，然而善于观察思考的人本身却偏偏喜欢孑然一身。事实上，他们非常独立。他们不需要别人的认可，在经济上能够自给自足。他们随性妄为，想来就来，想走就走，只要自己高兴就好，而且他们想要永远免受依赖关系所导致的情感枯竭的影响。[5]

我虽独自一人，但并不觉得寂寞。

——善于观察思考的人的格言

我们之前已经讲过，善于观察思考的人不喜欢凑热闹，这就意味着他们在性格上非常独立，属于那种自给自足型群体。自主性逐渐成为一种最理想化的需求。这种需求常常导致善于观察思考的人活在假想出来的人生中，而日常生活中对自我独立的渴求在这种人生里被最大化了。在一个人的思维深处，他（或她）会掌握一些专业知识，或是某种特殊的技能。这种专业知识或技能会使善于观察思考的人觉得自己很安全。

善于观察思考的人常常会关注到一些极不寻常、被忽视、隐秘、超自然、稀奇古怪或令人难以置信的事物。[6]

他们会充满激情地关注这类事物，因此他们逐渐成为了“专家”，并围绕自己的专长形成了一种理想化的自我形象。善于观察思考的人本身总会不自觉地产生他人的形象的投影，而那个人确有不寻常之处，且极富洞察力。

有不少哲学家很有可能都是善于观察思考的人，其中包括著名哲学家勒内·笛卡儿、让–保罗·萨特、伊曼纽尔·康德，当然还有伟大的释迦牟尼。还有一部分善于观察思考的人也给我们留下了深刻的印象，使我们改变了固有的思维，其中包括电脑软件巨头比尔·盖茨、大科学家艾伯特·爱因斯坦、恐怖小说家史蒂芬·金、女诗人艾米丽·迪金森，以及英国人类学家简·古道尔。

在善于观察思考的人努力获得某种专长或技能的同时，他们似乎总是处于没完没了的准备阶段。[7]他们似乎总是在为自己的人生做准备，但却从来没有真正觉得自己已经准备就绪，可以面对人生了。各种学位证书堆了一摞又一摞，各种专业课程学了一门又一门，就这样一而再再而三地拖下去，最终善于观察思考的人准备好要投入到工作中去了。“我只要再学一门专业课程，再拿一张学位证书，就可以从事我自己的工作了。”善于观察思考的人总是这样辩解。然而，无论那门专业课程何时能学完，无论那张学位证书何时能拿到，他们总是会突然改变主意，觉得自己准备得还不够充分，需要在事业起步之前再多做些准备工作。真到那时，他们就又回到了“象牙塔”或隐居生活中。

善于观察思考的人总是活在假想的人生里，因此他们采取了一种认知定向。[8]因为善于观察思考的人总是过于强调人生的认知性的一面，因此他们逐渐成为思维敏锐、善于分析问题的观察者。他们总是希望自己看问题能够很理性、很客观，不受个人情感的影响，而且他们似乎以这种理性的理解取代了自己真实的人生经历。这就牵涉到对一些抽象概念的描述，与此同时又避免了一些具体的实质性的东西。[9]

譬如说，善于观察思考的人或许对“爱”的历史性定义更感兴趣，而不是去感受爱的存在。如果善于观察思考的人能够就“爱”这个主题写一部权威书籍，那么他们的脑海中一定有不少好的素材。“有很多人宣称自己恋爱了，可他们甚至无法说清自己的感受。”善于观察思考的人这样说道，“他们什么都不知道！”

如果在这种情况下善于观察思考的人不写关于“爱”的作品，那么他们很有可能会看看这方面的书，以此来读懂人生。

书籍就好比地图，但也有遨游其中的必要。

——亚美尼亚哲学家乔治·葛吉夫

我们继续来探讨善于观察思考的人的认知定向的问题。这里有个很有趣的地方需要注意，我们任何一个人都可能会有某种特殊经历，而对善于观察思考的人来说，让他们拥有三倍相同的经历亦属正常。善于观察思考的人总喜欢预演或者提前准备他们自己期望经历的事情。譬如说，善于观察思考的人要去赴一个聚会，而在去的路上，脑子里总会想着这个聚会会有怎样的情景。“谁会去啊？聚会上将要谈论的热门话题会是什么呢？”类似这样的问题已完全占据了善于观察思考的人的脑海，因为他们已在脑海中预演了所有对话的内容及回应。

然后就是参加聚会的整段经历。善于观察思考的人在整个聚会上可能有点儿像个局外人，冷漠地观察着周围的一切。在聚会结束之后，就会进入一个最终汇报阶段，此刻，一切都在他们的心理上循环往复。善于观察思考的人也许本想发表点儿评论，但最终还是张不开口，只能将想法藏在自己心中。在这个最安全的“圣地”中，他们沉默地表达了自己的情感，暗想着自己的雄辩之才，对来参加聚会的所有人及事物做出分析及评价。

这就好比人生在每段插曲之后都需要有一个处理及汇报的阶段。就其外表来看，善于观察思考的人似乎总是很不合群，甚至看上去缺乏情感。

很多人都会有这样的感觉，但他们并不了解事情的真相，其实善于观察思考的人的感受对自己而言有一个“可追溯的”范围。[10]在了解了事情的真相之后他们才会有所感受，而那是在人生经历的第三部分。

善于观察思考的人的健康与不健康的表征

心理健康的善于观察思考的人好奇心特别强。在他们还是孩子的时候，就可能会经常问“这是为什么呢”这样的问题，而家里的其他成员都不会这样。他们热衷于调查、揭露事物产生或存在的原因。在试图理解世界是如何运转、大脑是如何工作、机器是如何运作、万物是如何运作等问题时，善于观察思考的人显现出了一种很强烈的需求。善于观察思考的人在查究事物根源时看上去十分专注。他们这种长期聚焦的注意力最终换来了惊人的发现。

善于观察思考的人不仅是所有性格类型里最缄默的一类人，而且通常也是感知力最敏锐的一类人。他们可以在自身所处的自然环境或者社会环境中看清许多常人会忽略的东西。他们会注意到最细微的细节，他们能读懂字里行间的言外之意，他们能够指出任何人争论观点的暗含之意。

他们经常能够很详细地表达出自己的想法，因为太详细了，他们超级清醒的头脑有时真的让人瞠目结舌。与一个善于观察思考的人谈论他的最新项目几乎总会使人着迷，无论那个项目是什么。

善于观察思考的人对那些能最大限度激发他们兴趣的事情投入了

大量的精力和激情。当他们掌握了某种知识或是擅长某种技能时，他们就会找到自己的“壁龛”，而这种知识或技能则能使他们在人生中信心满满地勇往直前。

当说到他们的兴趣时，善于观察思考的人在社交方面已经做得很不错了——他们很坦率，很有朝气，对人生充满向往。我们要从善于观察思考的人身上学到的东西还有很多。通过他们的沟通风格，你或许已经注意到了这一点！从个人角度来讲，作为一名大学教师，我总是兴致勃勃地观察着神经兮兮、有回避反应的某位具有善于观察思考这一特点的教授的一系列举动。他在课前讨论会上显得还很不自在，可是一到讲台上就能立刻引起全体学生的关注，此刻他又显得自信满满、才华横溢。同样有趣的是，这位教授在课后又缩进了自己的保护壳中，当然除非有人希望能够讨论刚才那堂课的内容。

对于具有高度理性的善于观察思考的人来说，他们很容易成为创业梦想家。[11]作为对大自然和人类的机敏的观察者，或者说作为最高级的理性分析思想家，善于观察思考的人可以创造出最重要、最有创造性的事物。如之前我们提到的艾伯特·爱因斯坦，他有惊人的发现，还有他的相对论也是举世无双的。通过仔细的观察、严谨的分析、新的发现、创新的思想，或者通过已有的观念与自己独创的手段完美地结合在一起，善于观察思考的人将会悟透许多新奇、深奥的东西，为人类带来持久的贡献。通过逃避现实，善于观察思考的人获得了一种对真相的客观评价，比那些受约定俗成、过去学过的知识或者是受自身固有的偏见以及主观见解禁锢的人要强得多，而这类人的主观见解明显很狭隘。

善于观察思考的人通常都会很小心地维护自己不偏不倚、公正廉洁的自我形象，努力确保自己的感知不受自己的理论性偏见或个人偏见的影响。他们不受自身主观性的左右，能够从一个局外人的观点来客观地看待事物。善于观察思考的人更喜欢听别人夸他们很理智、很客观、很公正，而不是古道热肠、亲力亲为、家庭第一、朋友第一、熟人第一之类的话。

心理健康的善于观察思考的人总是能观察到许多人疏忽或者看不到的东西，而心理不健康的善于观察思考的人总会“看到”客观上不存在的东西。后者对现实的认知只不过是防御失真罢了，甚至更糟。

通过其理论透镜，善于观察思考的人的人生会在很大程度上慢慢地被过滤掉，最终，他（或她）对现实的理解会与大多数人格格不入，这并不一定是因为大多数人在这种情况下是盲目的或者是判断错误的。善于观察思考的人已经习惯了逃避现实，渴望过隐居生活，这种渴望会使他们几乎完全与现实世界脱节。在极端情况下，他们甚至得忍受精神分裂所带来的痛苦。[12]

心理极其不健康的善于观察思考的人会感知性地建立人际关系网，而这种关系网并不符合逻辑，这种关系网妨碍了他们在这个世界上活动的能力。当他们与众不同的观点与行为开始与大众认可、约定俗成的规范标准及社会认可的对现实的定义严重抵触时，麻烦也就出现了。“伪客观性”会将善于观察思考的人彻底移出现实，使他们完全与现实失去联系。发生在善于观察思考的人身上的事提醒了我们：天才与白痴之间仅有一线之隔。

心理不健康的善于观察思考的人经常会将与人生的脱节及“非依赖”的美德搞混。佛祖曾告诫我们：对尘世间某些事物的渴望及依赖正是人类不断忍受煎熬的根源所在，如果我们想到达极乐世界，或者说至少在尘世间尚存一种很高层次的心静，那么我们就得杜绝尘世间的眷恋。大家要记住这一点，世事无永恒！

从表面上来看，具有最低要求的善于观察思考的人在杜绝欲望这方面做得很成功。他们只要一点点儿就会感到很满足，能够决绝地撤出世界这个大舞台并以一种超然脱俗的情感来观察研究它，以此看来，善于观察思考的人是完全按照佛祖的旨意来行事的。

然而，若要更准确地形容心理不健康的善于观察思考的人，我们通常可称之为“未受启蒙的佛”。[13]事实上，佛祖所指的“超然脱俗”和非正常的善于观察思考的人所认为的并不是一回事儿。善于观察思考的人早在童年时代就脱离了他们的父母，他们对父母的反应是恐惧及自我防御，这种反应的产生主要源于他们的父母，因为父母要么是在情感上遗弃了他们，要么就是侵犯了他们的隐私。

他们非常害怕自己会变得无助、无能，同时也很担心自己的精力和能力有限，因此他们便通过缩减自己的活动范围和需求来平复自己的焦虑。[14]

善于观察思考的人也要想办法尽量避免这种尴尬局面的发生：他人对他们的期望值太高，而他们自己又实现不了。因此，他们心存恐惧，为了找到一个避难所，脱离这个他们所认为的充满敌意、麻木不仁的世界，便撤退到了心灵深处的“圣所”中。

在此进程中，心理不健康的善于观察思考的人逐渐成为具有某一项技能的专家。有趣的是，他们却并不希望自己拥有这项技能。可以说，他们是在逃避。在他们的心理作用的引导下，他们已然成为一种“拒绝介入型”群体，不让自己有感觉，不让自己感受恐惧及日常生活中的欲望。[15]

相比之下，佛祖并没有主张人要免受感觉的影响，并没有脱节于这个世界，而是选择融入其中。不然的话，我们为什么通常会说“慈悲为怀的佛祖”呢？佛祖看到了他人的苦难，能够设身处地地体会到他们的痛苦。这就是为什么受到启蒙的完美主义者选择成为“菩萨”的化身，专心致力于帮助他人并减轻他们的痛苦。

如果你要认为具有病态心理的善于观察思考的人的“拒绝介入”及对他人的逃避有益处，就是有悖常理地理解并应用佛祖所说过的“没有羁绊”中所体现出的全球通用的大智慧。佛祖总会说：人生苦短！根据佛教传统，对尘世间不可持久的事物的深深依恋，才是痛苦的根源。

然而，任万物来去自如、周而复始，并知道它们都有转瞬即逝的特点，这与善于观察思考的人出于对独立的恐惧而逃避人生或者拒绝进入他人人生中的习惯是截然不同的。

当试着在心理上进行自我防御并撤退到某种值得称赞的事物中去时，未受启蒙的善于观察思考的人总会对现存的奸诈无信感到内疚。正如古语所云："这就好比想用大母猪的耳朵制成一个丝绸钱包（对应的中国谚语是：狗嘴里吐不出象牙！）。"

在说到具有心理病态的善于观察思考的人的不健康的脱离时，里索和哈德逊有如下解释：

> 善于观察思考的人属于这样的一类人：他们完全拒绝与人接触。一旦他们孤立起来时，就会有各种古怪荒唐的想法，进而完全陶醉于这种对自我及现实的曲解的想法中。最终，心理不健康的善于观察思考的人彻底受困于这种有威胁的幻觉，并对它感到十分恐惧，而这种幻觉完全是由他们自己的思维一手造成的。[16]

心理最不健康的善于观察思考的人慢慢会被孤立起来，彻底与世界脱离开来。即便与人接触，他们也会感到焦虑和不安，并逐渐形成一种虚无主义的世界观。

他们缺乏稳定性，对要满足他人的期望值的需求感到恐惧，最终导致了非正常的善于观察思考的人拒绝、厌恶他人，甚至终结对整个社会的依赖和眷恋。随着他们逐渐意识到自己对现实的严重曲解以及自己的逃避性反应，他们这些着魔似的想法也会慢慢吓到自己。最糟糕的情况是，善于观察思考的人会彻底得上精神病，再也分不清现实与虚幻。[17]

个性的阴暗面

对于善于观察思考的人大体上是如何表现出一种脱离人群和人生的倾向这个问题，我们已经讨论得差不多了。他们不想有什么实际行动，却喜欢活在自己的思维中。他们将自己隔绝到一个狭窄的专业或技能范围内，从而抑制了自己可能会出现的任何消极情绪，他们中有很多人都会这样做，以此来缓解自己的恐惧和不安。这种抑制情感和逃避现实的方法最终导致了一种感受上的匮乏和虚无。〔18〕

通过这里的讨论我们亦可得知，善于观察思考的人是如何通过形成一种理想化的思想家或好奇心重、善于批评挑剔的局外人的自我形象来弥补这种匮乏的存在。这种形象也会以专家或客观、超然脱俗的观察者的身份出现。

考虑到他们童年时代被剥夺的东西，以及后来自我修复形成的最低限要求者的生活方式，也许令善于观察思考的人震惊的是，他们的心理影像完全是由个人的“贪婪”所造成的。

要理解这里的深层含义，当务之急是要区分开“贪婪”和“贪欲”二者的意思。

有贪欲的人想要许多许多的东西，他们从来无法感到满足。自己现有的东西永远都不够，无论是金钱、财产，还是其他物质上的财富。有贪欲的人不停地想要得到更多，想要增加自己的财富，想要获得更多的物质。

而贪婪与保留物以及握紧自己手上仅有的财富的关系更密切。善于观察思考的人从来不会去人生的集市中故意跟他人攀比自己的资源和财富。与之相反，善于观察思考的人更有可能会紧紧握着自己身上仅存的东西并且感到很满足，通常是在某个很隐私的地方，他们感到情感上、心理上以及肉体上都是很安全的。善于观察思考的人最大限度地缩减了自己的个人需求，尽量使自己在各方面都令人感到满意。

而从另一方面来看，有贪欲的人在心情不爽时，就会想办法出去多捞点儿，认为只要增加自己的物质财富就能缓解自己的悲伤情绪。

作为最低限要求者，善于观察思考的人总是在逃避人生，而他们的贪婪是以一种吝啬的方式表现出来的。在对待他人时，他们总是显得不够大方。这里需要大家注意一点，“吝啬”并不一定都是指对于金钱的态度。善于观察思考的人同样也会对自己的时间和精力很吝啬。因此，他们的生活节奏总是要比别人慢一拍，永远都是“还没准备就绪”！或者说在工作中或在社会中总是不愿承担起更大的责任，也很少会去接受他人的恩惠。因此，他们有时会觉得自己并不欠这个世界什么。事实上，他们甚至会觉得自己只是勉强活在这个世上，苟延残喘而已。他们所拥有的东西也正是自己所需要的东西，自己身上再没有什么要给予的了。

此外，无论他们在人生中设法获得什么样的成就，哪怕是微不足道的成就，最终都会实现，而且往往都不借助于他人的帮助。所以当他人真正需要帮助的时候，他们往往也是极不情愿的，心中颇有想法。对此，很多慈善工作者颇有体会。一般他们去善于观察思考的人家门前募捐，或者说通过电话向善于观察思考的人募捐，往往都是无果而终，因此他们都应该知道：善于观察思考的人只会为了自己而活。那些慈善工作者无意中闯入了善于观察思考的人的私人空间，并且大胆地要这要那。所以说，最好的办法是间接通过邮件告知善于观察思考的人有关募捐的事宜，这样可以提前给善于观察思考的人一点儿时间去思考一下给予的价值。突然的意外来访，并且张口就要东西，无论是直接到家门口，还是通过电话说，通常都会被善于观察思考的人视为冒昧的入侵：“你们这群鸟人怎敢闯入我的私人空间，占用我在家独处的时间，然后又要这要那！真应该有相关的法律制裁这帮鸟人！”

吝啬通常给人的感觉是这个人有些小心眼。这里有必要提醒一下，吝啬的根源虽然来自于善于观察思考的人，但是，善于观察思考的人在本质上并不是那种不友善、吝啬的人。事实上，善于观察思考的人在本质上根本不是这样的——没有任何人是这样的。善于观察思考的人所表现出来的心理特征及补偿策略所产生的最终结果是，他们已经尽最大的努力应对这种被遗弃或隐私被侵犯的人生了，正如他们早在童年时代所察觉和感受到的那样。下次你再目睹善于观察思考的人的“吝啬”，就有必要记住这种行为特征的根源所在了。

对提高心理健康和通往内心平静的理疗建议

善于观察思考的人能够机敏地观察到人性。他们常常会观察到他人身上的某些特征，而这些特征是那些人所没有关注到的。为了他们自己的利益，善于观察思考的人需要偶尔将自己的感知力对准自身。在这一情况下，对善于观察思考的人来说，最重要的是要让他们意识到何时离开自己的肉体，并退入自己的思维中。[19]

通过这种自我观察，善于观察思考的人会参与一些我们都需要做的事情，我们称之为“在成为自我的过程中把握自我”。善于观察思考的人更倾向于与自身的感受脱离开来，只是为了更好地观察。他们的“内在观察器”，或者称之为“心灵之眼”，有些人还称之为“内在精神视觉的第三只眼”，需要捕捉到低级的自我形态。

最后要说的是，自我主义心理真的没能帮上什么忙，反而阻碍了善于观察思考的人的发展，使他们无法找到心理上的安全感。过早地逃避情感上的痛苦，其实和精神上的超然脱俗完全不是一个概念。如果善于观察思考的人总是在逃避他人，他们就得不到他人的帮助、认可、关爱、尊重。自我主义心理的出现并非为了使善于观察思考的人能够找出这一切的真相。自我主义心理之所以会出现，完全是因为善于观察思考的人从心理上认同自我主义以及由自我主义心理所创造出的理想化的自我形象，这就意味着自我主义心理的任务实际上就是要说服善于观察思考的人维持自己的初衷——与他人隔绝开来，与此同时又使他们非常愚蠢地感到自我满足，而善于观察思考的人却还天真地坚信自己正在接受启蒙的正确道路上行进。

然而，要切实感知到自己与他人的脱节，就需要先意识到二元性和分离的概念。二者既不属于“高级现实”的范畴，也不属于善于观察思考的人的“本质”，它们已然超出了时间和空间的范围。自我主义心理曾许诺要带给善于观察思考的人安全感和安慰，但最终事实证明，这基本上是不可能的。在以观察和实验为根据的现实中，这种不诚实的表现，在善于观察思考的人身上得到了验证，因为他们总是对人生感到不满。

善于观察思考的人需要做个有风险的试验。作为心存恐惧的性格类型群体，善于观察思考的人在面对外部世界时都会感到忧心忡忡或者惴惴不安。他们的不安全感是导致自己撤到内心深处的“城堡”中寻求庇护的主要原因。

不幸的是，当他们躲在这座“城堡”里时，这种感觉就好像受到了现实的围攻。外面的花花世界对善于观察思考的人来说很陌生、很危险。他们必须得阻止现实力量的入侵，不让这股力量跨越心理防御的“护城河”或者爬到自我隔离的“城墙”上去。这正是善于观察思考的人具有的个性的职责所在——永远都要保持警惕，确保这股危险、陌生的外界力量无法入侵到这座“秘密王国”，或者说找不到进入这座“王国”的道路。善于观察思考的人必须自己决定何时降下这座城堡的“吊桥”，何时能够与他人或者这个世界和平相处。

他人即地狱！

——法国哲学家让–保罗·萨特

当善于观察思考的人决定放弃分析、评判自己的感受时，将会有意想不到的精彩结果发生，即便是在这种感受产生之前就这样做了。善于观察思考的人有时候相信自己知道事情会怎样发展，甚至是在它们发生之前。这就是他们对世界的三重感受的“第一重”。在他们的脑海中，他们会这样想：“聚会肯定会很无聊，人们所聊的话题肯定也俗不可耐，那我为什么还要去呢？”这种快速产生且颇有藐视之意的“预言”就是善于观察思考的人攻击模式的有力证据，他们这样做只是为了保护自己，给自己找个合适的理由，这样就不必参加社交活动了。

通过加罪于他人的愚蠢行为或由于目光短浅，善于观察思考的人自以为是地使用“傲慢”作为一种武器。对善于观察思考的人来说，是时候放下武器并打开大门让其他人进入“城堡”了。这种单边的缴械更有可能获得意想不到的收获。

首先，这个世界会奇迹般地成为一个更安全的地方——相信我没错！作为善于观察思考的人，你将会慢慢看清楚，以往的很多担心都是不必要的。其次，这些所谓的“入侵者”并不会往你的“城堡”里扔燃烧弹，反而会给你带来很多礼物。谁知道呢。最后，善于观察思考的人有可能会冒着风险，邀请这些“入侵者”进入他们防守严密的私人世界里参观。

此外，他们需要到外面的花花世界探一次险，以便能得到心理上的新鲜补给。因为善于观察思考的人心里也很清楚，“城堡”内的资源肯定会越来越紧张。有句话说得好：“不入虎穴，焉得虎子！”试想一下，就冒那么一次险，参与一次社交活动，就将会有更多的东西值得学习和考虑，就将会有更多的东西值得分析和了解。现在说来，如果这一切都无法构成善于观察思考的人改变自我的动机，那么其他的就更不可能了。

善于观察思考的人同样也需要进入自己的肉体内。善于观察思考的人一生都在致力于如何退入自己的思维里，他们不仅失去了与自己的情感和他人的联系，而且也失去了与自己的肉体的联系。最重要的是，他们完全意识到了事情的真相，那就是他们的尘世实体不只是一个空洞的思维。

要成为一个活在这个世上的人，就不仅仅是笛卡儿所谓的“我思故我在”这么简单了。

尽管在终极精神现实里，至少在我们行走于尘世表面的那段时间里，作为一个单独实体的肉体并不存在，但是我们都得想办法应对这种短暂的、出自幻觉的困难。

肉体的物态可以影响到我们的心情、有效运行的能力，甚至是精神集中的能力。矛盾的是，虽然我们不是一具肉体，但我们似乎又离不开它。肉体在我们的人生旅程中，充当了一种物理传输工具的角色。

大多数善于观察思考的人从小就习惯了在足球场边或在关着门的僻静的卧室里看书。从某种程度上讲，这意味着他们从小就缺乏运动，没能发展好身体的协调性以及一些运动技能。善于观察思考的人在上学时很可能是所有孩子里面最书呆子气的。尤其是如果他们在童年时代就被父母在个体上或是情感上遗弃了，他们就很有可能在身体机能发展方面没有得到过任何的鼓励，无论是在有组织的体育活动，还是在一些其他的课外运动等方面，而这一切都需要父母在孩子身上花极大的精力。

即便善于观察思考的人以某种方式得到了这样的锻炼机会，麻木不仁、非正常的父母也很有可能在关键的时候缺席，譬如说无法来给孩子加油、指导，他们甚至无法作为一名慈爱的旁观者，默默地注视着进行锻炼的孩子。无论是在家里还是在操场上，许多善于观察思考的人都没能得到家人的帮助和鼓励，因此他们只能半途而废，一个人默默地回到家闭门不出。最终结果就是，年轻时的他们体态看上去总是很笨拙，身体机能未得到开发。这种发育不良将一直伴随着他们的成长，直到长大成人。

对于长大成人的善于观察思考的人来说，他们并没有太大的损失。善于观察思考的人所需要做的，就是重新激发起他们潜在的身体机能。最简单的方法就是先从一项日常运动练起。譬如说，他们可以去健身房，参加一项举重的训练课程。没事儿练练瑜伽也颇有益处。或者说，来个简单点儿的运动，就是平时没事儿多走走路。久而久之，后期的身体机能锻炼慢慢地可以通过加入一个步行者俱乐部或跑步俱乐部的方式进行。一旦身体的精力、力量和协调性提升到某种程度，或许可以参加一个初级曲棍球或足球俱乐部。

对善于观察思考的人来说，他们总是对自己的身体感到不安——岁月匆匆逝去，活到此刻为时已晚，再也不能重新经历一遍童年了，再也无法以自信的心态去做曾经只能以紧张的心情去做的事了。

善于观察思考的人可能会发现他们并不像其成长过程中所认为的那样无用。如果所有这些体育活动都出现在一个团队或俱乐部的环境中，善于观察思考的人也会有机会结交朋友，并与外界进行非正式的社会接触。社交生活、更好的身体、新近获得的自信心和精通运动技能等因素使得善于观察思考的人能够振作精神与外界沟通并保持更好的心理平衡。

当然，善于观察思考的人不需要放弃他们对于知识的依恋，但是他们不再需要用知识帮助其针对现实做防御性撤退。身体更具活力意味着生命更加圆满，善于观察思考的人就不再那么需要用学识来填补自己人生的空虚了。学识本身是很可贵的，但当被用于防御性撤退或者被当成一种批判和抨击的精神武器时，情况就不那么简单了。

人生若不经历磨难就没有了意义。

——古希腊哲学家苏格拉底

经历太多磨难的人生根本就无法度过。

——受到启蒙的善于观察思考的人

第六节　无比忠诚的人

我和恐惧生来就是孪生兄弟。

——英国哲学家托马斯·霍布斯

失落的本质

要解释无比忠诚的人如何与自己的本质失去联系这个问题，首先让我讲一个我自己的故事。数年前，我的孩子们都还很小，我至今仍记得与他们一起在客厅的沙发上做游戏的情景。有时我正躺在沙发上休息，孩子们就会爬上来，高高地站在沙发的扶手或靠背上，然后突然就向前倒，而且丝毫没有要支撑自己的举动。他们就等着我在半空中能把他们截下来，否则的话，要么我们得头碰头两败俱伤，要么他们的头就得撞到地上。我印象中这个游戏很好玩。我一直觉得这个游戏很亲切，因为很明显，我的孩子们对他们的老爸无比信任。他们知道我很爱他们，不会让他们受到丝毫伤害。他们的"超级奶爸"一定会确保他们不会有任何意外发生。

大多数父母大半生都在有意识地保护自己的孩子免受危险和伤害，这是毫无疑问的！毋庸置疑的是，这种倾向中隐含着某种本能或生物的特征成分。这种保护子女的倾向给予了年幼的孩子一种早期形成的安全感。无论何时遇到危险，总会有妈妈或爸爸赶来保护他们，给予他们安慰。

在这种关爱和支持下，人们很有可能相互信任。出于这种信任，人们渐渐开始相信人性和这个世界的“真善美”。随着这种信任感和安全感的加强，全宇宙逐渐充满了仁慈和关爱。[1] A.H.阿尔马斯将这种灵魂深处的感受称为“全宇宙之博爱”或“神圣的爱”。[2]

当我们意识到这一点时，我们已经触及了自己的“本质”。我们得到了爱、稳固的支持、乐观、自信。最终，一切都会朝最好的方向发展。就当这是一种“对未来的信念”吧。

让我们将这种“对未来的信念”和对明日的担忧做个对比，要么这是种“蝴蝶飞到了心窝里（对应的中国谚语：小鹿乱撞）”的幸福感，要么与之构成对比的是对此刻周围发生的事情感到焦虑和不确定。

如果你的人生此刻充满了担忧和焦虑，你就已无形中失去了与你的“本质”的联系。“纯洁的本质”可不是指令人恐慌的迷惘，而是指在永恒的心静中所感受到的稳定情绪。

在信任中，我们找到了自信。这里的信任并不是指对某事（物）的坚定信念，而是一种真实、直接的认知，而这种认知源于感受。[3] 正是这种感受引发了可靠的指导。

正如里索和哈德逊所言：“当‘本质’出现时，无比忠诚的人就能以一种不变、绝对的方式确定自己在‘本质’上是稳定的。‘本质’在支撑他们……”[4]

不幸的是，并不是所有的孩子天生就处在心理上有安全感的生活环境里。有时他们的生长环境也很混乱，父母总是一副冷冰冰、蛮横霸道的表情，或者父母总是对他们不够关爱，或者碰上一对性情极不稳定的父母，动不动就会情绪失控。

无比忠诚的人的家庭背景很复杂，要么是有很多“家庭秘密”，要么父母都是权威人物，极受崇拜，慢慢地这就会成为背叛的根源。[5] 譬如说，经常酗酒的父母的子女一般都得不到父母的关爱、支持以及安慰，或许妈妈或爸爸更关心的是自己的酒快喝完了，需要重新加满这样的事情。在喝得烂醉如泥之后，父母就会失控，此时就有可能出现家庭暴力、虐童的情况，甚至还会使孩子面临生命危险。而其余时间里，他们对对方或孩子又表现出了一种好感和大方，而这种大方极其不合时宜，甚至令人难堪。

当这样的家长完全喝醉、情感上一片空白以及貌似神游于自己内心世界的某个地方时，他们就会露出一副冷酷无情、漠不关心的嘴脸，此时还有什么比这更混乱的呢？因此，在一个父母爱酗酒或者父母有心理疾病的家庭里，孩子会发现局势很难捉摸——这当然不算一件好事儿。如果孩子突然挨揍或受到了严惩，而且是无缘无故的，那么先前父母的关爱和喜爱就会即刻烟消云散，瞬间转变为冷漠，孩子的心里就会快速产生一种不安全感。孩子永远不知道之后将要发生什么，因为大人的反应总是事先毫无任何征兆。孩子也不会知道换作其他人会怎么做，大人将会有何感受、将会怎么说、将会怎么做，他们的真正目的是什么。有时他们的反应令人感到愉快和安慰，而有时他们又会使人感到不舒服，甚至是威胁。无论在何种情况下，都无法按常理来解释他们的行为举止。在孩子眼中他们的行为毫无道理可言，推而广之，全世界都一样！

不可预测性就成了孩子对现实的第一感受，最终也是不可预测性决定了孩子的世界观。在年幼的“无比忠诚的人”这类孩子的思维里，总会有一种飘忽不定的想法：人生如此可怕！世人皆不可信！

这里引用英国哲学家托马斯·霍布斯的话（他本人也是一个典型的无比忠诚的人）：“……人生会变得很孤独、很可怜、很污秽、很残忍、很短暂。”

鉴于他的父亲很蛮横、易怒且嗜酒如命，霍布斯能说出这样的话不足为怪。事实上，霍布斯的父亲还是一位教区牧师，可是在一次酗酒之后，他在教堂门口的阶梯上跟人斗殴，场面极其尴尬，之后他便托马斯·霍布斯(1588~1679)系英国政治家、哲学家。早年就读于牛津大学,后做过贵族家庭教师。他创立了机械唯物主义的完整体系,指出宇宙是所有机械地运动着的广延物体的总和。他提出"自然状态"和国家起源说,指出国家是人们为了遵守"自然法"而订立契约所形成的,是一部人造的机器人。他反对君权神授,主张君主专制。

离家出走。不过倒也没有完全把霍布斯一人丢在家,因为霍布斯还有一个母亲,而她对家里的生计问题感到非常焦虑。对于年幼的霍布斯来讲,人生非常不如意。他渴望有一个和谐、稳定的家庭。

几年后,在霍布斯开始自己的政治哲学生涯时,在没有帝王或绝对权威人物控制人民的情况下,关于本性的状态,他写道:"显而易见的是,在人类不具备公共'权力'来控制其他所有人听话的时代,他们处在一种被称为'沃尔'的环境下,所谓的'沃尔'其实就是人灭人。"[6]

有些人会说霍布斯对人性的观点过于悲观,他回复道(再次以古英语):"……当他全副武装地骑着马招摇过市时,他会怎么想自己的国民呢?当他锁住自己的国库时,他会怎么想自己的国民呢?当他锁住自己的金库时,他又会怎么想自己的子嗣和仆人呢?难道他的行为不该受到世人的强烈谴责吗?"[7]

在九型人格心理学的大背景下,霍布斯的政治哲学非常有意思,它在很大程度上反映了无比忠诚的人的世界观。这并非是说我们因此必须得排斥他的想法,其实这种想法犯了一个逻辑推理方面的错误,这种错误通常被称为"遗传谬误"。[8]

我们认同一种所谓的根源,或者解释一种哲学立场的存在,但并不一定要废除其他的根源或哲学立场。不管怎么说,有趣的是,哲学家们能通过有限视角的透镜及自身性格结构的选择性知觉看清现实,且看得很一致。他们的性格结构形成于早期童年时代的经历。对人生的知性视角由一个人无意识的认知的影响所决定，而他（或她）内在的心理动态也有着一段发展进化的过程。

无比忠诚的人早在童年时代就开始从能够保护他们的父母身上寻求安全感。而当他们得不到这种安全感时，就会感到焦虑。如果得不到这种保护性支持，他们通常会将注意力转嫁到某些替代物上，如极富魅力的领袖、民族英雄或极具影响力的政客等。说到极具影响力的政客——正如霍布斯所指的“利维坦”（《圣经》里的大海怪），我们亲眼见证了他们是如何成为最新发现的替代源，而人们因此得到了安全感。[9]

然而，最初面对安全感需求时的挫折，使无比忠诚的人对富有保护性的权威人物感到摇摆不定——通常指父亲。这个人或许不会一直带给他们安全感，或者压根儿不给他们安全感。最终，无比忠诚的人表面上对那个可以保护他的人服服帖帖，但是内心却一直想着反抗。[10]

无比忠诚的人从心理上说需要权威人物，但当这个人无法总是给予他们保护时，他们又会打心底里怨恨他（或她）。他们会慢慢试着去迎合这样的人以便得到他们所需要的保护，或者会以传统的防御性反应形式来反抗，甚至挑衅那个权威人物。[11]当然，对权威人物的挑衅很明显地说明了一点，那就是权威人物还是很有分量的。

要说到一些闻名遐迩的无比忠诚的人，就得提及这么几位：西格蒙德·弗洛伊德、阿道夫·希特勒、伍迪·艾伦、“乔治·科斯坦萨”（电视剧《塞恩菲尔德》中的人物）、乔治·布什、“阿尔奇·邦克”（电视剧《瞧这一家子》中的人物）、戴安娜王妃以及堂·切利（波士顿棕熊队前任教练、《加拿大冰球之夜》节目的解说员）。

“矛盾”和“焦虑”对弗洛伊德所提出的心理分析理论极为重要。对他来说，生物永远都会和文明社会有矛盾。内在本能冲动能随时出乎意料地爆发出不合时宜的性欲行为或挑衅行为。

希特勒将自己内心的恐惧映射到疯狂、偏执的种族灭绝行为上，找斯拉夫人和犹太人作为代罪羔羊。[12]“阿尔奇·邦克”在自己祖国坚定的支持下，腰板儿挺得倍儿直！

戴安娜王妃总是愁容满面，总觉得自己将要受到攻击。她见到狗仔队就跑，时刻担心自己孩子的隐私受到侵犯。银幕角色“乔治·科斯坦萨”在电视剧《塞恩菲尔德》的每一集里出现的形象都是一个总是有种不安全感的家伙，对一切事物都会产生怀疑。对他来讲，每个人都是“疑犯”。

至于堂·切利，他对加拿大可够忠诚了。无论是军人、警察、消防员，还是颇有竞争性的冰上拳击手，都要遵守那些参与游戏的选手口头制定的“道义法规”。违反口头协定的选手被视为懦夫和敌人，活该受到人们的唾弃。

无比忠诚的人通常都喜欢找替罪羊。就拿切利来说，他总是故意挑出欧洲人和俄罗斯人成为我们唾弃的对象。他经常发出由衷的感慨，说这些“老外”抢了加拿大本土人的饭碗，而事实上本土人比他们更适合打冰球。

无比忠诚的人像我们所有人一样，总是在寻找一个可以谴责的对象，以便能让自己感觉更好受些。像无比忠诚的人的这种情况，最重要的是要认清“敌人”（假想敌），如果他想保护自己的话。一旦确定了对手，我们的自我主义心理就开始憎恨他们，这同样也是自我主义心理的一贯处事方法。这种很特殊的憎恨关系形成的目的是为了帮助我们塑造自己的形象，譬如“总是反对大众的人”或者“努力肃清异教徒的信仰的捍卫者”。

每个人都将自己视野范围的界限当作是世界的界限。（颇有点儿井底之蛙的意思）

——德国哲学家亚瑟·叔本华

透视洞悉论无须以一种绝对真理的形式呈现，它可以这样呈现出来：从一个人所处的境遇来看现实的庐山真面目的叙述。因此，它不再有任何价值。绝不能说由冠军教练所描述的赛事就是这项赛事的“真相”，其他人的陈述也要考虑到，包括那些没能夺冠的教练的陈述、运动员的陈述，还有裁判的陈述……但这并非意味着我们就该对冠军教练的陈述充耳不闻。

——美国学者默罗尔德·韦斯特法尔

心理世界观及补偿策略

为回应他们人生中所有的恐惧感和不确定感，无比忠诚的人开始创立出一种以自我防御为目的的世界观。当危难降临时，你要保护自我的行为出于一种本能反应，这本身并没有错，但是对于无比忠诚的人来说，事实上他们一直在进行自我防御。这种态度可以称为“心理防御性”。尽管我们在某种程度上都会有防御心态，但无比忠诚的人几乎已被直接定性为“心理防御型群体”。

从无比忠诚的人的自我主义心理的视角来看，全世界都充斥着危险。无比忠诚的人以一种有悖常理的方式，习惯性地创建了“恐惧政治学”。无比忠诚的人很有可能非常热衷于管理国家大事。美国国土安全咨询系统每天一大早就要开工。“今天我有没有可能死于恐怖分子袭击？”多疑的无比忠诚的人会这样问，“警戒灯是绿色的、黄色的，还是红色的——危险系数是处于低级的、高级的，还是非常严重的？”

无比忠诚的人往往在童年时代经历了许多信任危机。他们被太多的家庭秘密蒙蔽了双眼。别人一次次违背对他们的诺言，最终使他们失望透顶。貌似别人身上永远都不会发生的事情总是会在无比忠诚的人的家里出现。

无比忠诚的人的自我主义心理为了确保其能够生存下去，不得不时刻警惕着外部的威胁，无论是什么样的威胁。这种过度警戒逐渐成为无比忠诚的人的心理驱动力。在所有的性格类型里，无比忠诚的人要么就是属于那种警惕性最高的群体，要么就是属于最焦虑的群体。无比忠诚的人努力使自己保持着超乎常人的清醒头脑，密切关注着自己周围的环境，但与此同时，他们又很怀疑自己的洞察力。[13]

与善于观察思考的人和永远年轻的人（第二章第七节）一样，无比忠诚的人具有恐惧型的个性。善于观察思考的人恐惧外面的大千世界，因此才撤回到心灵深处的“城堡”内。而永远年轻的人恐惧自己的内心世界，其结果就是，他们已完全陶醉于疯狂的活动中。

相比之下，无比忠诚的人既不相信自己内心世界的想法和变化，也不大相信身边发生的事儿。一切看上去都不太好！最糟糕的事情随时都有可能发生。对于无比忠诚的人来讲，天就要塌下来了……在你需要担心眼下的状况时，为何要想得那么远，担心以后会发生的事情呢？对于无比忠诚的人来讲，只有偏执妄想才能存活下来！

要应对可能或者将要发生的问题，无比忠诚的人做了大量的分析。他们热衷于求知。这种热衷逐渐转变为对理智的狂热效忠，或是坚定地遵守如科学理性之类的原理。无比忠诚的人的理性及知性取向使他们成为最高级的发问者。[14]他们的疑问倾向将他们塑造成了怀疑论者。

无比忠诚的人尽力避免出差错，他们不光疑问多多，还善于解决问题及寻找新问题。这能使他们感到安全。[15]他们总能提前想到哪里会出差错，并着手处理以便应对好这种局面，但他们心里总是希望一切都不会出错。

除了理智之外，权威也在无比忠诚的人的人生中占有一席之地。譬如托马斯·霍布斯，他总是通过臣服于“大海怪利维坦”式的权威人物来寻求社会的安宁和稳定，而这个所谓的“大海怪利维坦”指代的是一种最高级的权威或者控制百姓的政府。无比忠诚的人总是喜欢从某种外部信源来寻找安全感，因为他们在童年时代无法从自己的父母身上获得这种安全感，而且他们从自己身上也找不到。

他们根本不属于内部指向型群体。无比忠诚的人不光有恐惧感，而且还是那种很顺从的人。他们所寻求的权威人物可以是来自于基督教的《圣经》或者伊斯兰教的《古兰经》，他们完全恪守书面上的教义信条而不是宗教法规的精神和内涵。

一种更强烈的安全感可以源自臣服于武装军团的司令官、教皇大人、集团董事长或街区的黑帮头目。

他们不断在身边寻找权威人物和安全感，从本质上讲，这种行为源自一种压倒一切的自我疑惑感。无比忠诚的人会对自己的动机、冲动和能力产生质疑。[16]他们总是觉得自己有缺陷，因此缺乏自信，所以便从他人身上寻找人生方向。

一位具有“无比忠诚的人”的性格特点的教授曾经向我抱怨说，他的系主任不是一个很有能力的领导，他总是不说清楚我们该干什么。很明显，这位教授对于自己的职责和责任希望获得一个很清晰的指导说明。而系里也一定会有其他人对这位系主任有别的想法，一些人会认为系主任懒散松弛，而一些人则认为系主任很会变通，能够听得进他人的建议——在他们这个学术领域的专家的建议，这样又会被另外一些人认为是缺乏能力（如那位教授所言），而这也正是无比忠诚的人的不安全感以及自我主义心理的投影。

我们再次看到，我们所察觉到的现实其实只是一种自我主义心理的投影。我们对现实的认知其实在很大程度上反映出了我们的需求，而不是事物的本质，或者事物的“本来面目”。如果我们不喜欢自己所看到的事物，那么就向心里看，好好检查我们的自身。

这里我们要再次提到苏格拉底反复提倡的“认知你自身”。

如果你的心灵帝国完全团结一致，完全受到了庇护，那么自我主义心理将无法攻陷它。

——《奇迹课程》

说到心理投影，无比忠诚的人最有可能将自己的侵略性动机归咎于他人。最终结果就是，他们会觉得他人更恶毒、更有威胁性（这并非事实真相），因此他们就会一直感到恐惧。无比忠诚的人所没有意识到的是，他人总是具有无比忠诚的人自身的否认好战的色彩。[17]甚至当危险真的降临时，相关的恐惧感总是过于强烈，和实际的威胁不成比例。

原因要追溯到无比忠诚的人以往的个人经历上。目前的形势就好比机枪扳机，随时可能一触即发，煽动起无助的感觉，而这种感觉源于他们童年时代的经历。无比忠诚的人无意中卷入了目前的形势中，就好像他（或她）仍是一个受到惊吓、年幼无知的孩子。[18]这里强调了《奇迹课程》里的一个很重要的见解，那就是我们用自己的肉眼所看到的事物只不过是我们的思维向外映射出的自己的往昔罢了。真正的威胁只不过是我们自身的恐惧感的映射罢了。

正如哲学家波戈所言：“我们遇到了真正的劲敌，而这个劲敌正是我们自己！”

无比忠诚的人的另一个心理认知方面的问题牵涉到了二分思维（或称之为“非此即彼思维”）。无比忠诚的人不能容忍模棱两可的事物，他们需要清晰明了的原因。哪里有模棱两可的事物存在，哪里就很有可能没有一致（只有分歧）。对于心灵受到困惑的无比忠诚的人来说，模棱两可的事物周围所环绕的这层灰蒙蒙的雾，只能带来不确定性和悲痛。因此，在真实的世界里，只有“好人和坏人”（此处直译为“白帽子和黑帽子”。在美国西部影片中，好人戴白帽子，坏人戴黑帽子）、“支持我们的人和反对我们的人”、“需要拯救的人和应该下地狱的人”。

我之前提到过的那位具有无比忠诚性格的教授在给自己的学生打分时，用了一套二元体系。他的学生的作业成绩要么是“100分”，要么是“0分”。在这位教授的思维中，学生要么可以完成编程作业，要么不能完成。无比忠诚的人的思维真的很单纯。

谈及这种情况下的知识水平，或者在任何问题上都采取一种有细微差别的立场，都有可能被认为是软弱或伪善。“真男儿”应该立场坚定、始终如一！连这一点都做不到的人就很优柔寡断、自甘堕落以及懦弱无能。某些共和党人形容某些民主党人是“只顾奔命”的“娘们儿”，而这些民主党人一开始就支持伊拉克战争，后来又谎报军情，声称伊拉克有大规模杀伤性武器（简称“大杀器”），而实际上这是一个“莫须有”的罪名（其实大家心里都清楚伊拉克到底有没有“大杀器”）。而我认为，这些优柔寡断、自甘堕落以及懦弱无能的人也可以被称为“只顾奔命”的“娘们儿”。当初衷从一开始就受到误导时，他们就会质疑“始终如一”的正确性。然而，对于反恐惧心理的无比忠诚的人来说，最好是充满自信地错下去，而不是犹豫不决地对下去。

当然，这种虚张声势的行为无非是在不安全感之上的一层面纱而已。他们故意表现得特别狠，或者说话语气生硬，会让他人产生自我防御心理，从而减少对自身的威胁。但这种逼近的威胁，事实上只不过是他们对自身意图的一种投影罢了。在这一点上，再结合发生在中东的那些事儿，你可以去问问乔治·布什。他自己也是一个无比忠诚的人，你去问问他，在（伊拉克）战争爆发之前，到底是美国对伊拉克的威胁更大，还是伊拉克对美国的威胁更大。在面对当下伊朗的问题上你可以问他同样的问题。所谓的“无能者”会蓄意挑事儿，但在明知道自己注定会失败的情况下会向一个强悍的对手公然宣战吗？在明知道自己有可能被灭掉的情况下一个国家会向另一个国家宣战吗？伊朗向美国宣战能获得什么好处？事实上伊朗有没有蓄意找事儿都很难说！究竟是谁先威胁说要攻击对方的？究竟是谁对谁构成了威胁？

我们的投影产生出了一种“毯子”，使我们所觉察到的事物和景象变得模糊，二者都围绕着我们而转，但又在我们体内，挡住了此刻的光明，而这种光明对万物的本性或本质来说是极其重要的。

——九型人格的研究者桑德拉·麦蒂

……独裁专制政权以及所有建立于他人恐惧心理上的体制什么都不怕，除非通过嘲笑、鄙视以及讽刺等方式揭开它们的“神秘”面纱。

——九型人格的研究者理查德·罗尔

在无比忠诚的人的危险世界里，我们看到了被隐藏起来的真相，而外表和动机都是嫌犯。〔19〕他们的精力都用在了权威人物和高度警惕性上面。〔20〕无比忠诚的人在执行“理解任何潜在危险的现实”这样的任务时，呈现出了一种慢性觉醒的状态。〔21〕无比忠诚的人的高度警惕性总是用来警戒已被隐藏起来的蛛丝马迹以及任何麻烦事。你或许会猜到，无比忠诚的人不喜欢突然的变故，他们更倾向于做自己最擅长的事情，按常规办事，按套路出牌，踏踏实实，循规蹈矩，一步一个脚印。他们通常会按照已有明确定义的准则和规矩来寻求解决方案。〔22〕

无比忠诚的人对自己的两种截然相反的补偿行为策略颇有兴趣，而这两种策略都是由自我主义心理滋生出来的，以便应对自己所察觉到的险恶现实。

无比忠诚的人将自己划分为两种基本类型：恐惧心理个性和反恐惧心理个性。从表面上看，无比忠诚的人的这两种性格有很大区别。然而，它们的目的却是一致的：抵御恐惧心理。具有恐惧心理个性的无比忠诚的人从外表来看胆小懦弱，对任何事都不确定，他们总是犹豫不决、缺乏自信。最终产生的结果就是，具有恐惧心理个性的无比忠诚的人会主动寻找权威人物和（宗教）信仰体系，以便减轻自己的不确定感。[23]

另外，具有反恐惧心理个性的无比忠诚的人有时看起来更像有进取精神的第八类人——“强势的叛逆者”（参见第二章第八节）。他们看上去很强硬、很自信，敢说敢做。他们或许也会选择自己的使命，或者从事某些活动，而这些活动通常被他人形容为“很危险的活动”，如警察、高空跳伞者。

对于具有反恐惧心理个性的无比忠诚的人来说，他们最好能够直视自己的恐惧，至少那样做，危险就不会潜伏在丛林中的某个角落里了。危险会暴露在你所能看到、感受到、应对的地方。譬如说战争，大家都知道战争是很危险的，但至少你知道自己的敌人是谁。一名战士需要服从指挥，尽好自己的天职，服务并永远效忠于自己的祖国。

这就是在反恐惧心理方面无比忠诚的人的进取精神有别于强势的叛逆者的进取精神的地方。强势的叛逆者更有可能会为自己挺身而出。而无比忠诚的人会为一个理由而战，为一项任务而战，为某种集体目标而战，或者为效忠于一个更高级的权威（通常指祖国）而战。他们并非为了证明自己有多优秀，或者掌控他人的生命、意志等，而这点正是（心理不健康的）有进取精神的强势的叛逆者所希望的那样。

无比忠诚的人的健康与不健康的表征

如果你的目标是要找到一个可以信赖的朋友，那么无比忠诚的人正是最佳人选。在九型人格心理学的所有性格类型里，据说无比忠诚的人喜欢与自己“同种性格的人”结伴而行。无比忠诚的人并非那种孤僻的人或不受拘束、独来独往的家伙，他们喜欢结伴冒险。无比忠诚的人非常喜欢与自己“同种性格的人”打交道。

无比忠诚的人是那种值得信赖的好朋友，属于“活跃分子”——积极参与教堂活动、社交活动或单位活动的人。无比忠诚的人有可能会建立起自己的人际关系网，他们一出门就得前呼后拥，他们需要获得很多人的陪伴、支持和鼓励。心理健康的无比忠诚的人值得你信赖，无论何时你都需要得到他（或她）的帮助，他（或她）都会挺身而出，为你分忧排难。在所有的性格类型里，他们应该算是那种对朋友、对信仰最忠诚的人了，为朋友两肋插刀，对信仰笃定不移。他们是你所能结识到的最虔诚（对宗教信仰来说）、最有爱国心、“为他人服务”的意识最强烈的人。

除了忠诚和可靠，心理健康的无比忠诚的人还显示出了一种很强的能力，那就是预见问题的能力。通过清晰的视野和思维，他们能够预见到问题，这一点要比大多数人强。因此，他们能将自己的宝贵意见应用到尚在规划阶段的项目中去，就好像他们具有感测问题的雷达一样。

让他们成为疑问者、忠诚的怀疑论者或者魔鬼代言人，可以阻止灾难的发生。如果采纳了他们的建议，就能预知到很多事情，这样就能避免走很多弯路。譬如说，朝着大规模的宏伟计划冲锋向前的永久乐观主义者，最好有无比忠诚的人指点迷津，以免冲得太远而无法回头。对于哪里会出错、会出什么样的错之类的问题，无比忠诚的人总是很善于发现。对于潜在的、鲁莽的、过于冲动的决定，无比忠诚的人总会提醒你凡事要谨慎小心。

不像某些孤独、凄凉的具有“深情的利己主义者”性格的存在主义者，他们总感到自己已被人遗忘，并感到自己疏远了人性中仅存的东西，而心理健康的无比忠诚的人是以传统惯例和传统规范为主要根据的。毋庸置疑的是，以传统模式做事能帮助他们建立起一种“认同感”。一个无比忠诚的人可能会这样说：“我是一个苏格兰人，喜欢抽大麻，喜欢看罗比·伯恩斯的比赛，而且边看边吃羊杂碎布丁（一种苏格兰特色食物）。”而另一个无比忠诚的人会不经意地补充道：“我们总是在耶稣受难日那天晚上吃鱼。”或者说：“只要是一个善良、忠诚的加拿大人，都会在11月11日那天身穿芙蓉红色的衣服，以此来缅怀在战争中死去的人。”

像这样的评论、纪念活动和纪念仪式总能带给无比忠诚的人一种尚活在人世的存在感。对于无比忠诚的人来说，做这样的事情是很有象征性的，他们从心底里感到这样做很有意义。因此，鉴于他们和历史、仪式以及传统的关系，每当涉及募捐活动或为了大众的利益而需要帮助时，无比忠诚的人总会冲在最前面。

心理健康的无比忠诚的人的另一大特征是，他们具有很强烈的责任感。如前所述，他们会第一个挺身而出帮助他人，他们往往是合作、献身及服务的典范。[24]心理健康的无比忠诚的人显示出强烈的责任感，他们履行着责任提出的要求。你可以清楚地看到心理健康的无比忠诚的人如何集忠诚、服务导向能力和责任感于一身，这些品质使得心理健康的无比忠诚的人成为一名优秀的警卫、警察、士兵、公司董事、信仰的守护者、政治家或消防队员。

当心理健康的无比忠诚的人为伟大的事业而奋斗时，他们会显示出巨大的勇气和毅力。为了追求更高的目标，心理健康的无比忠诚的人无论如何也要找到安全感，他们不想单干，他们想为自己积聚权力和威信。当形势急剧恶化时，你通常会想要得到无比忠诚的人的支持和鼓励。无比忠诚的人通常会承担起领袖的角色，而且他们也能承担得起，就像乔治·布什。但他们一旦承担起这个角色，就会非常依赖与他人的合作以及那些忠诚的拥护者，以便更有效地工作。更多的时候，他们更倾向于拥护领袖，而不是自己挺身而出成为领袖，成为众人批判与抨击的对象。

不利的一面是，心理不健康的无比忠诚的人有一个很大的问题，那就是他们对很多“真善美”的行为熟视无睹，而这种行为塑造了存在的构架。[25]心理受到创伤、虔诚的无比忠诚的人很显然已经遗忘了《创世记》中的一段话：“上帝看到了他亲手创造的一切，并且认为这一切都完美无瑕。”

对于无比忠诚的人来说，让他们想到其不同的一面，事实上正是“傲慢”的表征：他觉得自己比上帝还有本事！这种“傲慢”将成为一种违背“最高权威”的行为，或许还是一种对恐惧的真实辩护！对于无宗教信仰的无比忠诚的人来说，我们可以认为：通过痴迷般地聚焦于可能会发生的错误，他们并没有注意到发生了什么正确的事情以及将来可能会发生的积极乐观的事情。心理不健康的无比忠诚的人忙于“预测灾难”而无法注意到这些。

心理不健康的无比忠诚的人不能看到“真善美”和光明的东西，这导致他们不断忍受着巨大的焦虑。如我们之前所述，无比忠诚的人什么事儿都担心，生怕哪儿会出错，他们的心中充满了不安全感、优柔寡断以及疑虑的情绪。事实上，心理严重困惑的无比忠诚的人甚至会怀疑他们自己为什么会有如此多的疑虑，从而变得更加优柔寡断。他们受到疑虑的束缚和麻痹，受到过多想法的折磨并且对自身的疑虑感到怀疑，因此，他们绝望地寻找着某人（或某物）将他们从自己的逆境中解救出来。对于具有病态心理的无比忠诚的人来说，“答案”不在其内（指自己的心理），而在其外（外部的人或事物）！因此，这种绝望的寻找安全感的行为将会继续下去。

这种“怀疑自身的疑虑”以及只看到未来的“昏暗无光”的想法促使心理不健康的无比忠诚的人极不信任他人，很容易视他人为潜在的危险。

就对他人的怀疑和不信任而言，无比忠诚的人甚至都不信任自己，因此，你怎么能奢望他们有可能会去相信其他人呢？当然，无论他们的怀疑是否有事实依据，他们总是会习惯性地怀疑一切。或许有些怀疑并没有道理，但话又说回来，说不定真有什么不对劲儿的地方。谁知道呢？但我认为他们的怀疑并无事实依据，我难道能像他们那样对待他人吗？或者说，假如说我的怀疑确实有事实依据，而我却一如既往地对待他人，并没有像无比忠诚的人那样……那么会有什么不幸降临到我的头上呢？这些深刻的问题直指心理不健康的无比忠诚的人的目的地——一个永无休止的圈子，永远都是围绕着“不安全感”而转。

心理困惑的无比忠诚的人没有安全感，因为“存在的构架”（有些人称之为“天意”）会直接导致无比忠诚的人将“本质”与权威搞混淆。[26]有一个有关存在判断的游戏，叫作“追随领袖”，在玩这个游戏时，就能找回心中的确定感和自信。在此游戏中，那些扮演底层老百姓的人要对那些扮演统治集团头目的人卑躬屈膝、唯命是从，这些底层人通常会表现出一种积极进取的精神。[27]无比忠诚的人对领导和权威形象亦是唯命是从、点头哈腰，这使他们逐渐形成了一种“权威人格”或者“普鲁士性格”。[28]

这种忠实的性格既刻板又紧张，对模棱两可的事物表现出一种无法容忍的态度。你会很自然地想到，这就好比一名很听话的士兵，总是服从上级的指挥，不允许自己有任何疑问或独立判断的机会。这样做就等同于使整个军队的分级结构陷入危险境地。导致的最终结果就是一片混乱，我们一定不能让这种事情发生。在服从指挥时找到了安全感，至少服从者是这样认为的。

盲目的服从指挥等同于恐惧腐烂之后的恶果。

——九型人格的研究者理查德·罗尔

是，指挥官阁下！

——纳粹士兵服从命令时的回答

个性的阴暗面

我们之前已经说过，所有的性格类型都会抑制住不愉快的想法和感受。无私给予者在帮助他人时总是察觉不到自己的骄傲感和对他人的操控。善于表演的明星在试图展现出一种成功人士的形象并给人留下深刻印象时，会刻意隐瞒自己的不真诚。当然，在这种情况下，无论是无私给予者，还是善于表演的明星，都会有种不安全感，他们努力证明自己的自我价值，就好像这种自我价值本身需要得到证明一样。而无比忠诚的人呢，相比之下，他们的恐惧更多地建立在自觉意识上。无比忠诚的人或许无法深刻地意识到，这种用来从自身影像问题上转移注意力的自欺欺人的策略，其实根本就是懦弱的表现。

甚至反恐惧心理的“胆大妄为”或风险都能验证这一点。具有反恐惧心理的无比忠诚的人看上去根本不懦弱，但是，他们就是会自欺欺人。大家是否还记得具有反恐惧心理的无比忠诚的人无法忍受危险潜伏在丛林中？对他们来说，让焦虑感彻底占据他们的身心要比直面威胁和风险更令人恐惧。

无比忠诚的人之前被形容为友善的、忠诚的人。当形势急剧恶化时，你完全能够信赖他们，让他们做你最强大的后盾。可问题是为什么会这样？如果心理困惑的无比忠诚的人有自我意识，对自己也很诚实，他们常会承认说："这样的忠诚和友谊源于恐惧。"无比忠诚的人很担心他人会遗弃自己、排斥自己或者伤害自己，怕自己根本挺不住。这就好比无私给予者会担心"他们不为他人服务，他人就不再喜欢自己"一样。对于无比忠诚的人，要想获得别人的认可，就要对别人坦诚相见，能担起责任，还要对他人忠诚。心理不健康的无比忠诚的人的友情主要源于个人的不安全感，以及要确保一切仍旧没出问题的欲望。[29]

克劳迪奥·纳兰霍在此将无比忠诚的人的行为举止形容为"阿谀奉承的友情"。[30]用他的话讲，就是"通过懦弱的感情冲动地寻求庇护"。

胆小懦弱的无比忠诚的人同样受对个体、信仰体系的过分忠诚等因素的蒙蔽。无比忠诚的人通过认同领袖、党派、宗教、政治观念、群体理想、社团等来抵御自身的焦虑。有恐惧心理的无比忠诚的人希望结识一些权威人物和比自己有能力的个体作为力量和权力的源泉，而这两样东西是他们认为自身所不具备的。他们越是认同权威人物和他们的使命，就越是吹嘘自己有多么忠诚，进而就越感到恐惧。

当然，承诺和忠诚本身并没有错，但对于焦虑、神经过敏的无比忠诚的人来说，这种承诺和忠诚含有自我欺骗的因素，而这种因素是无意识的，只是为了让无比忠诚的人自我感觉良好。如果没有恐惧，原则性的承诺和对"忠诚"的捍卫将不再如此重要。换言之，要让这种存在主义暗示继续发展下去，就会产生"背信弃义"（此处为双关语）。从恐惧中诞生出来的信任事实上是一种自我防御的方式，是为了找到安全感而采取的一种不真诚的行为，他们只是为了让自己好受些。你完全可以说，源于恐惧动机的信任根本不是"真正的信任"。

宗教信仰是大众所吸食的鸦片。

——卡尔·马克思

无比忠诚的人同样需要认识到自己这种推卸责任以及责怪他人的倾向，无论是在自己身上还是在他人身上。因为心怀负疚感并不是一件幸事，无比忠诚的人的策略是要“通过（心理）投影及自我创造外部敌人的方法来使用辩解机制”。[31]不管怎么说，都是他人对我构成了威胁，都是他人有错。他人就是我的敌人。然而，这种所谓的威胁通常只不过是无比忠诚的人内心的恐惧感，而这种恐惧感直视着无比忠诚的人的双眼，让他们感到战栗。当然，对于无比忠诚的人来说，这种威胁貌似是真实的，而且也应该是真实的，无比忠诚的人正看着一个由他们自我主义心理创造出来的现实。

其实世间没什么事好害怕的，唯有恐惧感自身而已。

——美国第三十二任总统富兰克林·D.罗斯福

对提高心理健康和通往内心平静的理疗建议

事实上，要缓解自己困惑的心灵并获得自己非常渴望得到的内心平静，无比忠诚的人能做的事有很多。如果你恰巧是一个无比忠诚的人，而你又怀疑这一点，那你就再试一次！再试一次去怀疑和质疑。这样做对你会有何帮助？但愿此时你已慢慢意识到，你的怀疑心态是阻止你获得内心平静的一个最大的绊脚石。我并非要求你无条件地接受我的建议，寄希望于这种性格分析会将你从困惑的心灵中释放出来。我所要求的是，请暂且停止自己的主观判断，让自己的感受成为你的向导。不要事先断言什么肯定会失败，什么不去做，或者什么是一条死胡同。还有，不要一股脑儿接受我这里所提到的方针和建议。先亲身经历一下，然后再做决定也不迟。

在理智地解除向导前，允许你的感受和本能直觉演好自己的角色，而这种向导最终一定能帮到你。仅此一次，相信你的直觉，目睹发生的一切。

如果在前进之前总是得需要百分之百确定，那么我们的人生根本就不会向前迈一步。正如哲学家所说，你百分之百确定的事（譬如“1+1=2”）并不能让你知晓这个世界；你能知晓有关这个世界的事情，但你无法百分之百确定。因此，我要给出的第一点建议就是：放弃在这个所谓的真实的世界里寻找完美答案及肯定性的结果吧！如果哲学家的话是正确的，那么这样做就会徒劳无功且适得其反。不确定感是人生的一部分，这对每个人来说都一样。

痛苦在一定程度上很喜欢有个伴儿，无比忠诚的人在确定自己并非是唯一担心将来结果的人时，心中便可得到慰藉。给你支个招儿，就是不要向心理上的偏执妄想屈从。

无比忠诚的人需要做的另一件事是，活在当下！阿尔马斯曾言：“存在”和“本质”的关系最近。这里我想要说的是，你要通过缜密的冥想使自己的心绪平静下来。[32]这种冥想应当聚焦在肉体上。你要将注意力放在宽度上，还要集中在肉体的不同部位上，并释放出这些不同地带里的紧张和压力，这样一来，你就能获得所谓的“放松反应”。

“这种‘放松反应’其实是肉体深度休息的一种状态，这种反应能够改变肉体和情感对压力的反应……和所谓的‘战斗或逃跑反应’截然相反。”[33]你可以下意识地诱它出来，它可以平息躁动不安的内心里的对话，而这种对话一直折磨着无比忠诚的人。它可以增强与全宇宙融合的感受。[34]当然，对于有恐惧心理的无比忠诚的人来说，三十六计走为上计；而有反恐惧心理的无比忠诚的人则会选择战斗下去。尽管形式不同，但二者都是对恐惧、压力以及焦虑的反应。聚焦于肉体上可以使理性的无比忠诚的人逃脱大脑思维的折磨，用一种已改变的生理机能来镇定思维。

如果你是一个无比忠诚的人，在冥想方面有困惑，或许应该试着回想一下多年来困扰你的诸多担忧。这样做的目的并非是为了勾起你往昔的烦心事和不安，而是为了印证一点：你以往的担忧其实是多余的，或者说在大多数情况下是微不足道的。如果你作为一个无比忠诚的人，想要为一切担心，那么你就应该好好担心一下你将来会浪费掉的时间，而这些时间都用在担心一些永远不会发生的事情上！我们以往的经验已告诉我们：所有的担心结果都是徒劳无益的。一旦你明智地理解到担心其实在很大程度上是浪费时间，一旦你受自身长期焦虑的折磨而在情感上筋疲力尽，那么你就会认同《奇迹课程》中一句很有哲理的话："车到山前必有路，船到桥头自然直。"

是时候让自己转变了，但并非为了另一个用来作为抵御已察觉到的外部攻击的防御盾牌。这种承诺太假，尽管对旁观者而言并非如此。只有你知道自己的真正目的。你的承诺是为了正当理由，还是仅仅为了减轻自身焦虑的策略？为真理而忠诚是可敬的，出于心理防御性而忠诚是可耻的！那么你的忠诚的真正目的又是什么呢？还有你的友情呢？你的友情是发自内心的，还是如克劳迪奥·纳兰霍所说的"懦弱的感情"？

如果你想要摆脱阴魂不散的阴影，那么就很有必要回答上述问题。大家是否还记得，之前我们说过，庄子曾云：如果你想要摆脱折磨你的阴影，你就必须得进入黑暗中去。只有这样阴影才会消失。我知道，黑暗是很可怕的。人需要足够的勇气去面对它、挑战它。然而，进入黑暗之路必须得孤身一人，而不是"一群无比忠诚的人结伴而行"。进入黑暗是一个英雄的使命，这个使命是为了解救自我，我们都得承认这一点。如果你希望从自身的恐惧中被解救出来，那么现在就进入黑暗中去。当你从那片黑暗中走出来时，将会迎来人生的第一缕曙光！

通过慢慢学会欣赏自己的成功，无比忠诚的人同样能获益良多。[35]如果你是一个无比忠诚的人，就不要太担心自己将来会怎样失败，而是应该多想想你以往取得了哪些成就。你以往有哪些成就？那种成就感如何？你从自己的成功中领悟到了什么？让这些问题陪伴着你走向未来。让这些取得成就的美好回忆做你强大的精神后盾。将这些充满自信的时刻放入且永驻你的脑海中，不断回味它们，在情感上受它们的滋养。学会记住你所做过的正确的事情，且想象一下未来你又会做出哪些正确的事情……你将会取得何等成就，如你以往那样。当你再次获得成功，或者说他人对你刮目相看，希望能从你身上得到支持和指引时，不要感到惊讶。很明显，当他们这样做时，他们从你身上看到了某些你未曾在自己身上看到的东西。

如果成功使你感到不安，那么试着高兴起来，不要太在意法国古典作家朱尔斯·勒纳尔的话：“人生中总会有一帆风顺的时候，不要感到恐惧，因为这种时刻不会持续太久。”[36]（此处的引语只是开个玩笑，为了怕你感到疑惑特此说明！）

说到玩笑，幽默感和能使自己对过分恐惧一笑了之的能力同样也能帮助无比忠诚的人驱散心中的恐惧感。[37]“当我们从心底里大笑时，恐惧感就无法站得住脚了。”[38]这使我想起了美国演员尼克·诺尔蒂在电影《勇者无敌》中扮演的角色（绰号“苏格拉底”）所教给我们的一条人生规律：永远保持幽默感，尤其是对自己。这是一种超越一切的力量。

我强烈建议无比忠诚的人遵守这条规律。如果一个人脱离自我主义心理，学会嘲笑它，能从一个很高的角度去观察，那么恐惧感和不安全感就会奇迹般地消失。那些太把自己当回事儿或者过于自命清高的人应当谨慎前行，那是导致自身心灵困惑的罪魁祸首。

对于无比忠诚的人来说，最大的挑战是要找到自己的内在权威。[39]他们必须得先信任自己，才能试着去相信他人和全宇宙。有些心存不安全感的无比忠诚的人却并不希望成为领袖或者他人的典范，只是欣赏着自己的错误，这是一件多么讽刺的事情啊！还有一些心理不健康的无比忠诚的人有时会盲目效忠于某些权威人物，而这些人其实跟他们一样，比他们好不到哪儿去。

在心存不安全感的无比忠诚的人的思维里，如果他人追随无比忠诚的人的领导，那他人就是“二货”。无比忠诚的人“知晓”有关自己的一切，这就好像有时追随他人领导一样愚蠢，他人在本质上与无比忠诚的人并没有什么不同之处，至少是当涉及能够提供绝对真理和确定感的能力时。无比忠诚的人需要意识到这一点，尝试在自主的、无须经常寻求权威人物的认可和建议的情况下多做决定。[40]

世上没有任何决定是完美无瑕的，人生中必定要犯错误，如能意识到这两点，你就更容易建立起自己的内在权威，并获得它所带来的自信心。无比忠诚的人可以从错误中汲取经验教训，下次就会做得更好。这是一个成熟、有远见的立场，值得采纳。在对自尊而言没有太大损失的情况下，人是可以犯错误的。

最后要说的是，不要再如此多疑了。此刻你应该已经明白，当牵涉到我们的自我沉迷、心理映射以及对现实的扭曲时，我们都会有点儿“病态”。每个人都会尽自己最大的努力以求得到自己想要的东西，即便是受到了误导，或者说他的行为无形中比较疯狂。

只有嘲笑自己的自我主义心理并意识到自己的心理动态有多疯狂，我们才能学会宽恕他人的行为和性情。排斥自身的自我主义心理同样可以使我们在情感上受到更小的威胁或者伤害。

永远记住这句话：表象的事物无法触及灵魂深处！

认同心理上的自我主义等同于自寻烦恼和痛苦。要治愈自我主义心理必须在精神上寻求方法，而不仅仅是在肉体上或者心理上。

第七节　永远年轻的人

我跟你说实话吧，除非你能改头换面，言行举止慢慢变得像个孩子，否则你永远进不了天国。

——《马太福音》

希望你能够永远快乐，希望你的歌声能够永远余音不绝，希望你能够永葆青春。

——美国音乐家鲍勃·迪伦

失落的本质

我们的童年时代充满了自发的欢愉感。事实上，“欢愉感”是一种本质特征，而这种本质特征源于我们的高级本性。或许当我们年轻时这一本质在我们身上表现得最明显。我们亲眼见证了这样的事实：孩子都是睁眼的“海绵宝宝”，不断汲取着人生所能给予的所有经验。每种口味都是一种新的味觉感受。你如果在乡村小路上看到一头“奶牛”，一定会感到欢喜。某某人意外来访，出现在你家门口，他（或她）看上去像是社会名流，这也是你欢喜的原因。爱人（或情人）在电话中的柔情蜜语会让你心醉神迷。欢愉之情在无形中放大了很普通平凡的事情，使其不再普通平凡。你完全可以说，哪里有欢愉感，哪里就充满了不平凡的时刻。

当我们触及自己的本质时，欢愉的感受已不再是一种对某一事件或形势的瞬间反应，而更像是一种持久的心理状态。它就像是一种情感氛围，陪伴着我们的成长。人生中充满欢愉感的人看上去总是很柔和、很阳光。他们不会像今天的彩票中奖者那样，满怀激动地大呼小叫，而是心怀一种感恩之情。这种感恩之情可以表现为一个貌似常挂脸上的笑容，或者是眼中闪烁的光。

真正的欢愉感似乎对残酷命运的“枪林弹雨”无动于衷。就和我们其他人一样，充满欢愉感的人也会有不幸的经历，但不知为什么他们能够迅速恢复自己的喜悦心情，而且能看到人生暴风雨中的一线曙光。

尤其是永远年轻的人，他们深刻地理解这句老话：“最黑暗的时刻过后总会迎来黎明的曙光。”明天将是崭新的一天，将会充满各种新的可能性。

这种可能源自于成就、认知或者运气的幸福感，与罗洛·梅的观点截然相反，他曾说：“欢愉感是一种情感，能够伴随着我们成长，让我们实现自己作为人类的本性。它完全建立在一个人的身份的感受上，而这种感受就是：自己是一种有价值、有尊严的生物。”

你无法得到欢愉感或者赢得欢愉感，他人也不能赋予我们欢愉感。欢愉感就在我们身上，欢愉感就是我们自己！

当“本质上的欢愉感”表露出来时，我们就充满了一种谦卑的自信，明白自己正朝着正确的道路前进。当我们感受到喜悦时，就会感恩于自己人生中那些奇妙、神秘的礼物，并觉得自己的人生旅程是一个深奥的奇迹并对之充满好奇。

我们深刻感受到了自己精神上的真正归属感，感到它在呼唤我们。当“本质上的欢愉感”从我们身上油然而生时，我们就知道什么才是真正的价值，并且采取一切措施，使那些必不可少的东西能回到我们的内心中去，而这正是我们真正渴望的。我们知道自己爱什么，并且能喜悦地敞开自己更深层的“真实本性”。[1]

“潘，你到底是谁，到底是个什么东西？”（铁钩船长）嘎嘎地大喊大叫。“我就是年轻，我就是欢愉感，”彼得·潘随口答道，“我是一只小小小小鸟，刚刚冲破鸟蛋的束缚。”

……那么，随我来吧，来到一个充满梦想、没有时间限制的地方。在这里，你可以尽想一切美好的事物，你的心会长出翅膀，轻飘飘地飞起来，永远不会坠落，这里就是“梦幻岛”！

——《彼得·潘》（又名《小飞侠》）

如果我们多读一些研究九型人格心理学的专家的著述，多听听永远年轻的人的童年轶事，那么我们就会从中发现一些矛盾。有些永远年轻的人认为自己的童年很快乐，几乎是一部很高级的连环画（暗指自己的童年生活多姿多彩，过得很滋润）；[2]而有些永远年轻的人则觉得自己的童年一开始很快乐，但当表面被戳穿之后就会感到痛苦。这种痛苦可能源于父母的离婚或对自己的遗弃，他们将自己在亲朋好友中推来推去，或者说压根儿就不顾自己的死活。[3]

某些九型人格研究学者也总结出了相同的结论：对于自己在人生初期就脱离开养育他们的人，永远年轻的人在很大程度上会有种无意识感。[4]这种主张的意思是，这样的脱离会导致永远年轻的人有种强烈的挫折感，他们需要一定的补偿策略来减轻自己心理上的烦恼以及情感上的痛苦。然而，他们通常又看不到这种很强烈的挫折感。你会在永远年轻的人身上找到些许辛酸悲痛的残留物，而这种残留物来自于以往受到的伤害。永远年轻的人不是那种喜欢记仇的人。[5]无论是有意识的，还是无意识的，永远年轻的人都已下定决心千万不要像“他们”那样，这个“他们”指的是永远年轻的人在其人生中所遇到的那些受到伤害的人。永远年轻的人只是想继续活下去，他们觉得实在没必要总想着不愉快的事情。

心理世界观及补偿策略

永远年轻的人表现出了一种“凡事都OK”的世界观。[6]对于他们来说，人活在世上就要享受人生、游戏人生，而世界就是一个很大的游乐场。永远年轻的人永远不想受到束缚和限制，因为这会干扰到他们自由放任的人生态度。

同样，这种束缚和限制总是与永远年轻的人对人生的平等主义立场相背离。被迫受束缚于自身或者阻止他人去做他们自己会做的事情，意味着要么是逐渐削弱了永远年轻的人对欢愉感的追求，要么是用某种带有强迫性的约束力来约束他人。当权威人物不服从命令时，侵犯边界就促生了负疚感。尽最大努力来加强权威，最终将会导致永远年轻的人对周围的一切都感到不高兴。边界、限制、权威和刑罚与永远年轻的人的“现存娱乐法”背道而驰的是：寻欢作乐，避免痛苦。

比起原则，我更喜欢人，而在这个世界上，我最爱的就是没有原则的人。

——爱尔兰作家奥斯卡·王尔德

本性使人类同时处在两位君主的统治下——痛苦和欢乐。它们为我们指出我们应该做什么，同时还决定了我们将要做什么。

——英国哲学家杰里米·边沁

永远年轻的人同样受到今后自身发展方向的影响。他们并不是那种很忧郁的人，总喜欢停留在过去。他们觉得人生就是一场探险，并受到“人生无极限”这种信念的鼓励。[7]相比之下，无比忠诚的人总是会习惯性地想象可能会发生的最糟糕的事态，而永远年轻的人则更偏向于朝积极乐观的事态着想，他们只会想象事情最好的发展状态，对麻烦及潜在的障碍并不担忧。

这种“凡事朝最好处着想”的思维方式映射出了永远年轻的人的选择性关注。他们的想象力总是偏向于积极乐观的结果和期望值。永远年轻的人很容易高估积极的事态发展，而低估消极的事态发展。再联系到他们积极、理想化的对未来的发展趋向的认识，我们不难判断出：永远年轻的人的关注习惯同时朝着几个不同的方向发展延伸。[8]

他们会习惯性地对任何事都全神贯注。无论何时他们都喜欢往自己身上揽事，永远不满足于将自己的注意力只聚焦在某一件事上。将注意力聚焦于一件事会使他们觉得很拘束，甚至无聊。

正如海伦·帕默所指：“注意力从一种经历转移到更多的经历上，拼命向前冲刺着，以求完成下一个更有诱惑的事业……注意力可以在甜蜜的回忆、令人着迷的想法以及有趣的未来规划之间穿梭自如、游刃有余。”[9]

有些人将他们这种生活方式称为“筋疲力尽、疯狂的生活方式”，但永远年轻的人却坚信：他们这种很另类的生活方式最终一定能使自己功成名就，他们的人生将会以一种统一的连贯性合为一体——一个伟大的综合体。

说到这里，我觉得很有必要指出一点：这个伟大的计划并非为了达到某种万众敬仰的目标，譬如功成名就。永远年轻的人并非属于那种目标导向型的群体，就好像经历导向型那样。[10]如果在前进的道路上没有乐趣或刺激，那么获得成就本身还有什么意义呢？！你完全可以说：不像属于工作狂型的、野心勃勃的善于表演的明星，永远年轻的人是为了生存而工作，而非为了工作而生存。

永远年轻的人很有可能比他人更期待周末、更幻想假期的到来，他们从心底里希望逃避工作：“在周末和假期里我们会有很多乐趣啊！我们可以想干什么就干什么，上帝也管不着！”

永远年轻的人的一个反社会常态是，他们喜欢每隔几年就换换工作，而不想一辈子都待在一个地方上班。他们总觉得人生处处有惊喜，不能一辈子耗死在一个地方，这是一个奇妙的世界！

永远年轻的人的另一大特征就是他们易受到外来的古怪的事物的吸引。[11]如果让他们在“重游一个之前去过的度假胜地”及“去一个全新、不同的地方游览”二者中选择的话，他们一定会选择后者：展开一段新的冒险历程，而不会不厌其烦地故地重游。对于永远年轻的人来说，人生应该是丰富多彩的。至于他们的兴趣爱好，他们会认为因纽特人的歌声比徒步旅行更刺激、更有趣。无论身在何处，都要享受当地的生活乐趣。

这一点同样有助于解释为什么大多数永远年轻的人都是美食家。譬如说他们去吃晚餐，如果镇上某个有趣的民族聚居区里有日本寿司、印度咖喱饭以及泰国米粉的话，为什么一定要去当地的连锁餐厅吃牛排呢？相比那些大规模联合企业旗下的常规连锁餐厅，这些带有民族特色的餐厅很独特，氛围与众不同，令人耳目一新。这些美食家型的永远年轻的人会对此赞叹不已！要是让他们在一家本土知名的咖啡屋和某个带有异域风情的品牌店之间做选择的话，你该知道永远年轻的人会做出什么样的选择了。你要是装上一瓶水，瓶子上打个外国品牌，摆在一家别致的小酒馆的酒架上，倘若你再操一口外来方言，将其卖给一个永远年轻的人，他几乎会兴奋不已，也会对这瓶水的真正价值视而不见。

我的品位其实十分简单，只要事事完美就可以了。

——爱尔兰作家奥斯卡·王尔德

永远年轻的人从自身察觉到的这种“审美复杂性”常常会转化成一种“居高临下的自恋”。有些永远年轻的人具有一种理想化的自我形象，这种形象会使他们坚信自己高人一等。然而，这种优越感的表现形式常常是间接的。如果让永远年轻的人直视他人的面孔，告诉对方“你有多低级”，永远年轻的人就会感到很“没品位”。他们认为最好是傲慢地回避开那些他们认为俗不可耐的“乡巴佬儿”，而转向那些更有趣的人和事物。这样一来就能省去很多不必要的麻烦，无须浪费时间在和这些“庶民”打交道上。

正如爱尔兰作家奥斯卡·王尔德所言：“我是全世界的唯一，我应该什么都知道。”

因为他们自认为才华横溢、学识渊博，永远年轻的人认为自己不费吹灰之力就能掌握很多东西，而事实上，他们大多时候确实可以做到。[12]他们总是满心欢喜地期待未来可能遇到的挑战，陶醉于自己的想象中。“我是最棒的……我是专家！”永远年轻的人总会这样想。因此他们总会鼓动他人说：“来吧，伙计们，按我说的去做（换句话说就是，在某件事上我能做得比你好很多，而我花费的精力也比你少很多！）……会很有趣的……不要担心，我来教你怎么做。”

你很可能已从这样的语句中探测到永远年轻的人对自我优越性的间接、含蓄的表达。

在悟性方面，永远年轻的人总是过于陶醉在自身的光辉成就之中，与此同时低估了他人的能力和智商。他们更倾向于这样想问题：“大多数人都是头脑简单、四肢发达、不谙世故的莽夫，欣赏不了人生中充满神秘色彩的美好的事物。”并对他们的朋友说，“我们一起去参加国外的电影节吧，它的画面和剧情比最新上映的大片更有趣。”心里暗想着，“住那头儿的傻女人会在大型电影出租门市那儿租一盒好莱坞最新上映的影片的录像带。在那种地方根本不适合欣赏电影。”

永远年轻的人不像深情的利己主义者那样，深情的利己主义者也有可能成为审美家，但他们心中的嫉妒感和自我厌恶感太过强烈，而永远年轻的人更倾向于用实际行动向他人证明自己有品位的优越性。

除了奥斯卡·王尔德的辛辣机智之外，还有其他一些知名的永远年轻的人的范例，其中包括喜剧演员罗宾·威廉姆斯、琼·里弗斯、金·凯利，大作曲家沃尔夫冈·阿玛迪厄斯·莫扎特等。经典的虚构人物“彼得·潘”（又名“小飞侠”）也是永远年轻的人，还有著名演员贝蒂·蜜德勒、歌蒂·霍恩和杰克·尼克尔森，以及电台脱口秀主持人霍华德·斯特恩等。

任何熟悉这些虚构人物和现实人物的人都会感到他们爱嬉闹、年轻、精力旺盛。尽管永远年轻的人精心伪装他们的优越感，还是露出了其“下腹部”（暗指容易被识破被攻击的地方），但他们对人生的激情极有感染力，并使自己深受大家的喜爱。

根据先前的讨论，我们或许会惊讶地发现：永远年轻的人也是那种“基于恐惧感”的个体，与善于观察思考的人和无比忠诚的人一样。永远年轻的人在其童年时代非常害怕喧嚣的噪声、夜晚的撞击声或者壁橱中的黑暗。他们甚至在长大成人后都要开着灯睡觉。他们也有创伤性的经历，这种经历他们并不觉得对等。[13]

在这种情况下，为了避免将来会继续承受这种痛苦，他们逐步衍生出了一种双向策略：首先抑制或者掩盖起自己消极、痛苦的感受……其次他们进入自己的脑海，开始规划好自己的人生，尽可能使自己每天都能有很多的“乐趣”以及很少的痛苦。[14]

然而，对于永远年轻的人来说，外面的花花世界已然是一个充满刺激、值得探险的大型游乐场，内心的世界却只留下了恐惧、沮丧、痛苦和不安，因此他们选择了避开内心世界。因为精神生活总是过于黑暗，永远年轻的人对邀请考察有种不祥的预感。这是一个心智未成熟的永远年轻的人可以避开灾祸的地方。除此之外，作为成人，为何会有人在人生的享乐之旅刚要开始另一种刺激时想要“搞砸搞臭自己”，让自己遗臭万年呢?

我想说的重点是，永远年轻的人利用他们的各种兴趣爱好和活动作为一种转嫁精神和情感痛苦的工具。只要狂热的脚步永不停止，耳边时刻催促道“忙起来……忙起来……忙起来”，他们就永远不会觉得不高兴或者心烦意乱。对于永远年轻的人来说，狂躁的转嫁只不过是一种他们常用的主要策略罢了，只是为了避免痛苦。

> 我们中有许多人会寻求食物、酒精、毒品或者疯狂的行动来填补心中的空虚。现代生活的快速节奏令人感叹不已，但又是无法避免的——它是对其空虚的一种掩盖。如果我们继续这样下去，就会创造出具有实际意义的幻想。
>
> ——美国心理学家卡罗尔·皮尔逊

如果你一直很繁忙，当然很有必要规划好自己的下一步活动安排。在这一方面，永远年轻的人总是在思考——事实上，他们已陷入到了“思考型”的个性类型中，不断想出各种各样的方法，以求获得自己想要的东西。永远年轻的人往往会在周一就开始计划自己周末要去干什么了。

有一颗年轻的心的永远年轻的人似乎总会有一个“方案B”（指备用计划）紧随“方案A”（指原始计划），如果二者都无法解决问题或者感觉都不太对劲儿，那么他们也总会有“方案C”（指第二套备用计划）。应急计划必须随时准备就绪，以便面对各种可能出现的挫折和失望，而对于永远年轻的人来说，这些事他们往往无法面对，孩子们亦然。永远年轻的人的“存在理由”就是要有地方可去、有人可以看到、有事儿可干。这就得花上一辈子的精力。

根据庄子的智慧哲学，永远年轻的人是那种正在脱离自己阴影的人。参加活动和人际交往本身并没有错，可是在庄子看来，这些手段不该用来作为一种心理上脱离自我的途径。你只要在大晴天里狂奔，你就永远跑不过自己的影子。此外，能使人生充满喜悦的美丽的彩虹总是在暴风雨之后才能看到。没有乌云，没有暴雨，就没有彩虹。这就是这个世界运行的方式。

我强烈建议应该让永远年轻的人好好听听这一堂课，这对他们改善自身的缺陷有极大帮助。永远年轻的人总担心自己会被自身的情感生活的不愉快层面吞没，因此他们便逃避开来，转移到自己的思维中，在那里，他们可以充满幻想、想象、规划和梦想。

说到听课，永远年轻的人早些时候应该已经学到：愉快的性情使他们获得了他人的认可，并帮助他们得到了自己想要的东西。〔15〕

永远年轻的人学到了一点：保持愉快的心情，而不是抱怨这个不好或批评那个不对。和家人打成一片、和睦相处，这样你就能得到积极的回报。随着时间的推移，永远年轻的人学会面对逆境一笑了之，保持乐观开朗的心态。所有这一切都使永远年轻的人受到大家的喜爱，无论是家庭成员，还是更广义上的外界的所有人。

当然，能给人如此好的印象会为永远年轻的人打开许多机遇之门，而这在很大程度上归功于他们的乐观主义。对于永远年轻的人来说，他们永远想不明白：为何很多人会选择当“沮丧者”以及悲观派人士。在永远年轻的人的思维体系里，永远没有渺无希望的或残酷的现实。一切看上去都很正常、很完美，就像本来的面目那样。永远年轻的人总会找到一些自己适应的生活环境和人群，这些环境和人群要么会提高永远年轻的人的积极乐观的自我形象，要么会受永远年轻的人的“魔法”的迷惑。

然而，并非他们想象中那么完美的现实正是他们无意识的目标。你甚至可以想象出一个永远年轻的人会这样想：“我一想到他人那么喜欢我、尊重我、欢迎我、想要我陪伴在他们身边，我就忍不住会自我陶醉。我原来是这么特殊啊！”

关键在于要完全成为你自己，而不是表面上如此。一点点自谦的幽默感通常会有很不错的效果。注意力仍聚焦在自我身上，而发自肺腑的幽默源于谦虚的态度。在此，自恋奇迹般地变为一种极富魅力、解除疑虑的谦逊。真是神奇的魔力啊！

永远年轻的人的健康与不健康的表征

心理健康的永远年轻的人属于典型的文艺复兴式的人物。[16]你通常会在心理健康的永远年轻的人身上看到天赋异禀的头脑，以及良好的手眼协调性。[17]永远年轻的人集高智商、优雅的举止及良好的身体协调性于一体，能够参加各种各样的活动，且往往会技压群雄，至少丝毫不逊色于他人。他们能够吸收大量的信息，了解事实真相，并掌握其中的过程和门道。他们对不少运动以及活动项目都可能表现出很熟练的技巧，这通常需要灵活的手艺。我们很多人都会感到无比惊讶：永远年轻的人是如何擅长这么多东西的？我曾经有一次观察过一个永远年轻的人外出滑雪，那是他平生第一次滑雪，但却迅速掌握了障碍滑雪的技巧，在短短几分钟内就滑了一次。相比之下，你也可以饶有兴致地观察一下其他几个身体不太协调的初学者，他们往往花费几个小时都不会使用滑雪板。永远年轻的人一般都不会这样。

当然，学到一门全新、不同的技能总是充满乐趣的，而其中的乐趣对永远年轻的人来说是很有价值的。当永远年轻的人掌握了一种新技能时，他们的心中充满了喜悦之情。试想一下，一个眼睛明亮的孩子才走了几步，就开始不由自主地大笑不止，笑得合不拢嘴、前仰后合，这就是永远年轻的人的经典形象。当他们掌握了某种新技能时，你可以从他们脸上看到喜悦之情。

永远年轻的人很难不让人喜欢。世人都很钦慕他们的才华，会受到他们魅力的影响。永远年轻的人一直站在平等主义及反独裁主义的立场上，这种立场有助于人们的协作精神。永远年轻的人不喜欢主宰或统治他人，即便他们很喜欢在人群中高谈阔论。这种协作精神吸引了他人的加入，诱使他们卷入到各种复杂的活动中去。永远年轻的人讲话很有煽动力，这种煽动力完全源于他们的个人魅力，而非任何具有威胁恐吓性质的卑鄙手段。心理健康的永远年轻的人的下属们一般都会受到上司的尊重和鼓励，他们往往会尽心尽力地完成工作，并且与人为善。

鉴于他们多样的兴趣爱好、无限的精力以及敏捷的思维，永远年轻的人在工作中往往都能身兼数职。他们可以同时在数项职责范围内游刃有余。在各项事物之间穿来跳去使永远年轻的人兴奋不已。人生很充实，各种事物都在酝酿中。“我会规划好、组织好一切的，这是我的工作。”永远年轻的人说道，“难道人生就不能比这更刺激更有趣吗？”

心理健康的永远年轻的人全神贯注于需要做好的一切事宜上，并从中感受到自己的肾上腺素在体内急速上升。“让我忙起来，让我疯狂起来……难道你不享受这种过程吗？”

其他人只能在旁边惊愕地观看这一切，或者在彻底耗尽体力之后自觉地退出竞争的舞台。

因为他们无穷无尽的精力和能量、他们的激情、他们敏捷的思维以及身上所体现出来的精诚团结的协作精神，心理健康的永远年轻的人的人生通常都会颇为精彩。他们非常享受高层次的物质生活，并且常会爬到声望和权力之巅。[18]试问，天下有谁不想有一个极富魅力、能鼓舞人心、智商惊人、有能力又平易近人的老板呢？可以说，他们的人际交往能力和其他各项能力都很强，因此，永远年轻的人总是能“平步青云”地爬到公司高管或董事长的职位上。

当今北美社会的价值观可以说完全是为永远年轻的人的享受和个人利益量身定做的……爱找乐子、高智商、积极乐观的心态、年轻的心理、有前途、运动细胞发达以及精力无限……永远年轻的人全占完了，一样不剩。事实上，永远年轻的人是上述所有元素的集合体。说到这里，我不禁若有所思：如果一个相貌出众的永远年轻的人脸上还有一个可爱的小酒窝，那么副总裁之位非他莫属！要是能有两个小酒窝，那么总裁和董事长之位肯定都是他的！

青春的激情是一件无比美妙的事情，但如果过度挥霍，或者说将其当作一面对抗不愉快的盾牌，那么它也会变得不健康。那些和永远年轻的人“有矛盾纠纷”的人总会说他们很不成熟、太过肤浅。当永远年轻的人总是用“生产替代品”的策略来逃避责任和承诺（身心发展成熟的两大指示牌）时，他们身上的不成熟就完全暴露出来了。[19]

当一个选项的结果貌似很糟糕时，就无须再担心了；其他的选项也已被证实。所有这一切都需要一个快速的彻底转变，向另一个方向前进。此时你不会再感受到痛苦，因为注意力已被快速转移了。因此，就无须处理不愉快的结果了。然而，若不能直视自己的行为或决策所导致的结果，你在心理上就是不健康的。永远年轻的人绝不会以成人的处理方式来很负责任地应对人生中不可避免的不愉快和不和谐，反而更倾向于逃避它们，或者当形势恶化时避而远之。

这种逃避策略妨碍了永远年轻的人与我们先前所提到过的心理上的健康发展。它促使永远年轻的人缺乏一种内在性——一种感情上的自我感，而这种自我感是深情的利己主义者所能表现出来的。[20]

因此，永远年轻的人的确很有魅力，心态的确很乐观，但他们却很肤浅，对他人缺乏深厚的感情，并且缺乏敏感性和同情心。试问，当你无法感受到自己的痛苦时，你又如何能感受到他人的痛苦呢？因此，当涉及亲密的私人关系时，情感上有需求、依赖性强或者心理上有困惑的人应该当心了。当自己的朋友遇到麻烦时，永远年轻的人便要与他们脱离关系。如果事态愈演愈烈，永远年轻的人索性会将麻烦事推到一边，使之离自己越远越好。如果事态演变到了剑拔弩张的地步，他们很有可能会永远地一走了之，哪怕和朋友断交也在所不惜。[21]

此刻，我们已深刻地意识到：永远年轻的人在很多时候是多么麻木不仁和无能为力！他们通过另一种策略来保护自身免受不愉快的情绪的影响。当面对他人的痛苦时，心理不健康的永远年轻的人总是会幸灾乐祸。他们总会认为他人所承受的痛苦是微不足道的，或者干脆认为这种痛苦是很荒唐可笑的。然而，在他们取笑他人的行为背后，却隐藏着一种无意识的愤怒。如果你仔细看，就会发现在他们开玩笑的笑容之下，隐藏着一种充满敌意、桀骜不驯的冷笑。

心理不健康的永远年轻的人的另一大主要问题在于：他们不能作出任何承诺！对于永远年轻的人来说，要制定一个目标，将注意力完全聚焦在上面，并将那个目标纳入自己严格遵守的承诺中，这是一件极其危险的事情。对于永远年轻的人来说，作出承诺就意味着增加了失望或者失败的心理风险，并减少了人生的选择，总之全都是讨厌、糟糕的情况！[22]

试想，在预测未来可能会出现的失败时，永远年轻的人并没有想到选择逃避，那么他们就必须得迎头应对失败。试问，天下有谁想要失败呢？有谁想要直视失败呢？既然这样，为什么要把自己定在失败的框架里？在应对那种可能发生的不测之事时，最好心中有一套“方案B”（备用方案）。或许一开始作出承诺的决定就是错的？我就把这些问题留作开放式问题吧。此外，忠诚的人一定也很无聊，他们的人生只是片面的，心存焦虑的永远年轻的人会这样想。心理不健康的永远年轻的人最鄙视所谓的纪律和对事物的全身心的投入，这样一来他们便能合理地解释自己充满恐惧感、散乱不堪的人生了。

心理不健康的永远年轻的人的这种防御性理论辩解显示出了他们的不真诚。海伦·帕默将他们称为“吹牛者”。[23]

你能从永远年轻的人身上感受到的极富魅力的谈话以及积极乐观的风格正是他们用来隐藏自己真实身份的一种方法和手段。永远年轻的人常常看上去很有魅力，因为他们心中有一种让世人崇拜、爱慕的欲望。只要永远年轻的人一出席，就会引来众人的欢呼和喝彩，他们就会献上深思熟虑之后精心挑选的礼物、无数的鲜花，与永远年轻的人“共享最美好的时刻”。[24]

鉴于自身的“特殊性”，永远年轻的人甚至会慢慢觉得自己有权利得到众人的认可和支持。但事情的真相是，他们所表现出的种种魅力和幽默感只不过是一种外部聚焦策略罢了，而这种策略在很大程度上阻碍了其自身的真正意图以及无意识的恐惧的发掘。

永远年轻的人有着同样的血脉，他们特别擅长“虚张声势”。[25]他们的注意力无法集中，不能“专攻”或者聚焦于某件事上。这使他们能够很灵活地结合一点儿东家长，再结合一点儿西家短，最后创造出一种既有能力又有专业技能的综合形象。他们有时似乎无所不知、无所不能，可事实上，他们更像是什么都略知一二的业余爱好者，[26]却常常假装“无所不知、无所不能”。他们能够带着激情和魅力胡吹八擂，这使他们已经远远地脱离了人生的正轨。因此，我们可以说，并非只有心理健康的永远年轻的人在事业上和物质上取得了成功。然而，当他人最终意识到，在那喋喋不休的嘶嘶声（暗指虚张声势、吹牛皮的大话）的背后并没有什么实质性的东西时，问题也就出现了。然而，就在这一切发生之前，敏感的、敢于面向未来的永远年轻的人很有可能会向着下一次的探险继续前进，从不受自身心理策略的影响，从而也就无须直视自身无意识地逃避现实的倾向了。

> 一个人若从自己身上得不到满足感，就会在其他地方寻找它，可最终的结果往往是徒劳无益的。
>
> ——法国作家拉·罗斯福哥

个性的阴暗面

我们先前已在《奇迹课程》中学到：自我主义心理之所以能存活下来，是因为它会创造恐惧感，进而又会作出能为我们减轻恐惧感的承诺。总体来说，我们中的大多数人都会忘记自我主义心理的第一策略，然后投靠自我主义心理，要求它帮助我们摆脱苦难。我们都忽略了一个事实——我们的“救世主”（自我主义心理）是导致我们承受苦难的罪魁祸首。大家还要记得，自我主义心理不想让自己退出舞台，因此它采用了欺骗的手段和策略，使我们确信它能带给我们幸福，这样我们才会认同并接受它。

在永远年轻的人、狂热者或者享乐主义者的自我认同感中，骄傲占了很大的比例。就永远年轻的人而言，我们可以观察到：活跃的自我主义心理试图通过一系列的方式来使我们放下警戒的心态，其中包括提升“自我放任”的态度，关注积极的体验，关注乐趣和刺激，被乐趣、乐观主义吸引，一种理想化的未来定位，对冒险、平等主义、魅力和愉快心情的感知等方式。

自我主义心理为永远年轻的人营造出这样的幻想：袋子里装得满满的，可能充满了各种美味可口的食物。今天会是什么日子呢？是不是充满了令人愉快的事儿，于是幻想着未来的探险，或者与死党们聚到一起找些乐子和刺激，或许同时全部占有。世上会有如此多美好的事情等着我呢！

自我主义心理向永远年轻的人隐瞒了一点，那就是它更像是某个街头毒品贩子，先给那些可以发展的客户一些免费赠品，让他们尝到甜头，然后等他们上瘾之后就开始向他们收费，而那些已经上瘾的瘾君子们为了能够有“醉生梦死”的感觉，心甘情愿地任由毒品贩子肆意宰割。试问，天下有谁不想得到情感上的快感，有谁不想让受到刺激的肾上腺素活跃起来，有谁不想体会到大自然的奥妙，有谁不想体验到不同的味道和声音，又有谁不想遇上人生中的各种机遇呢？自我主义心理所面临的巨大挑战就是要想尽办法让人们在这些方面上瘾，而对永远年轻的人而言，自我主义心理圆满地完成了它的任务。

首先，自我主义心理打通了无意识区域，从而使永远年轻的人相信自身是有缺陷的，而这就需要与“本质”的脱离。任何已察觉到的缺陷在《奇迹课程》里都被称为“原罪”。大家要记住，原罪在非二元的精神世界里并不存在。不管怎样，就好像大家都被自我主义心理给愚弄了，永远年轻的人也会在内心深处产生某种不完整的感觉，并认可他们在外部世界中所察觉到的二元现实。他们担心这种不完整感会慢慢转变成无聊和痛苦。

作为回应，永远年轻的人逐渐养成了一种很难改变的习惯，凡事都要制订一个应急计划，以避免将来任何挫折和失望的出现。[27]为尽可能地摆脱这种源于已察觉到的空虚的痛苦，永远年轻的人借助于“暴食”（“七宗罪”之一）这一方法，而这正是如影随形、阴魂不散地困扰着他们的阴影。暴食是“一种想要用外部的满足填补自身空虚的情感反应，这种情感反应是为了不再让自己感受到挫折、空虚、有需求”[28]。

可悲的是，我们现如今已经看清永远年轻的人的这种鄙视他人的“需求”。永远年轻的人要是总觉得他人的痛苦无足轻重，或者对其视而不见，就会伤害到自身的心理和情感。永远年轻的人对他人需求的反感完全反映了他们对自身的厌恶。

这种“暴食”论在此处的语境下，可以理解为是超越了仅仅对食物或者美食的欲望。暴食者可以用心理上的愉悦以及肉体上的快感来分散自己的注意力。你完全可以放宽对“暴食”的定义：暴食型的永远年轻的人想要沉醉于任何可以带来欢愉感的欲望或活动中。

无论是何种沉溺放纵，寻求欢愉感的激情才是关键。这种激情不能有任何差池及延误。心理不健康的永远年轻的人就像是一个被宠坏的孩子，尖声高喊道：“我想要这个，而且我现在就要！”永远年轻的人不喜欢延迟的满足感以及自我牺牲。譬如说，如果他们买不起自己喜欢要的东西，通常情况下，他们就会毫不迟疑地选择赊账。如果自己的信用卡已经超额透支，因为信贷限额已达到极限，没关系，再办一张信用卡，首先用“它”按月支付最低限额的贷款，与此同时就一路冲刺到商店里买了一个玩具。如果两张卡都刷爆了，没关系，去银行申请一笔联合贷款。当然，这种极度渴望、自我放纵的策略不能持久，但这种策略会被永远年轻的人反复尝试使用，只要它还管用。很明显，心理不健康的暴食型的永远年轻的人性格很鲁莽，他们没有理财的概念。他们认为：总是担心自己的债务并不好玩，那为什么还要去想它呢？“债务迟早能还清，那你还有什么问题吗？此外，随着时间的推移，等值的债务会因为通货膨胀和加薪而减少！那我干脆就等着瞧，等到它贬值时我再偿还，实际上那时将会是一笔缩减的债务。”

此时你可以清楚地意识到，为了使永远年轻的人的注意力从对债务的认识总是眼高手低这一事实中转移出来，他们接受了很多被合理化的思维训练。没有迅疾的行动，没有对未来开销的克制，没有个人的牺牲，没有问题的存在，不管他们承认与否，以上这些思维所导致的问题都不会自己消失，甚至在永远年轻的人对“梦幻岛”的憧憬和向往中也不会。

那就根本没办法再吃、喝、拥有欢愉感或者用你的无限魅力“杀出一条血路”了，永远年轻的人需要当心了：“暴食”急需一笔很高的服务费，而每次提醒偿还时间的收费铃，此刻已开始响起！

歌德笔下的“浮士德”并非唯一一个需要为他的尘世罪恶付出代价的人。

最重要的是要意识到永远年轻的人对欢愉感的追求很多时候是盲目的、冲动的。“他们会盲目地、冲动地追求一切能承诺给他们迅即满足的东西，他们并不在意由自身冲动所带来的代价。他们的人生观就是‘享受现在，以后再还’。”[29]

对于永远年轻的人的“暴食行为”，还有几点值得一提。首先，他们会给人一种贪得无厌的感觉，这种感觉完全是基于这种激情之上。暴食者总想着吃喝玩乐，并且从心底里完全不知足。这是因为吃喝玩乐而非消化吸收对他们来说才是关键。[30]永远年轻的人永远不会只为一次盛宴而感到满足，他们也无法品味其中的愉悦之情。“暴食型”永远年轻的人永远不想让自己沉浸到任何感受中去，相比之下，他们的欲望是要品味人生所能给予的各种欢愉感。

桑德拉·麦蒂将永远年轻的人的心态形容为一种“购物心态”。刺激和快感体现在购物的过程中，并非是那些购得的商品，或者至少可以说商品所带来的刺激并不能持久。这种“购物心态”正是导致永远年轻的人彻头彻尾的肤浅的罪魁祸首。

这种贪得无厌同时也指出了他们对寻欢作乐十分上瘾的本性。有些人会用酒精和毒品进行自我治疗，只求为了浑浑噩噩地度过一天或者快速入睡。而有些人则会无法自控地寻欢作乐，作为一种逃避人生磨难的策略。当然，如果永远年轻的人觉得吸毒和酗酒很有乐趣，那么他们也会对二者上瘾。他们认为，为何非得限定自己的选择呢！

重点是，对于永远年轻的人来说，寻欢作乐是一件很严肃认真的事情。他们的人生完全基于此。事实上，在心理不健康的永远年轻的人身上，有一种恐慌的绝望或狂躁。如果他们不去寻欢作乐，那么他们就无法面对这个残酷的人生现实。

最后还要说明一点，那就是寻欢作乐所引发的问题是一种会让精神以及心理全盘崩溃的严肃问题。寻欢作乐并不是问题的最终解决手段。正如里索和哈德逊所言："……从长远来看，暴食将会导致适得其反的后果，因为永远年轻的人自认为自己的童年缺乏足够的教育，他们试图找到这种缺失的东西，因此便不加选择地'塞满自己'，但是他们塞得越多，就越不容易感到满足。"〔31〕

永远年轻的人对满足感和欢愉感的追求表现出了一种上瘾的特性。他们对欢愉感所能产生的实质的需求量越来越多，对需要维持在一种稳定的刺激和安乐状态中的感受越来越强烈。〔32〕再多的物质也满足不了他们的欲望。为使自己的欲望得到满足，他们可以不择手段，然而他们心中的欲望越来越多，根本看不到头儿。遗憾的是，在这一切的背后，隐藏着一种干涩的不幸福感和情感上的不满足感。〔33〕对于永远年轻的人来说，他们寻欢作乐所导致的一个最严重的结果由桑德拉·麦蒂记录如下：

> 他们在有意或无意地憎恨痛苦的同时，限制了对自身的直观感受。结果就是，他们亦限制了对人生的直观感受，而这正是导致他们痛苦的终极根源。他们更倾向于从偏离自己思维的安全角度感受事物、品味人生，他们总要在完全进入某个空间或领域之前，习惯性地先看看这里是否安全。当他们想要完全投入到某件事（物）里时，就会发现自己不能完全地投入，因为他们被困在了自身个性的防御体系里，而这套防御体系是用来避免直接的参与。他们只能夸大自己的阅历，而实际上他们并没有完全融入其中。〔34〕

之后，麦蒂继续写道：

> 如果我们给自己的定位就是寻欢作乐，那么我们实际上就是在朝着欢愉的感受前行，而非自身真实的感受。我们一旦这样做了，就形成了“暴食型”的个性，而没有与心灵的立场站在一起，这种立场是由“本质”所赋予的。我们与自身的精神感受紧密地结合在了一起，就好像它十分美味可口，可以好好享用一样。这样做的同时，就会使我们的自我感维持在空虚、需要填满的状态。[35]

而这正是自我主义心理不想让永远年轻的人意识到的地方。

对提高心理健康和通往内心平静的理疗建议

在我正想着有关永远年轻的人能用来治疗自己、找到内心平静的所有方法的同时，我忽然想起了西蒙和加芬克尔所唱的《第五十九大街过街桥之歌》（又称《感受美好》）的歌词。如果你也知道这首歌的旋律，那么不要拘束，就大声地把它唱出来吧：

> 放慢速度，你太快了。你不要把晨光赶走。踢踢脚下的石子。找寻快乐，感受美好。嘿，电线杆，你也知道？我来看那花儿开放，你不愿为我写诗助兴吗？不要闷闷不乐，快来感受美好。没有事情必须要做，没有承诺必须信守，我昏昏欲睡，让晨光洒落在我的身上。我爱你，生活。一切都很美好。[36]

那好，如果这首歌不是为了在公园里散步而唱的，那我也不知道它是用来干什么的。对于永远年轻的人来说，它在某种意义上很有可能也是一首圣歌，希望他们能为自己找到一条更好的出路。永远年轻的人需要感受到的是无论去哪儿都有条不紊的“欢愉感”。他们需要在旅途中稍作休息，闻一闻路边的玫瑰花香。正如神秘主义者所教诲我们的那样：世上最远的旅途就是从这儿到这儿！而这正是永远年轻的人需要意识到、领悟到的地方，不止是从理智方面，还要从心底里深刻地意识到，他们需要一次彻彻底底的改头换面。从更深刻的意义上讲，哪儿都不去，按兵不动（其实也是在动）。永远年轻的人至少得尝试一下这个很特殊的选择，而在这样做的同时，不要心存“还有其他事情可做”或者“还有其他地方可去”的幻想。

在这里的承诺是要你无动于衷、静观其变……如果永远年轻的人认为外面的花花世界是一个充满欢愉感的聚宝盆，那么先别急，等着瞧，直到他们能够看清内心的世界是个什么样子再说！天堂的祝福每次都会胜过尘世间的欢愉感。

在这段没有距离的旅程中，胸怀抱负的永远年轻的人会希望达到心如止水的境界，然而，不幸的是，他们必须得先穿越不愉快的想法所汇集成的急流——他们多年来都会受到这些想法的压抑和控制。他们很有必要维系这艘“性格皮艇”漂流在所有痛苦记忆汇集而成的汹涌激流之上。没有别的路可走，注意力必须得完全聚焦在上面。

我对永远年轻的人所给的建议就是：“保持注意力稳定在当下这一刻，能够完全接受可能出现的任何情况，不管它是令人喜悦的情况还是令人悲伤的情况，不管它能让你感觉良好或者让你感到悲伤。”〔37〕

可关键问题在于：无比自恋的永远年轻的人总觉得只是将注意力单方面地聚焦在一件事上是很无聊的。不仅如此，永远年轻的人在自我主义心理引导他们所相信的事物方面并未开化，〔38〕而他们并没有兴趣知晓这类事情的真相。正如海伦·帕默所言：“……他们所需要的是刚毅和勇气，你可以试着以一颗诚心去说服他们，使他们相信自己已经开化，已经克服了自身的所有缺陷，让他们关注某些自身有问题的层面。”[39]

找出有问题的地方意味着面对个人阴影的一部分。

说到沉思和注意力聚焦的问题，对于永远年轻的人来说，一项很好的心理锻炼是：让他们整天关注自身的思维速率如何将自己远离所有恐惧感或不安全感。永远年轻的人无论何时感受到无聊感来袭，他们都应当停下来，看看是什么导致他们如此心烦意乱或者他们在逃避什么。[40]我并不是建议他们应当沉迷于消极的心态中，只是他们不应当抑制或全盘否定它。如果精神和情感上的痛苦是最大的敌人，那么听我一句劝，永远年轻的人最好是在击败它们之前能先了解它们。如果你连对手长什么样、采用什么战术你都不知道，那你就很难击败他。当务之急是要在敌人露脸时，你能把注意力集中在他身上。你若能真正地感受到不愉快的事物，知道怎么去消灭它，那你就绝没有沉迷于消极的心态中，这反而是一条冲出黑暗的道路。

当然，自我主义心理想要你忽略所有糟糕、不愉快的事情。相比之下，它更倾向于另辟一条转移注意力于寻求乐趣的途径。自我主义心理啊，你想得很美，但是很抱歉！不去寻访心理痛苦，就不会有现在的收获！我们在这里是要塑造性格，而非建立嘉年华的旋转木马。因此，听我一句劝，永远年轻的人最好能多参与各式各样的引导式冥想，这样就能直视自己的阴暗面。[41]

我再给永远年轻的人一条理疗建议。他们应该尝试减少刺激源，因为这些刺激源只不过是源于当下的一种消遣罢了。如果你是一个永远年轻的人，有时你就会试着收拾起你的手机、笔记本电脑、DVD播放器、报纸和书籍等。不要害怕预先考虑到的无聊感。难道你害怕自己会感到无聊、孤单吗？但这又是为什么呢？其他人似乎都很爱你，都很喜欢你。难道你不爱自己吗？难道你活得还不够快乐吗？

就现在的目的而言，你需要花点儿时间让自己静一静，不受干扰，让注意力能够完全集中在自己的直接经验中。生活中没有必要一定得有持续的刺激源。就目前而言，总是不让自己有时间休息，不让自己有时间做个诚实的自我反省，这在很大程度上导致你感到不幸福。

顺便说一下，让自己独处并非就像马拉松训练或者环法自行车赛训练那样。在这两种情况下，无论精力多么充沛都会体力透支，而且对活动本身几乎还会产生一种上瘾的感觉。这可都要归功于内啡肽（一种脑下垂体分泌的类吗啡生物化学合成物激素。它能与吗啡受体结合，产生跟吗啡、鸦片剂一样的止痛效果和欣快感）所带来的快感以及持续的优越感，这对于狂躁、自恋的永远年轻的人来说是个很大的隐患。

说到活动过度这个问题，永远年轻的人应当慢慢察觉到自身的精神逃避。[42]他们经常规划，反复制订行程安排，探索新的途径，试图干几个大项目……永远年轻的人总是在奔波劳碌，以此逃避情感上的不安和痛苦。“繁忙的业务”让永远年轻的人觉得自己的人生很充实，他们心中不断高呼：“我才是最重要的！”可是事情的真相却总是：“我心里好害怕，害怕遭到他人的否定。我要寻找自己的出路。”

永远年轻的人总是在奔波劳碌，这使他们成为了活靶子，很难受到承诺和责任的束缚。这也间接地造成了永远年轻的人的优越感和特殊感。

里索和哈德逊也阐述了他们的观点：向着“本质”前进实际上并不需要永远年轻的人做任何事，或者“得到”任何东西。相比之下，要感受本质的存在，永远年轻的人只需要深切触及他们当下拥有的富足。本质就其本身而言，是令人愉悦的一种东西。

永远年轻的人不仅会十分关注自己无休止的规划，还会特别关注自身草率的“理性”，这种“理性”是为了逃避痛苦。理性化是一种从人生中的真实或者痛苦的事情中转移注意力的有效途径。

永远年轻的人也会想到自己直接针对他人的那些带有挖苦讽刺意味的、轻蔑的言论。当这些言论出现时，永远年轻的人得有一些很有说服力的理由，他们或许需要更深层次地挖掘真相，并重新考虑一下自己的言语是否妥当，或许只能记录到自己的日记本上而并不说出来。当自我主义心理引导人们去攻击他人时，其本身有一项很繁重的“心理议事日程”。一旦能够发现它，永远年轻的人将会惊叹不已：还有多少更“有价值的”人会浮出水面？永远年轻的人甚至因此能够对他人表现出真诚的同情心。

最后我想要说的是，在永远年轻的人身上，有一个精神成长的主要目标，那就是要时刻保持清醒的头脑。[43]

清醒使我们能够像可以承担责任的成人那样为人处世，而这对于永远年轻的人来说永远都是一项严峻的挑战！

第八节　强势的叛逆者

当我敢于变得强势，利用自身的力量来实现自己的梦想时，这种梦想就越发地无足轻重，无论我害怕与否。

——美国女诗人奥黛丽·洛德

我说不上来这股力量究竟是什么，但我所知道的是：它确确实实地存在于这个世上，而且只有当一个人处在一种“很明确地知道自己想要什么，并下定决心在自己找到它（指自己想要的东西）之前绝不言弃”的心境下时才会现形。

——美国发明家、企业家亚历山大·格雷厄姆·贝尔

失落的本质

最近，我去一家餐馆就餐，看到一个初学走路的孩子从主餐厅跑出来，一路跑到等候处，而当时我也站在那里排队。

当这个小孩子突然意识到自己“遗失在了空间里”时，你若凑近瞧瞧，就会觉得很有意思。小不点儿环顾四周，眼神聚焦在我身上瞅了一会儿，当时我心里很紧张，生怕他突然大哭大闹吵着要找妈妈。然而，让我出乎意料的是，这个小家伙来到我身边，举起手臂抬过头顶，抬起头用一种哀求的眼神看着我，嘴里突然发出“啊……啊……啊！”的声音。

对于尚未有孩子的人来说，我在这里很有必要解释一下孩子发出这种声音的含义，他是在说："求求你把我抱起来！"

冒着让人误以为我是一个拐卖儿童的人贩子的风险，我还是抱起了这个小家伙，心想一定得把他送到他的父母手中。最后，孩子的妈妈找到了我，紧接着就是孩子的妈妈对我所表现出的不信任，这是她这个年龄段应该会有的第一反应，她的脸上很明显有种犹豫不决的神情——最起码我能通过她脸上的神情判断出她的想法。我并不懂得读心术，但我能觉察到她当时肯定心里在想："抱着我孩子的这个人是不是个变态，抑或是一位好心人，使我的宝贝儿免受任何危险？我是该去感谢这位好心人，还是警告自己的孩子以后不要随意再和陌生人交流呢？"

我讲这个故事的重点是：像这样蹒跚学步的孩子总想要"起来"，他们在本质上是天真无邪的。他们脑海里没有先入为主的概念，亦没有历史可以借鉴。他们很天真、很幼稚，没有防御性心理，从没想过要去欺骗任何人，没有暗怀心底的野心和抱负，也没有隐藏的"议事日程"。他们的脑海中没有诡计，没有欺诈，也没有操纵他人的想法。他们甚至不知道世上还有邪恶因素的存在。因此，他们并不担心他人会对自己有什么企图。他们不会将任何潜在的邪恶、危险或者威胁归咎到任何人头上。他们对任何事都没有期望，无论是积极的还是消极的，同样也没有任何恐惧。

年幼无知、不谙世事的小家伙们没有充足的时间来发展自身。天真无邪地接受才是他们的本质状态。他们此时都尚处于半透明状态。完全去相信他人是他们对这个世界的心理看法。

童年的天真无邪所展现出的崇高和美丽在很大程度上温暖了大人们的心窝。年幼的孩子展开双臂去迎接人生，而人生无论带给他们什么样的感受他们都毫无抱怨。孩子能以一种全新的态度去看待事物，没有偏见，也没有离间当前感受的记忆。孩子从本质上表现出了一种天真无邪。事实就是这样，我们所有人都是这样，尽管我们中有很多人已经遗忘了这种本质特性，但这种本质特性源于我们自身真正意义上的“高级自我”。

关于这种年幼的天真无邪还有一些可喜之处。蹒跚学步的孩子就像是一块加糖的松饼或者油炸甜面圈。然而，与其说他们是美味可口的食物，还不如说他们更像“舒适的存在”。

一个人要是总围着年幼的孩子转，慢慢就会变得心情开朗、愉快，精神状态良好。孩子不费吹灰之力就能凭空创造奇迹。他人从孩子身上可以看到那发光的“纯洁”，因而在此过程中情感上以及心理上都会消除戒备。这就是“本质纯真”的强大力量。

幸运的是，我家就住在一家托儿所附近，因此，我有幸几乎每天都能从孩子的天真无邪中感受到喜悦。他们就好比是“活生生的甜面圈”，经常手拉着手从我家附近走过。他们要去公园，我家是必经之路，在公园里会有很多培养幼儿的工作者，这些工作者都是保护他们的向导。冬季里，当大家都裹上宽大蓬松的冬装，打扮得好似米其林小人儿时，那些年幼的孩子就会变成活生生的棉花糖。

此时奇迹再次出现！我窝在温馨的小窝儿里，满脑子想着他们的形象。很明显，天真无邪的纯粹存在可以改变人的心灵，而这种改变是语言、武力以及逻辑通常无法做到的。

> 在每个纯爷们儿的心中，都会有一个被隐藏起来的孩子，这个孩子只想玩耍。
>
> ——德国哲学家夫里德里克·尼采

对于“强势的叛逆者”这类孩子，很遗憾的是，他们身上所体现出的柔和、温馨以及天真无邪的特性不能持久。此时我们可以看出，为什么我们要费尽周折去深入研究他们早期童年时代的经历。譬如说，我们可以说小强尼在当地的操场上玩“丛林吉姆”的游戏。另一个孩子推了小强尼一把，让他摔了个“狗啃屎”，于是我们的小强尼——这个讨人喜欢的小家伙开始放声大哭。老爸老妈很生气地抓起小强尼的胳膊，完全无视他此刻的感受，反而用一种很粗暴的语气大吼道：“别哭了！去，去把那个孩子也给推翻，你这个爱哭鼻子的娘娘腔！你到底是怎么了？别再哭了！不要当一个懦弱无能的废人！”

此刻，你完全可以想象一下此情此景，它还是一个循环往复的过程，反复发生在孩子的心理成长的那些年里。或者说，想象一下某个孩子出生在一个鱼龙混杂的地方，大街小巷到处都是毒贩子和黑帮成员。在这样的生长环境下，如果你表现得软弱、过于怕事儿，那么你肯定要倒霉的。在这样的环境下，只有强者才能生存下去！你要是“太绅士”，总想着助人为乐，那么实际上你就只能接受他人的排斥、背叛和伴随而来的痛苦。[1]那些想找碴儿的人总能感受到你身上的懦弱无能，所以说，你最好不要让自己成为活靶子。

在这样的生长环境下，有些孩子慢慢就会觉得这个世界只惩罚那些懦弱无能的废人，因此，他们选择让自己变得更加强硬。[2]“在残酷的现实人生里，不能相信任何人，只能相信自己。”成长中的强势的叛逆者通常会这样想。

说到这里，海伦·帕默指出：

> 在年轻的时候，强势的叛逆者通常都会觉得自己一定要努力做个好人。他们总是说自己一开始想要取悦大家，但因此他们天真无邪的本性就会被他人利用，而且当他们显示出自己脆弱的一面时往往会受到伤害。于是他们相信，自己应该在自我防御的心态下起来抗争，并且他们很快发现：破坏规矩总要比试图遵守规矩更加有趣。[3]

强势的叛逆者在年轻的时候受到过他人的挑衅和伤害，而这种挑衅和伤害不一定非得发生在街头小巷或者当地的公园里，很有可能就发生在自己家里。通常也会有这种情况的发生，就是父母过于强势霸道，在很大程度上对年幼的强势的叛逆者不公正，或者虐待他们，因此强势的叛逆者从小就慢慢学会：在父母的权威下，不要对他们寄太大的希望。

孩子甚至会在潜意识里觉得父母的权威是非法的："他们自以为是个什么东西，敢那样对我？"[4]

他们受尽了父母的虐待，随着时间的推移，起身反抗父母淫威的时刻到来了！他们无须再忍气吞声，无须再缄默不语，无须再逆来顺受！塑造斗士性格的种子早早地就在强势的叛逆者的体内生根发芽了。最终导致的结果就是：反抗到底、血战到底！我要当一名叛逆者！或者有些人会给他们起个绰号，叫作"独行侠"！对于我们的"小可爱"、"小甜面圈"来说，生存下去突然成为他们人生中最重要的部分（唉，大家是否还记得他们以前有多么甜蜜温馨？）。

孩子现在被迫总得时刻警惕四周，努力保护好自己。对于许多强势的叛逆者来说，无论是父母的权威、虐待，还是其他一些对他们的人生至关重要的人对他们的背叛，最终导致他们得出这样一个结论：永远不要再让自己变得脆弱、天真无邪。"如果我无法相信任何人的照顾，那么我就照顾好自己。"[5]

对强势的叛逆者而言，"背叛"这个词对他们的影响要远比对其他性格类型群体的影响深远。这是他们最原始、最主要的精神创伤，而这种创伤所留下的"疤痕"促使他们对这个世界和所有人都变得铁石心肠、麻木不仁。他们的心理皮囊最开始是很柔弱的，但最终还是被精神创伤所留下的"疤痕"取而代之，而正是这种"疤痕"掩盖住了强势的叛逆者的"天真无邪的本性"。童年时代所经受过的背叛促使强势的叛逆者经常自问道："他们到底想要什么？""他们究竟是怎么想的？""他们造成了怎样的威胁？"

> 杀不死我们的东西会促使我们变得愈发强大！（大难不死，必有后福！）
>
> ——德国哲学家夫里德里克·尼采

有些已成年的强势的叛逆者常常会说，他们总觉得自己需要非常快速地成长起来。[6]譬如说，他们可能已经是全家最年长的孩子，于是家长常常要他们照看年幼的孩子，或者在一个单亲家庭里的年轻子女要承担起照顾弟弟妹妹的代理父母的角色。或许年轻人不得不退学，在社会上找份儿差事来养家糊口。与1940年至1950年之间的北美或者英国的情况相比，这种需求或许在今天的北美或者英国已不太常见。不管怎么说，年纪轻轻就被迫外出挣钱来养家糊口，这种现象对于今天的很多人来说仍旧是非常残酷的。

心理世界观及补偿策略

就目前的形势而言，无论是在经济上捉襟见肘，还是说在家里受到虐待和背叛，或是在街头受到他人的威胁恐吓、任意欺凌，强势的叛逆者都会得出这样一个结论："只有强者才配生存下去。在这个世界上，你只有变得很强硬才能存活下来！"

因此，个人现有的安全感逐渐成为当务之急。[7]对他人的认知总会变成这样："这个家伙对我来说是个劲敌，还是能满足我所有的需求的摇钱树？"[8]换种说法就是："谁是我的绊脚石，谁是我的摇钱树？"

瞧见没，强势的叛逆者与这个世界处在交战状态，他们坚信一点：你要是指望得到他人的帮助，就一定得丧失自主权，或者活在向对方卑躬屈膝、低三下四的人生中。[9]因为强势的叛逆者一生中所遇到的很多人都属于“劲敌和威胁者”那一类，他们的注意力都集中在攻击他人的软肋上。“他们的致命弱点到底在哪儿？我如何才能命中他们的要害？我如何能够利用他的致命弱点来为我所用？”

另外，对于强势的叛逆者来说，那些被认为软弱无能、不会构成任何威胁的人，或者并非他们的“摇钱树”的那类人，只会被他们所鄙视，觉得这些人不配受到同等的待遇，或者压根儿就是无足轻重的小人物，不值一提。这类人受到强势的叛逆者的忽略，如果绝对有必要的话，还会受到他们的敷衍。这种带有歧视性的麻木不仁或者隐藏在殷勤的笑容背后的充满高傲感的鄙视总是显而易见的。

与安全感有关的就是控制。当强势的叛逆者进入一个新环境时，他们总想知道这里谁是老大，他是不是一个处事很公正的人。[10]强势的叛逆者在无意识中会感到害怕，害怕那个权威人物会滥用权力，就像自己在童年时代所受到的虐待那样。

强势的叛逆者仍旧觉得自己更像是一个无辜的受害者，他们需要确定感以保证安全。然而，要寻求确定感就会感到虚弱。另外，要测试权威人物是要经过授权的，但我们过一会儿会谈一下心理补偿策略。

鉴于强势的叛逆者完全专心于控制，那些心理不正常的强势的叛逆者就会对“下属”缺乏耐心且充满鄙视，认为他们是无足轻重的小角色，甚至花时间去想他们完全是在浪费时间。

说到这里，我想起以前有个强势的叛逆者给了我一句忠告：“千万不要跟秘书或任何下属谈起这件事。我只会跟公司的老总说。这才是你如何能够得到自己想要的东西的办法！”

没有权力的人很难进入强势的叛逆者的视野。他们认为：归根结底，没有权力的人除了将事情一拖再拖，浪费你的时间且给你带来各种不便，还能给你带来什么切实的好处呢？此外，他们大概就像雷达屏幕上的信号一样一闪而过！强势的叛逆者的这种认知似乎很无礼、非常麻木不仁，而这正是许多没有完全开化的强势的叛逆者对这个世界的看法，他们是不会为此道歉的。如果他们真这样做，就会显得懦弱无能，或者“正变得很无能”，而这并不是他们的自我概念。“那么，你有什么更好的建议？”强势的叛逆者会这样问，“难道你认为我们就该浪费时间去跟那些愚蠢至极、无足轻重的小瘪三儿交流吗？他们又不能带给我们什么实惠。难道你傻了吗？或许我现在就不该和你交流了，因为这纯粹是在浪费我的宝贵时间！”

这些都属于典型的大言不惭的令人讨厌的问题，也只有挑衅意识很强的强势的叛逆者才有可能问出这样的问题，并以此来回应你对人生价值的质疑。在刚才提到的那些问题中，很明显我们可以感受到一种很伤感情的、狂妄自大的语气。顺便说一下，有不少强势的叛逆者都会因为这种说话的语气而感到无比自豪。他们认为这是一种自身固有的优越性的标记。

强势的叛逆者的世界观的另一大特征就是，他们更倾向于把所有事情都想得过于简单，他们在看待问题时脑子里只有“非黑即白”的概念。[11]他们对所关注的事情抱有一种全对或全错的想法。这种关注倾向导致他们会有叉状分支型的思维，会很容易误解他人。他们认为，对方不是懦弱无能就是很强硬，不是很公正就是很不公正，不是很聪明就是很愚蠢，不是强人就是废物，在他们的思维意识里没有中立的态度。对强势的叛逆者而言，他们会把人分成两个极端。

尤其是当强势的叛逆者在心理上受到威胁或者处于压力之下时，他们这种荒唐的过度单纯以及狭窄、片面的关注表现得尤为明显。之后他们的关注范围会慢慢缩小到对自身力量的估量上，看自己是否有能力对抗对手的强势或者弱点。正是从此刻开始，他们开始寻找他人的致命弱点。

> 强势的叛逆者不喜欢把事情复杂化。他们不属于那种可以接受模棱两可事物的人。他们的世界非黑即白，你要么是他的朋友，要么就是他的敌人；对他而言，你要么是强者，要么是弱者；他要么喜欢你，要么憎恶你。
>
> ——美国经济学家迈克尔·戈德堡

强势的叛逆者都很现实，他们的注意力只聚焦在此时此地。通常来讲，能有“活在当下”的觉悟固然是件好事，但对于强势的叛逆者来说，他们的关注焦点都很有限。

九型人格心理学的理论家们通常会将强势的叛逆者称为“本能型”或者“基于肉体上”的类型群体。他们与现实的相互作用源于“胆量”，而非内心或者脑海中的想法。强势的叛逆者在不断寻找胆量级的反应，对可以把握住的、具体实际的东西的反应，对此时此地的反应。

一旦涉及对以往的回忆、抽象的概念以及对未来的预感之类的问题，强势的叛逆者就会变得焦躁不安。因为这些东西要么不存在，要么处在过去或者将来可能发生的状态，而非当下正在发生的。强势的叛逆者认为要得到较好的控制就需要解决当下出现的实际情况。

不幸的是，因为强势的叛逆者只能不断作出果断的决定，所以他们对审美感受以及精神感受的微妙变化很不敏感。[12]因此，对于强势的叛逆者来说，“着眼当下不仅仅只是一种心理健康的体现，就像它会在其他性格类型的性情中所显现的那样，但所得出的结论是自己并不认为一切皆是真实的，这种结论是在无形中形成的，也是对感官的一种刺激”[13]。

根据我个人的经验，我所认识的大多数男性强势的叛逆者决不会向某个高级宗教权威人物俯首称臣，也不会倾向于享受芭蕾舞或者花样溜冰的精妙之处。

同时我还注意到，与克劳迪奥·纳兰霍一样，强势的叛逆者更倾向于藐视传统教育的价值观。在传统教育中，抽象、复杂、模棱两可以及易变的因素牢牢印记于探索知识的头脑中。教育要涉及深奥的理论性讨论和争议，并非像外向型、行动导向型的强势的叛逆者所认识的那样。对事物的不确定和怀疑态度才是导致不安全感的根源所在。至于校长、管理人员、老师以及那些能管事的其他人，对于强势的叛逆者而言，“权威人物愚钝的思维就是那样，怎么也改变不了”[14]。对于强势的叛逆者来说，他们要与权威抗争，要做一个敢于说“不”的人，这正是他们向这个世界公然宣战的一种途径。对他们而言，每天都在战斗！

> 作为一名斗士，你的屁话太多了。
>
> ——美国电影《义海倾情》

先前我们已经得出结论：很多强势的叛逆者都认为自己是最大的受害者，在权威人物或者那些欺负他们的人手中受尽凌辱和不公。对于他们在整个童年时代所一直遭受到的羞辱和鄙视，他人负有洗脱不掉的责任。这里我想起一个强势的叛逆者，他来自于一个相当穷苦的家庭。他曾经告诉我，在他很年轻的时候，他曾在当地一家高尔夫球馆里当球童，为那些“有钱有势的大爷”和“狂赌者”（他给这两类人起的绰号）搬运高尔夫球袋。他记得当时多么希望有朝一日自己也能过上别人为自己搬运球袋的日子。从他的语气中可以判断出，很明显他认为球童的工作是丢人的职业。他肯定有过这种想法：一个可怜兮兮的小男孩儿向那些有钱有势的大爷们“乞求”（至少他是这么想的）小费是一件很没面子的事情，这在无形中使他处在一个被人瞧不起、低人一等的处境之中。

一般来说，无论他对此事有何想法，他都觉得自己受了屈辱。我们从此事可以看出：强势的叛逆者设计了一个长期的阴谋，它的名字叫作复仇。通常来讲，这种复仇并非为了回应某个单一的不公正的小插曲，尽管很有可能是，但是，其最终反应就是他们认为自身受到了全面的不公正待遇及伤害。

鉴于强势的叛逆者打心底里有种被人瞧不起、被利用的感觉，认为自身遭受着屈辱和虐待，他们的自我主义心理策略就是要在这场与全世界的抗争中扭转局势、反败为胜。[15]在取悦他人的同时，自己却经受了无尽的挫折和屈辱，现在该轮到强势的叛逆者们来好好享受一把了。即便是建立在他人的痛苦之上也在所不惜，尤其是与此同时也能让自己感受到复仇的快感。[16]

那些并不了解强势的叛逆者心理的人过去或许也很想知道：伴随着某些人功成名就的，为何一定得有一些怀恨、挑衅的苦味在其中呢？现在你应该知道了吧。对于某些人来讲，他们的愿望就是要通过踩在你身上来建立他们自己的丰功伟业，而这也印证了他们的自卑感。

获得成功就是最好的复仇手段。

——法国谚语

自我主义心理常用来从内在思维动态中转移注意力的另一大策略就是高调和虚张声势。强势的叛逆者的自我主义心理使他们相信自己有多么重要，自己有多么超凡脱俗。[17]要实现这一目的，就需要通过哗众取宠、满口大话的言行举止。强势的叛逆者一般不会小声说话，不会轻易地向他人道歉。他们铺天盖地，占满了所有空间。强势的叛逆者认为自己应该是人类王国中的统治者，而他人都应该是自己的臣民。仅从这一点，你就能看出他们有多自恋、多爱出风头了。对于强势的叛逆者来说，他们非常需要我们大家认可他们的重要性。自我主义心理通常所体现出的层面都是和性方面有关的，这在某种程度上更增强了他们的自我概念："我不光很强势，还很性感！"

当他人发现他们的自恋表现出某种不成熟或者不得体的征兆时，具有挑衅性的强势的叛逆者更有可能提高赌注，或者以某种口头上或者肉体上的抗争来挑战他人的抨击和批判。同样，如果表现得像最原始的灵长类动物还不够吸引人的话，那么他们就极有可能会利用物质上的富有和显赫的身份地位。比如，"咱们去跟亲朋好友们比比，看谁家的房子大。"

如果强势的叛逆者有自己的家，那么我敢断言他的家一定很大、很宽敞——一定是在他们财力范围内能买到的最大的房子。[18]如果强势的叛逆者有辆车，我估计肯定不会是那种很小家子气的车，一定得是很大气的才行。强势的叛逆者更倾向于认同自己的物质财富，将其视为自我的延伸。某些财大气粗的强势的叛逆者会觉得"老子就是天"，他们根本不把他人放在眼里。无论是在红绿灯路口还是在餐厅里，他们从不觉得自己需要排队，他们总认为自己可以横行无忌。强势的叛逆者凡事总喜欢插队，让那些懦弱无能的"废人"以及乳臭未干的"傻瓜"在那儿文质彬彬地排队吧。

我认识一个强势的叛逆者，他去餐厅就餐时，总喜欢偷偷塞钱给前台主管，这样既能避免排队，又能得到最好的餐桌，即便是已入座的客人也得一边儿凉快去，真可谓一箭双雕啊！对于强势的叛逆者来说，类似这样的时刻会使他们极度亢奋。然而，不幸的是，他们得花大价钱才能得到如此特殊的待遇。他们总是得为自己的自负付出相应的代价，同时他们自身又觉得凡事都得靠钱买本身就是一种耻辱。这是多么矛盾、凄凉的事情啊！

在他们所有的追求和兴趣中，你会发现他们身上有种高强度的紧张感。当一个强势的叛逆者在做一件很重要的事情或者当他不想搭理你时，他的肢体语言会使你明白。强势的叛逆者会完全投入到自己所积极参与的任何事情及活动中去。当然，这种高度的全神贯注会为高度纪律性、专心致志的行动创造先决条件，这一点强势的叛逆者可是很在行的。对于那些更加随和的人而言，他们天生就害怕这种紧张情况，而强势的叛逆者却很想弄清楚这一点。毋庸置疑的是，这种紧张要归功于“强势的叛逆者”这种令人生畏的存在。试问，有谁不想让自己更强势点儿呢？

强势的叛逆者不相信任何人，总是担心他人掩盖了自己的真实初衷，而与此同时，他们的自我主义心理策略又很“聪明”地激怒他人，惹起矛盾。强势的叛逆者深信：只有抗争才能得到真理！正如大诗人欧文·雷顿（他本人也是一个强势的叛逆者）所言：“在你亲眼看到一个人发怒之前，绝不能相信他！”

届时，所有的防御将被彻底击垮，你就能清楚无误地看到他赤裸裸的本来面目了。强势的叛逆者认为：一旦他人觉得某人“非常邪恶”，我们就会知道他有何等本领以及他如何回应对方，因此我们就能判断出是否该相信他了。

这里我需要再次申明：对于强势的叛逆者来说，这是他们品评他人的一种手段。所有品评他人、蓄意挑衅、画地为牢以及放肆的行为都在很大程度上彰显了强势的叛逆者自我主义心理最为偏爱的策略。这些策略貌似彰显了一些典型的强势的叛逆者的个性偏爱，他们包括：唐纳德·特朗普、法官朱迪（朱迪思·谢德林）、芭芭拉·史翠珊、菲尔博士（脱口秀节目的主持人）、欧尼斯特·海明威、罗西·奥多内尔、皮埃尔·埃利奥特·特鲁多、萨达姆·侯赛因、夫里德里克·尼采、马丁·路德·金、亨利八世以及菲德尔·卡斯特罗。

你或许已经注意到，上述所有人都不喜欢被人呼来喝去，不喜欢别人告诉他们要做什么或者怎么做。强势的叛逆者根本不会听从他人的命令，他们更喜欢凡事随着自己的性子来。

我完全凭着自己的直觉走，根本不考虑自己是否有经验。

——美国艺术家芭芭拉·史翠珊

到底是令人喜爱好，还是令人生畏好，这是一个值得深思的问题！或许我们可以这样回答这个问题：我们真心希望二者可以并存，但喜爱和恐惧二者本身水火不容；如果我们必须在二者中作出选择，我宁愿当一个令人生畏的人，因为这样对我来说最安全。

——意大利政治家马基雅维利的《君主论》

强势的叛逆者的健康与不健康的表征

作为一个强势的叛逆者，夫里德里克·尼采认为“权力欲”是人生的终极动力因素，并非是欲望（弗洛伊德）或者意志（维克托·弗兰克尔）。“什么是美好的？”他问道，“所有能增强权力感、权力欲、人类本身的权力的因素都是美好的。”[19]

这不仅对强势的叛逆者如此，对我们中的很多人来讲，都会有一种相关的能量膨胀的感觉。我们觉得自己很牛、很结实、很强悍、很有朝气。我们身上有种天生的活力，它能无限膨胀、放大，让我们彻头彻尾地觉得自己很原始。这种活力是无穷无尽的，且完全是出自本能的。我们时不时都会感受到“这股力量”。

对于心理健康的强势的叛逆者而言，这种活力的出现率极为频繁，且更为健全。他们根本不需要摄入人参汤或者咖啡因来让自己觉得有活力。在强势的叛逆者身上，原始性和肉体是日常经验的重要组成部分。强势的叛逆者对生存充满了无限的激情。本能的驱动力在他们身上没有受到抑制，然而许多虔诚的教徒们认为本能的驱动力虽不是罪孽深重的，但是也会很危险。强势的叛逆者反而会承认并庆祝它们的存在。

完全正常的强势的叛逆者都很自信。他们非常宽宏大量，通常会尽自己所能，利用个人的权力逐步建立起团体组织并为之造福。[20]那些亲眼见证到他们实力的人也会受到他们的激励而成就一番事业。这就好像说强势的叛逆者的权力、鼓励和决心激励了那些仰望他们以求获得自信和力量的人。那些人本身也许不会做一些事情，但是受到强势的叛逆者的激励，他们就会冒险一试。

作为领袖级人物，强势的叛逆者通常会显示出一种积极肯干、勤勉用功的态度，拥有内在的驱动力、决心以及创业精神。[21]你可以试着想象一下，如果你告诉一个强势的叛逆者某些事无法完成，那将意味着什么。对于强势的叛逆者来说，这类陈述往往只不过是一种挑衅性行为，他们受到这种话的刺激之后，就一定要亲自试试。他们会想：他人说这是不可能完成的事情，我却一定要证明给你们看你们都是错的。强势的叛逆者非但不会回避，反而更有可能迎难而上，直视需要克服的问题和局势。"为何要去爬山？因为顶点在上面！"挑战才是最大的动力。

至于领导水平，心理健康的强势的叛逆者通常是受人尊敬、极具权威性、一言九鼎的人。他们身上所体现出的特征反映出了其重要性，而这些特征完全建立在信任和权力之上。他们有着坚如磐石的指挥者的仪态。他们不因自己喜欢谁而刻意偏向谁，他们对所有人都一视同仁，照顾有加。

当处在极为不利的情况下时，如果有必要，强势的叛逆者能够虚心接受大家的批评，就如以往一样，而且心中也会有一个很清醒的意识：那就是一个人不可能在任何时候取悦所有人。[22]

重要的是处事要公正，即便有时自己迫于无奈而伤害到他人的感情。事实上，一切都以公正、公平为前提，强势的叛逆者因此而成为弱者和无辜者的出色的保护者。[23]

健全的强势的叛逆者通常会更加关注受压迫者和处在劣势的一方的利益和幸福安康。让他们去保护那些不能保护自己的弱者，这本身就是一件很有意义的事情。对于强势的叛逆者来说，能够利用个人手中的权力来维护正义，或者维护那些受到不公正待遇的人的利益，本身就是一种最大的恩惠和赏赐。作为回报，他们会尽自己所能在这个世界上多行善事。

对于很多内向低调的强势的叛逆者而言，他们不能太有挑衅性，也不能太外向。领导能力和保护能力通常体现在家庭行为中，他们一般都会照顾家庭中的其他成员。[24]

和任何一种性格类型都一样的是，如果个人特征表现得过于偏激，问题也就出现了。对于强势的叛逆者来说，“做得太多”意味着做得有点儿过头了，过于刺激则意味着太偏激了。它会带来一定的负面影响，那就是减弱感受的意识，尤其是那些更柔和的感受。[25]

这样的感受反映出了人生的情绪状态，而这一点是强势的叛逆者几乎完全没有意识到的。换言之，强势的叛逆者可能失去对自身极为重要的某一方面，也可能失去自己内心深处的真实感受。他们的“本能直觉”或许被错当成了感受，当然，这是当他们真的与以往不再一样时。

并非从内部汲取的一切能量都和好感与情感有关，而这儿通常也是强势的叛逆者容易犯错误的地方。有时他们坚信自己是那种很重感情的人，尤其是当真正充满激情的动力正是他们自己的参照物时。在自知之明需要自己全方位地感受时，心理不健康的强势的叛逆者遭受了自我的无知。他们并非是完整的，而是在自我发展的某些领域里很“无能”。他们知道的东西太多，可又偏偏太迟，这使他们在情感上无比难受。

说到感受，我并非要说心理不健康的强势的叛逆者没有感受。事实上他们的确有，只不过有些感受过于夸张或者更明显地表达出来罢了，而他人往往会抑制、否定自己的感受。譬如说，强势的叛逆者很显然心里憋不住怒气，往往会将这种情绪公然爆发出来。这种怒气以愤怒以及狂怒的形式表现出来。将这些情绪和强势的叛逆者的特征结合在一起，那绝对是潜在的致命武器。然而，强势的叛逆者通常在一次激烈的争论中，会表现得很冲动、很偏激，却忽略了一个很重要的事实，那就是他们的偏激言行最终会使他人彻底疏远自己。他们心里想：那些与自己意见不合的人就是傻瓜！看来所谓的“独行侠”确实有孤独的理由啊。

愤怒是强势的叛逆者最好的朋友，从某种程度上将他们与现实世界紧密地结合在了一起，当有不愉快的感受产生时他们就会尽情地宣泄一番。他们聚焦于外部的激情亦是如此。正如美国女诗人奥黛丽·洛德所指出的那样，他们会利用个人的力量来实现自己的目标，消除一切恐惧感。对于强势的叛逆者来说，他们宁可选择愤怒也不愿承受恐惧，宁愿受激情的驱动也不愿有不安全感。

这样的感受受到抑制。弗洛伊德指出：受抑制的成分并不会奇迹般地消失。它在个人无意识的思维里占有一席之地，在那里，它拥有无上的权力，掌控一切，而刻意抑制感受的人并不能有意识地领悟或理解到这一点。

矛盾的是，同样的愤怒亦被用于从他人身上得到真相，而正是这种愤怒阻碍了强势的叛逆者认识自身真相的自我意识。恐惧和不安全感是很有威胁性的情绪，屏蔽了强势的叛逆者有意识的心理。

因此，并不是说强势的叛逆者从不感到恐惧、不安全或者焦虑，只是他们在有这类情绪时并不关注它罢了，以为自己没有这些情绪。或许强势的叛逆者认为他人都是不能信赖的，总是在撒谎和欺骗，而这种想法只不过是强势的叛逆者自欺欺人的想法罢了。如果强势的叛逆者不相信自己，他们又怎么会相信他人呢？“不能信赖的对手”不是他人，正是自己，也只是自己！强势的叛逆者应该意识到一点，他们从他人身上看到的不真诚，在很多情况下，只不过是对自身最真实的一种映射罢了。

强势的叛逆者的注意力不仅源于不愉快的情绪，而且几乎完全转向了现实的空间里——此时此地。对于某些性格类型的群体来说，注意力聚焦于此会有一定的益处，但对于强势的叛逆者来说，这种聚焦会对人生产生一种视野上的局限。强势的叛逆者总是只关注眼前的利益，这使他们通过一副扭曲的透镜来观察现实。[26]问题在于，他们坚信自己的“曲解”就是真理。他们终究还是自创了一个现实。

其他的诠释仅仅是缺陷或者欺骗的标志，即便如此，我所认识的一些不属于强势的叛逆者这类性格的人也不会赞同，并指出强势的叛逆者的信念更有可能是他们自身的自我欺骗行为的一部分，是为了保护珍贵无比的自我主义心理，而这种心理其实已经被无限放大了。

无论我何时向上爬，我身后总会跟着一条狗，它的名字叫“自我主义心理”。

——德国哲学家夫里德里克·尼采

心理不健康的强势的叛逆者总是痴迷于权力。使用这种权力或者控制权会使强势的叛逆者觉得他人都是自己的私有财产。[27]那些需要依靠他们帮助和支持的人会被视为弱者或者无能之辈，因此也不值得同情。于是，要求变成了命令，建议变成了决定。此外，强势的叛逆者会以一种侮辱人的方式来对待那些“依赖者们”，而他们永远不会希望别人用这种方式来对待自己。

非正常的强势的叛逆者慢慢开始蓄意贬低、羞辱他人，并以此为乐，就好像他们自己在童年时代所经受的那些不堪回首的往事那样。此时此刻，当年那出令人感到耻辱的“好戏”再次上演，只不过对象完全变了，现在是复仇的时刻了。然而，令人悲伤的事实是，每一个控制他人的举动，或者对他人的侮辱及自我堕落，仅仅是强势的叛逆者一种无意识的、可悲的尝试罢了——尝试重新建立一种绝对的自我价值感，而这种自我价值感早在他们的童年时代便已莫名其妙地遗失了。必须得有个人来为强势的叛逆者在童年时代所经受的痛苦买单。说不定就是你。还是让正义得到伸张吧！

如果心理困惑的强势的叛逆者能想明白这点，那么他们就已然成为那种冷酷无情、独断专行的人了，基本属于那种具有高强度的毁灭性的反社会分子了。[28]请大家记住，强势的叛逆者在与整个世界交战，而且他们并不愿输掉这场战争。我想我们不应该觉得强势的叛逆者因控制欲而产生的怒火是针对我们的。在强势的叛逆者与现实交战期间，我们对强势的叛逆者来说只不过是绊脚石或者附带损害的受害者罢了。

当强势的叛逆者处在最不健康的心理状态时，他们便会有严重的妄想症。[29]他们总是害怕受到他人的背叛，因此总是刻意疏远他人，将自己痛苦地孤立起来。他们担心他人也会“以其人之道还治其人之身”，反过来羞辱自己，譬如承受公然抨击、被炒鱿鱼或者被迫与爱人离婚等痛苦。心理困惑的强势的叛逆者或许会先发制人，在自己被他人排斥之前愤怒地排斥他人。

偏执妄想外加先发制人的心理冲突，对人际关系而言绝非一件幸事，这一点你也能想得到。最糟糕的是，这会使强势的叛逆者逐渐形成一种反社会的病态人格。病态型的强势的叛逆者在复仇心理的强烈驱使下会有施虐的快感。他们认为复仇能让自己亢奋起来，还认为伤害并羞辱他人是通向极乐世界的最佳途径。很明显，这就是一种对真相的病态扭曲，而强势的叛逆者在极度渴望这种曲解的同时又对其感到无比困惑。

除非会有某种情感援助的出现，否则强势的叛逆者会将自己逼入一个深不见底的黑洞中去。强势的叛逆者越想试着利用持续增加的紧张、愤怒，对他人的攻击，高度的激情以及体格特征来逃避自身的内在空虚，这样他们就会越发感到绝望。[30]对抗这个世界的复仇行为的最后一幕就是自行了断。

个性的阴暗面

为了突破黑暗、重见光明，强势的叛逆者必须得与他们最大的恶习——欲望达成协议。“欲望”这个词通常用来表示“一种过度的激情，一种寻求刺激的激情，并非只是通过性交，而是所有形式的刺激：活跃、焦虑、趣味、高速激情以及高分贝音乐所带来的快感等”[31]。

从表面以及他人的角度来看，强势的叛逆者的生活貌似富得流油。他们总是拥有很多东西，如物质上的财富、娱乐、美食、鱼水之欢。强势的叛逆者总是那么富有传奇色彩，他们总是信心满满，充满魅力和幽默感。

然而，未开化的强势的叛逆者并没有意识到，他们充满刺激的欲望只不过是一种无意识的企图——弥补隐藏在内心深处的缺失的活力。我认识几位强势的叛逆者，他们总喜欢将一些很有争议的话题引入我们的对话中，以便挑起激烈的争论。当强势的叛逆者没有完全被刺激起来时，他们会表现出一种无聊的倾向。他们就喜欢冲突和矛盾。强势的叛逆者总喜欢创造出一些紧张刺激的氛围，并且一路冲动到底。[32]对于他们，挑起“争端”是一个不错的办法。

狂乱的、紧张的刺激不只是令人愉快的事物，它也能让人上瘾。

最大的讽刺就是，强势的叛逆者就像一个弱小无助的孩子，总害怕自己的影子。恐惧才是真正刺激他们的因素。

> 对权力的欲望并非源自力量，而是懦弱。
>
> ——德国精神病学家埃里克·弗洛姆

欲望的屏蔽功能减损了强势的叛逆者的心理深度。对于强势的叛逆者来说，注意力聚焦在“此时此刻”，从而阻碍了其真正的视野，使之成为了自我主义心理的心理动态。

其实强势的叛逆者并非完全想要承认自己或者承认他人，在他们的心灵深处还有更多更复杂的东西。他们内心充满了恐惧，强势的叛逆者才不想到达“那里”（指心里）。对于强势的叛逆者来说，承认自身的真实动机是一件十分可怕的事情，将会使自己降级为性欲很强、完全胆小怕事的叛逆者。

你看，与任何一种自我主义心理策略一样，这完全就是一种隐藏起自身真正身份的本性的行为和幻想。在这种情况下，参照我们之前所描绘过的“活生生的小甜面圈”的具体体现，你再好好想想强势的叛逆者的真实身份究竟是什么。这种缺乏自我洞察力的行为会导致一个灾难性的后果，那就是不能意识到强悍、意志坚强的性情实际上显现出了一种反依赖性。〔33〕

强势的叛逆者要获得自给自足的迫切需求完全基于对缺陷的恐惧感以及凡事依赖他人的行为之上。如果没有恐惧，就不需要强硬的言行举止，也就不需要向世人证明：“我以自己的能力把这事儿搞定了！”

外表越强硬，内心就越感到恐惧。而那些真正有权势的人从不需要表现得那么强硬。真正有实力的人也从不需要在人前耍酷卖弄。如果说真的有谁背叛了强势的叛逆者，那肯定就是自我主义心理了。

自我主义心理总是谎话连篇，总是用一种与生俱来的口吻说话。

它的舌头就是一把“双刃剑”，一方面对着强势的叛逆者低声耳语道：“你就是一坨狗屎！”而另一方面却又为阻止他人找到真相而绞尽脑汁。说到这里，有些人肯定会说：自我主义心理这种口是心非以及背叛行径才是导致他人愤怒的真正原因，只要他（或她）可以为自己因幻觉而产生的心烦意乱给出一个合理的解释！

强势的叛逆者的强烈贪欲所引发的另一问题源于“顽皮的因素”——我给起的名字。鉴于这种选择，与从商店里买到的饼干相比，强势的叛逆者会更偏爱“偷来的饼干”。他们无形中总觉得偷来的饼干更好吃。对于强势的叛逆者来说，通过非法手段或者对肉体上的鱼水之欢所产生的一种疯狂的欲望来获得愉悦感是一件无比亢奋的事情。[34]

当然，强势的叛逆者完全不受他人制定的条条框框的限制。通常情况下，他们会通过实际行动向世人证明：谁才更强势，谁才是真正的掌权者。当强势的叛逆者通过非法和过激的手段来设法满足自身的需求时，他们是拿自己的性命做赌注。当我们问自己：世上为什么有如此多的魅力四射、有钱有势、声名显赫的人会一手促成自己的死亡呢？我们总是不得不这样回答：这是因为他们喜欢一些“非法”乐趣，如不忠不义、和已婚人士乱搞男女关系、服用非法药品（吸毒）等。

对于贪欲来讲，通常都会有一种具有剥削性、竞争性的成分。就性欲而言，强势的叛逆者会表现得更像“掠食者”。他们或许温文尔雅、极富魅力，但不管怎么说他们仍是掠食者。请记住，在强势的叛逆者非黑即白的世界观里，他人常常要么被视为“威胁性客体”，要么被视为“欢愉性客体”。至于后者，强势的叛逆者将其视为被掠食的对象，他们会如以往一样不择手段地得到对方。他们在努力征服他人的过程中获得一种极强的满足感。

对于强势的叛逆者，彻底征服某人时所产生的那种快感简直棒极了。从某种程度上讲，勾引本身其实和性交一样充满了乐趣。性交就像是一块美味的饼干，而成功勾引到对方之后的性交就像是在品尝一块偷来的饼干，它的口感一直都很棒。还记得吗？在这点上，统治和权力结合在一起，就能使他人成为一个可带给自己愉悦感的客体了。

性欲超强但又对这种鱼水之欢抱有负疚感的强势的叛逆者需要注意到，欺骗和羞辱的元素也牵涉其中。事实上，强势的叛逆者将他人锁定为目标，肆意蹂躏、压榨及侮辱对方，就是为了让对方臣服于自己，让对方尽力满足自己强烈的性欲。

这一切就像是强势的叛逆者重演了自己的童年经历一般。性欲的真实动机是为了统治和复仇。一旦被定为目标的那个人得到了充分的利用、受尽了各种凌辱蹂躏，他（或她）就会被抛到一边，像是块被榨干的柠檬一样。然后就该物色下一个目标了……强势的叛逆者心中根本不会有负罪感或者疑问，以及证明强势的叛逆者肤浅的有力证据。强势的叛逆者会自然而然地去诱奸某人，而且也并不觉得这样做很无耻。[35]他们认为：那些所谓的法律和道德规范是用来束缚和限制残疾人的。同样，他们不会抑制自己的愤怒，心理不健康的强势的叛逆者也不会出于尊敬某人的道德意识而抑制自己强烈的性欲。强势的叛逆者会不择手段地利用对方，而且没有丝毫忏悔之意。

关于强势的叛逆者还有一个问题，那就是他们不能触及人生最柔美的那一面。[36]

有不少人总是贪得无厌、贪婪成性、想要索取得更多、凡事总想着自己的利益，他们通常对人生最柔美的那一面都不敏感。他们总是以自己的标准来展现他们的慷慨大度，你可千万不要把它和“善良”搞混。诸如同情心和随意的仁慈无形中都会令人感到很脆弱，而这种感受并不适合那些驾驭权力的人。举个例子来讲，你将某人看作自己发泄兽欲的对象，肆意地凌辱、蹂躏、践踏这个人。如果对此你感到很内疚，或者如果你能够对这个人所承受的痛苦感同身受，那么你还会这样做吗？你忍心这样做吗？

强势的叛逆者太专注于如何否定所有的缺陷。譬如说，如果他们在肉体受伤的情况下还要继续做爱，他们心中就会充满自豪感。此外，如果他们能成为极有挑衅性的害群之马或者肆无忌惮的施虐狂，那么他们心中就会充满激动和喜悦。

最后还有一点很矛盾的是，贪欲——强势的叛逆者自我主义心理动态的定义性特征，就是控制权的对立面。[37]在贪恋某人或某物的同时，权力被安置在了外部。

一个人会为了自己的幸福而被迫臣服于对偶像的崇拜，而这对他而言是极度渴望的，事实上也是急切需要的。强势的叛逆者坚信自己的幸福一定能从外界的某个地方找到，即便是放弃了自己的权威形象及自主权。在泰然自若的高尚情操中所失去的东西，被对自我满足感的外界来源——不成体统的争来夺去的行径所取代。从此，强势的叛逆者不再泰然自若，而是受贪欲的支配和蛊惑。

因为人生中的突发事件总让人担心，不安全感因此也就应运而生了。随时都有可能发生意外。各种诱惑和贪得无厌的胃口也会彻底掌控一切，导致人产生诸如酒瘾和烟瘾之类的不良嗜好。即便贪婪的食欲暂时得到了满足，无聊感也仍在内心某个角落里静静地等待着，而强势的叛逆者潜意识里也知道这一点。如果不能孤注一掷地再试一次，看是否能先一步意识到自己现存的病态；如果不能摄入一些新的戏剧性事件或者矛盾，那么他肯定会堕入空虚的深渊中。

在谈论强势的叛逆者的心理动态、贪欲及其讽刺意味时，里索和哈德逊指出：

> 贪欲与控制权相结合时，就会出现更进一步的讽刺结果。如我们先前所见，强势的叛逆者想要觉得自己是一切的幕后操控者。但他们被自己的贪欲牢牢绑定，反而成了被控制的对象：贪欲是一种本能反应。贪恋某人或某物就会使其处在它（指贪欲）的掌控之下，无论是贪财、贪色抑或是贪恋

权力。对于所有性格类型群体而言，激情（其实是恶习）都是对现实的一种扭曲，最终会带给这类人真正所想之物的对立物。[38]

对提高心理健康和通往内心平静的理疗建议

有极少数人愿意承认自己需要他人的帮助，而这类事在我们的强势的叛逆者身上很可能永远都不会发生。对于强势的叛逆者来说，从他人身上寻求帮助会让他们感到被人瞧不起、自己地位卑下，而这种感受会让他们感到很不舒服。事实上，通过成熟的自我主义心理策略，强势的叛逆者永远都会拒绝让自己处在这样一种局势下，他们坚信这样的处境是自己人生地位的一种反映，甚至只是对自己作为一个人所具有的自我价值感的一种反映。无论何时何地，只要他们觉得自己地位低下、别人都瞧不起自己，为了情感救援与之抗争就会成为他们选择的策略。愤怒使他们公然出击，压倒众人就能使自己处在绝世巅峰。因此，任何能暴露出强势的叛逆者心中的不安全感的因素都纯属扯淡。

迄今为止，我们都已理解这种策略的心理逻辑。然而，对于强势的叛逆者来说，该是时候承认自己的秘密“把戏”了。如果你不这样做那才真是厚颜无耻！要解释缘由，请允许我以抗争性极强的“强势的叛逆者的语言”来加以说明。

没有人能够不无困窘地揭露出强势的叛逆者的自我主义心理。虽然如此，要继续支持自我主义心理的阴谋，从某种意义上讲就等同于使自我强加的耻辱永垂不朽。自我主义心理的欺骗是灾难性的，而心理不健康的强势的叛逆者却买了它的账，乖乖地进了它的圈套，上了它的钩。

世上再没有比这种背叛行径更恶劣的了，也再没有比这种欺骗更过分的了。因此，也再没有比这种耻辱影响更深远的了！

强势的叛逆者尽其一生用来抬高、运用以及利用自身的自我主义心理，却没想到到头来它竟是骗了自己一辈子的最大敌手。而你，这个强势的叛逆者，竟然蠢到了家，居然被它要了。你才是受到欺诈的受害者，却仍盲目、心存恐惧地跟随自我主义心理的计划走。

能领悟到这一点，你就不会再生他人的气了，你自己才是最先塑造了自身的自我同一性的那个人，你自己才是最先与这个世界开战的那个人。为了对抗一个虚构的现实，你试图击败所有人。而此时此刻，你应该击败最大的劲敌——自我主义心理，它主宰了你的内心世界。夺去它的权力，让它来为自己效力。

这才是最终的胜利。难道重夺对自己人生的真诚控制还不够让你感到无比振奋吗？难道你仍旧希望打烂某人的头，诱奸下一个受害者或者无比淫荡地满足自己某个非法的渴求，认为这样做能为你带来真正的内心平静？迄今为止这种策略并不管用，不是吗？哦，顺便说一下，看看你自己……你前面就有个巨大的黑洞。如果你此刻还不改变方向，你马上就会跌入到这个黑洞中去。

当爱主宰一切时，就不会有权力欲；而当权力主宰一切时，就不会再有爱。自身正是他人的阴影。

——瑞士心理学家卡尔·荣格

我们期盼着有一天爱的权力会取代权力的爱，届时我们的世界就将会认识到和平的祝福。

——英国前首相威廉·格拉德斯通

目前来说，如果你是一个强势的叛逆者，那么你的阴谋已被识破了。对于所有强势的叛逆者来说，我给一个小小的建议，那就是你们需要通过放弃对这个世界先发制人的攻击来重获“本质上的天真无邪”。强势的叛逆者与其极不理智且心存恐惧地认为他人试图控制自己、不公正地对待自己，不如试着步入新环境中，对自己将要找到的东西不再有任何先前的忧虑。[39]

通常情况下，强势的叛逆者都会随时准备好投入到战争中去，总期盼着有对抗和冲突。他们甚至常在还没到达联谊会之前，心里就开始估摸“对手”的实力。对于需要证明的东西，他们常常会事先就有了决定，诸如自己需要得到多少分、将要使用何种挑衅性的策略等。他们会在为一场冲突做好充分心理准备、全副武装的情况下步入新环境，而这样做很显然是不对的。

他们的感知极有可能已严重偏离。羞辱低级灵长类动物的表现、吸引大众眼球的极度自恋的策略，都将会再次上演，以维持自己在统治阶层的地位。

依据强势的叛逆者所定的游戏规则来玩他们的游戏，这充分验证了他们自我个性的薄弱之处，尽管强势的叛逆者对此事的看法截然相反。说到他们的自恋症，克劳迪奥·纳兰霍解释道：

> （强势的叛逆者）很有趣、非常机智、总是极富魅力……他们总能有意识地巧妙控制自身的魅力、傲慢的言语，总是在有意识地操控他人，他们迫切想要在权力和统治阶层获得巨大的影响和高升，为此也在不断努力……[40]

因此，我们看到了隐藏在他们的风头主义、魅力及机智之下的是一个黑漆漆的薄弱地带。他们完全是通过操控他人来获得并稳固自己现有的地位，而这很明显是一种带有欺骗性的策略。

强势的叛逆者还非常担心他人是否会对自己有所企图，怀疑他人是否值得信任。这一切均体现出强势的叛逆者对他人的极不信任，而这在很大程度上只不过是自己负罪感的一种反映罢了。

然而，强势的叛逆者完全可以改变源于这种自我负罪感及对他人的不信任的心理上的骚动不安。要彻底解决问题，强势的叛逆者必须意识到一点，那就是他们对现实的认知事实上只不过是自身恐惧心理的一种反映罢了。如果强势的叛逆者选择将他人视为具有高贵品质并值得尊重的人，那么慢慢地他们就会决定以此衡量标准来对待他人。无论他人有多大的力量或者权力，届时强势的叛逆者从自身的心理反光镜中映照自己时就不会再有那么强烈的不安全感了。了解这一点后，强势的叛逆者就会像其他人一样，也拥有了自己的价值，而这种价值的存在并不需要向世人证明。

强势的叛逆者与这个世界的战争现在终于可以停止了。获得内心平静只不过是一秒钟的事。如果强势的叛逆者非要继续将这场仗打下去，那他们就相当于直接放弃了掌控自我心理安康的权力。

但这就意味着他们找到了一个全新的自我，而它并不会表现出对可疑力量的使用、具有强烈操控性的不法行为、在肉体上或者情感上对他人所实施的暴行等。这并非是你错误身份的自我界定。

那些真正了解你的行为初衷的人并不会感到惊讶，他们亦不会嘲笑你，相反，他们会为你感到不安。对于我们的“独行侠”而言，该是时候揭掉自我主义心理的神秘面具了。下一次你再因自我主义心理而表现得很自恋、很想出风头的话，你就应该知道，其实一直有一个所谓的“幕后黑手”掌控着你这一套小把戏。这的确会让你感到十分尴尬和窘迫。如果你已学到了我们这堂课的内容，你就不会再吹牛皮、横行无忌了。请试着去尊重他人，在人前表现得低调和谦逊点儿。事实上，这绝对能让你感到如释重负。你自己看着办吧。

强势的叛逆者同样需要重新考虑一下自己对事物的看法，要知道自己的观点绝对不是唯一正确的观点。正常来讲，这本书主要阐述了不同的人会有许多不同的世界观，每种世界观都有其自身的心理逻辑及意味深长的联系。公正地讲，没有哪种世界观一定会比其他的都要好。每种世界观都有一定的道理，但没有一种观点敢说自己包含了对人生及人类存在的全部真相。强势的叛逆者最好能记住这一点。同样，他们也应该注意到，可供选择的其他观点也无须被视为是具有威胁性的，而是很有趣、能让思维一片豁达的。尊重他人的观点，花上点儿时间去慢慢品味一下其中的道理，这样一来就能在认知方面获得某种积极、正面的影响了，而这在强势的叛逆者那肤浅的心理中极度匮乏。

如果强势的叛逆者对其他观点感到不满和生气，那么他们最好停下来扪心自问：是什么导致了自己的恐惧？请记住，愤怒通常代表的是与防御性自我主义心理的苟同。

对于所有性格类型群体而言，自我观察是最有益处的。尽管它总是让人觉得很尴尬，但从长远角度来看，它能够最大限度地让你释怀和解脱。

此外，强势的叛逆者还需要特别留意自己强烈的紧张感。对于他们而言，能偶尔放松放松心情，不为一点儿小事儿生气，也不一定是件坏事。他们不仅仅是在出风头、自恋的时候要这样做，还要在工作中、便利店里、家里等场合都这样做。强势的叛逆者的紧张感通常会伴随着一种坚定、强烈的藐视，针对那些不能激发他们兴趣或者他们觉得无足轻重的人（或事物）。

简而言之，这种紧张感有时是很高傲的。还有，我们此刻已经了解到他们的自我主义心理策略，因此强势的叛逆者压根儿没有什么值得如此高傲。

对于强势的叛逆者来说，他们对“理解和欣赏”有一种十分重要且深刻的洞察力，这种洞察力源于这样一个理念：只有抱着去接受、去容纳的态度，才能知晓什么是“本质”（譬如说天真无邪、爱、真理）。[41]

问题在于，强势的叛逆者不断寻找“本质”只是为了获得“本质”所能给予的欢愉感和权力罢了。他们贪婪成性，坚持要压倒并操控众生，这样做会使强势的叛逆者无法敞开胸怀，大胆地去接受需要接受的东西，譬如上帝的恩惠。

强势的叛逆者不会一经要求就去接受“本质”或者上帝的恩惠。他们从不接受别人的意见或要求。即便能驾驭众生，他们也驾驭不了“本质”。在强势的叛逆者看来，使自己蒙羞绝对不行，而对抗这个世界也行不通。

只要强势的叛逆者继续执迷不悟地任由自我主义心理摆布，他们就永远也改正不了自己的本质缺陷。〔42〕他们盲目、愚蠢地通过对胜利以及“本质”的其他替代品去寻找“本质”的贪婪追求，最终结果只能是“竹篮打水一场空”。

这种盲目的找寻总是以苦涩的失败告终。如果他们不是这么伤心、误入歧途的话，这种尝试绝对是最经典的笑料。对于强势的叛逆者来说，该是时候松开自己紧握的拳头，张开双手去迎接、庆祝一个崭新人生的来临了。只有当对权力的贪欲逐步消失时，“本质的威力”才会显现。

我在这里并不是说强势的叛逆者应该放弃自己现有的权力。反之，他们所需要做的就是要利用手中的权力去打造他人，而不是将对方撕得四分五裂。〔43〕

当你意识到自己有权力能帮助他人实现梦想时，你才会从本质上感受到真正的快乐。你就好比是一个优秀的“人生教练”、导师、顾问或者大师。如此运用权力就不会使你显得那么自私了，并能够受到他人的尊重和爱戴，同时你也提升了自我价值。你如果能够通过自己的权力帮助他人，你一定会觉得自己极其有实力或者很强势，尤其是当你的这种实力换来了他人的富足、感激以及尊重时，你绝对能够切切实实地感受到它的存在。

不要再去刻意地挑衅、攻击他人，你最好能与其真诚地交往。记往，是“真诚地交往”，而不是用自恋的举止和浮夸的言辞与他人交往，这样做对你肯定有好处。

心理健康的强势的叛逆者慢慢学会了去接受、去容纳其他事物。要完全掌握这种全新的接受能力，我建议他们最好少说多听。当关注焦点聚集在自己身上时，你一定会倾尽全力为自己辩护。而如果你一定要选择让自己“鹤立鸡群”，那么你将需要相当有分量的防御性心理。

你只需坐回原处，多听听他人怎么说怎么评价，与此同时也无须对对方的话立刻作出主观判断。这样你就能获得心理上的慰藉。当再没有任何事物需要得到证明、再没有任何人需要被攻击时，你极有可能就会更镇定、更放松。

只有强势的叛逆者自己才有权力决定自己脑海中构思酝酿的战争何时才会结束。他们是否会选择运用这种权力完全取决于他们自身，没人能逼得了他们。当然，有一种全新升级版的思维存在于所有这一切心理揭秘中。

第九节　超然脱俗的调解者

我站立在天地之间，快乐的空气充斥了我的大脑，我飘然而起，一直进入到无限的空间里去，这一切都意味着自我主义心理已消失殆尽。我已然成为一个透明的眼珠；我是虚无缥缈的；我看到了一切；“全宇宙的本质”的急流从我身上流过……

——美国思想家拉尔夫·沃尔多·爱默生

至人无己，神人无功，圣人无名。

——庄子

失落的本质

第九种性格类型——超然脱俗的调解者一再强调：所谓的“本质”的精髓在于与全宇宙的合二为一感。正如美国思想家拉尔夫·沃尔多·爱默生（他本人亦是一名超然脱俗的调解者）在上述语录中的表述，这种统一性代表的是“一切都意味着自我主义心理已消失殆尽”。

当超然脱俗的调解者意识到自己的“本质特性”时，他们并没有使自己成为一个二元宇宙中的分离的客体。反之，他们感受到了艾瑞卡学院的创办人奥斯卡·伊察索所谓的“圣爱”。[1]

对于伊察索而言，“终极本质”具有一种“同一性”的动态特征。它不停地流动、改变，突破了一切障碍，因此也克服了分离感和孤立感——人们通常会在自我主义心理的领域内感受到这两种感觉。[2]

对于某些人来讲，要是失去自我同一性，那将是极为可怕的。它能使我们重新汇入“本质”的汪洋中，并从心底意识到：我们就是这种“爱”。[3]

虔诚的人或许会这样理解这种“圣爱”的“同一性”：上帝就是一切（或者说万物），而万物均是上帝之博爱的一种拓展和延伸。因为我们也是“万物”的一部分，那么我们应该也是上帝的延伸——我们和上帝已然合二为一。事实上，和上帝一样，我们的真实身份也是“爱”。

奥斯卡·伊察索是将九型人格理论完美整合的关键人物之一。他出生在玻利维亚，在玻利维亚和秘鲁长大，在他年轻时曾经接触到一个灵修学派。为了学习这门学科，他举家搬迁到了布宜诺斯艾利斯。此后，他在亚洲多个国家旅行，学习了大量知识，然后回到南美，将他所学的知识整合起来。伊察索将人类的九种欲望放进九型人格学说中，并将这套学说作为人类心理训练的教材。二十世纪六十年代末，他在智利开办了艾瑞卡学院，之后，美国的艾瑞卡学院也在1970年成立。艾瑞卡学院是一个教授心理学、宇宙学以及灵修类学科等精神学说以及有助于转变人们意识的实践活动的学院。许多知名的心理学家、精神病学家都曾追随伊察索学习九型人格学。

上帝就是爱，而爱在本质上也就是我们自身。我们中有不少人都已忘记了这一点，他们需要记住它。其他所有反对“爱”或者与“爱”唱反调的自我概念都是子虚乌有、纯属扯淡！因此，如果你不觉得自己是“圣爱”的化身，依据伊察索的术语，那么你就并没有看到一个真实的自己，而只是自我主义心理所幻想出来的一个虚构的东西罢了。你选择了自我主义心理所营造出来的一种自我幻象，而非你自身的“高级现实”的真相——你与自己“本源”的同一性。这里说到有关

“圣爱”的问题，里索和哈德逊指出：

> 从超然脱俗的调解者的角度出发，我们可以感受到一种“统一感”或者“整体感”。我们都知道自己不光是和其他万物有所接触，还知道自己并非是一个“单独的客体”。我们直接感受到了现实的同一性，以及自己与万物在本质上的紧密结合。此外，我们明白这种统一是动态的、活生生的、不断变化的。我们也知道爱的力量可以跨越一切虚构的地域及身份，并能贮藏这种整体感。意识到这一层，你将会深深地感到满足——一种极为深沉的幸福感。我们感到能与现实和睦共处，并且在现实中也有自己的一席之地。当我们深知自己已然“超越”了这个世界时，我们便可以在这个世上有效地运行、随意地活动。[4]

“圣爱”创造了一种极深、持久的安宁。它并不会使你变得极度亢奋、贪婪成性，反而会让你举止温文尔雅、心中获得无比的宁静。它能够缓和、慰藉你的内心，让你浑身感到暖洋洋的。它的态度总是极富魅力，它“一出手”就会爱心爆棚，其同情心（或者说慈悲心）布满世界各个角落。“圣爱”散发出欢喜的仁慈，它让我们大开眼界，见识到了“真善美”的事物，并消除了个体表面上的差异。

“爱”是一体的，我们是一体的，全宇宙也是一体的。在这个“整体”中，我们最终获得了内心平静，这也正是我们试图理解所有九种性格类型的心理动态的终极目标。

你看，并非只有超然脱俗的调解者热衷于这种“同一性”，我们所有人都一样。

我们的话语限制了自身对一切“本质特性”的理解，这是因为语言这种东西是以“低级现实”的特征为基础的，譬如时空二元论、因果关系等。“兼爱”已完全超越了这类范畴，并凌驾于它们之上。

如果你宁愿通过语言、科学或者逻辑来捕捉到“本质上的统一”或者“上帝的同一性”，那就好比你想让上帝成为你自己的形象。不幸的是，我们那有瑕疵的自我主义心理无法领悟到“神圣的完美性”。尽管如此，我们的“高级思维”有时也能捕捉到“肉眼所看不到”的景象。

心灵的法眼揭示了我们的自我主义心理那真实的现实构架——具有防御性的心理映射及心理扭曲，只是为了让我们无时无刻不感到恐惧、焦虑及羞耻。

可悲的是，就好像其他性格类型苟同自我主义心理那样，超然脱俗的调解者亦无法触及自身的“高级本质自我”。正如我们先前所见，这在很大程度上是来源于个人的发展历程。只是父母与孩子的关系并不一定能导致任何特别的心理结果，然而父母的行为的确为我们解释了孩子自我个性是如何在其童年时代开始形成的。我们的往昔能帮助我们理解自我，而且它并不一定会以任何直接或者不可避免的因果关系的形式促成现在的自我。

我们并非只是条件作用的产物，同样也不是由自身感受塑造出来的黏土球球儿。我们的往昔为感受提供了机会，但作为精神的生物，我们还是将某种东西带入了那种感受中——一个灵魂本质。

我们在童年时代的遭遇所导致的最终后果就是一种相互作用的产物。我们亲自见证了自己是如何诠释人生中的各种事件、点点滴滴并对其做出何等反应。因此，尽管我们的往昔影响了自己人生要走的初衷方向，或许还设定了某个方向，但我们最终仍要为自己的本质及言行举止负责到底。

可要是以绝对肯定的口吻说一个人的发展历程形成了他（或她）的个性，很明显也是与现实不相符的。虽然如此，鉴于我刚说过的话，冒着让自己说话就像一个误入歧途的傻瓜的风险，我还是要建议一点，而且我对这一点几乎是很肯定的，那就是超然脱俗的调解者并非天生是那种“奖杯儿童”。他们并不会每天都被父母拉着招摇过市、在人前炫耀吹捧，希望以此给他人留下深刻的印象，从而间接增强他们的自尊心。

不像某些善于表演的明星类的孩子那样，超然脱俗的调解者最不可能成为全家关注的中心和焦点。超然脱俗的调解者生来就不曾记得自己何时当过“明星级人物”以及得到过任何赞誉，而且即便当他们比自己预期更快更早地实现了目标时也没得到过什么赞誉。没有任何人会羡慕或者赞赏他们，长期处在这样一个境遇下，对超然脱俗的调解者来说已经是家常便饭了。事实上这种境遇要是反过来，那才真叫太阳从西边儿出来了，反而会让他们感到浑身不自在。

情况往往是超然脱俗的调解者在成长期间没有受到足够的关注。他们在叙述自身境遇的时候，通常会流露出这样一种感觉，觉得自己在童年时期被父母忽略，而随着时间的推移，父母对他们的忽略逐渐演变为自我忽略。[5]“真见鬼，如果他们都觉得我不值得受到他们的关心和关注，那么我自己为什么还要有别的想法呢？”无论这种“忽略”或者疏忽是因为父母忙于其他事务而无暇顾及他们，还是因为超出他们控制范围的环境，譬如正处在残酷的战争年代，因此迫使父母无法照顾他们，但其最终结果就是让孩子觉得父母的心不在自己身上，而是在别处。当然，无论是谁，只要受到忽略，其内心就会感到极其痛苦，尤其是一个年幼的孩子。而对于超然脱俗的调解者来说，这种童年时期所遭遇的忽略逐步构成了其精神创伤，而其自我主义心理却对其许诺说它能够以某些独创的策略来治愈他们。

有不少超然脱俗的调解者都来自于十分动乱的家庭环境，他们在叙述自己的童年经历时，说自己除了会受到父母的忽略之外，还常常会下意识地使自己远离那些发生在他们周围、具有威胁性和创伤性的事件。[6]他们通常会选择让自己远离这种局势，或者从这种局势中撤出，无论是在肉体上、精神上，还是二者兼备。

在其他情况下，超然脱俗的调解者这类孩子会发现，如果他们不怎么寄希望于自己的父母或者监护人，不向他们要这要那，完全撤出他们的视线，也许就能很好地保护自己。好养活的孩子不会惹麻烦，也不会推波助澜。他们认为要是自己保持低调，不在父母面前瞎晃悠惹是生非，甚至会缓和因其他事情而争吵不休或者倍感压力的父母的情绪。

说到他们能够缓和家人情绪这一方面的能力，一些超然脱俗的调解者甚至牢记自己一定得在家里扮演好“调解者”的角色，他们的任务就是要缓和、调解家中的各种人际矛盾。[7]在这种情况下，超然脱俗的调解者甚至会在他们完全意识到自己的行为之前就已逐渐成为化解矛盾的专家。

我怀疑有不少超然脱俗的调解者这类孩子在他们成年之后，都会从事专业顾问及磋商者之类的职业。这种推测或许并不像有些人想的那么草率。我曾为一大群高校顾问开过一次九型人格心理学的研讨会，发现那群人里面至少有81%的人都是超然脱俗的调解者。可能只是一次巧合罢了……但若再有一次这种情况可能就不会是巧合了。（遗憾的是，我一直都没有机会去深入了解与会者的早期童年经历。）职业选择和性格类型之间是否存在显著的相关性，仍需要大量的实证研究来证实。

心理世界观及补偿策略

和深情的利己主义者与善于观察思考的人一样，超然脱俗的调解者也属于那种性格内向孤僻的类型。就像其他那两类人一样，对于超然脱俗的调解者来说，自主权是极为重要的。超然脱俗的调解者绝不会像善于表演的明星、永远年轻的人对这个世界采取一种侵犯性的立场，也不会像完美主义者、无私给予者和无比忠诚的人那样对这个世界顺从，他们会选择脱离开他人，以便得到自己想要的东西。[8]

超然脱俗的调解者从来不害怕孤独，事实上他们很喜欢、很享受这种感觉。当然他们也不会接受强势的叛逆者那种“肆意妄为”的态度，或者是善于表演的明星那种“快来看我有多牛”的行为。“隐形”是他们最偏爱的立场，“远离他人”是他们的主要倾向。

通常你会在某个海滨、某座山坡上或者某个宗教礼拜的场所中看到超然脱俗的调解者调解人际矛盾。他们在精神上受到孤寂感和大自然的滋养。有一位名人极度热爱大自然，他就是美国作家、《瓦尔登湖》的作者亨利·大卫·梭罗。拉尔夫·沃尔多·爱默生也是一名超然脱俗的调解者。他们俩都是美国超验主义的缔造者。还有其他不少声名显赫的超然脱俗的调解者，他们或许并非那么酷爱大自然，其中有卡尔·荣格、约瑟夫·坎贝尔、诺曼·洛克威尔、英国女王伊丽莎白二世、乌比·戈德堡、秉持“顾客就是上帝”理念的理疗师卡尔·罗杰斯、托马斯·肯培斯以及“伊迪丝·邦克”（经典电视剧《全家福》中的角色）等。

一个人如果因为热爱树木而步入森林中，每天都要在里面待上很久，那他就有可能被人当作是一个游手好闲者。但如果他肯多花上点儿时间去仔细观察这些树木，砍掉它们，在地球母亲的有生之年使其光秃秃一片，那么他就会受到他人的尊重，认为他是一个勤劳、有事业心的优秀公民。

——美国作家亨利·大卫·梭罗

一个人与自然万物息息相关。

——美国思想家拉尔夫·沃尔多·爱默生

每当我置身于世俗人群之中，在我离开的时候总是比我来到时少了几分热情。

——古罗马僧侣作家托马斯·肯培斯

就像他们那些具有本能直觉的兄弟姐妹——强势的叛逆者和完美主义者那样，超然脱俗的调解者也有自己的界限问题。强势的叛逆者喜欢越界并大胆地挑战外界，注意力全都聚焦于外部。他们总是喜欢抱怨，想要痛殴或击败某人或者某事物。

相比之下，完美主义者对维持自己的内心界限更感兴趣。你经常会看到完美主义者总是在不断地试图抵制诱惑或者无意识的本能的冲动，譬如性欲或任何进入其自我意识的“侵略者”。这类诱惑（物）将会严重违反完美主义者认为必须要遵从的重要原则。

相比之下，超然脱俗的调解者既要防御自己的内心界限，又得防御外界。他们不想有不愉快的情绪、感受、想法或者困扰自己内心平静的情况发生，因此他们一手构建了自身防御性心理的城墙，就像完美主义者一样。超然脱俗的调解者在应对外界时，总是习惯性地保护其自我主义心理界限，通常远离那些有可能会困扰他们内心平静的事物。[9]因此，他们人生中的界限问题如先前一样会有两面，一面是内部的，另一面是对外界的。

无论是对内部界限的防御，还是对外部界限的防御，一般情况下，超然脱俗的调解者对人生似乎都会持有一种积极乐观的展望。他们的核心信念就是，凡事终究都能得到解决，只要我们保持冷静，友善地与他人相处。[10]

超然脱俗的调解者爱好和平与宁静的生活。他们天生就知道如何与人和睦相处，知道什么时候该做什么事以及怎样做好它。[11]

不像反恐惧心理的无比忠诚的人以及挑衅性强、不尊重他人、凡事过于简单化并总持有“非黑即白”想法的强势的叛逆者，超然脱俗的调解者非常包容模棱两可、相互矛盾、似是而非的事物，总是以大差不差的观点来认知这些事物的存在。[12]

曾经有一位具有超然脱俗的调解者性格的心理学家说，在他的博士论文里，他不想引用具有代表性的“评论性分析”挑战一位名家的理论，然后再以旁观者的角度加以批判和分析。他选择了仔细审查这一理论，看它是否能够补充说明他人的见解和观点。他想要找出此人的理论与他人的评论的共同点并将其重叠在一起，而不是找出二者之间相互矛盾、不能协调的差异及不一致。对于超然脱俗的调解者来说，他们综合不一致的观点和见解并寻求一致性、共同点的能力是很突出的。

典型的超然脱俗的调解者一般都很有耐心、很能忍耐，他们对人生抱着一种放任自流的态度，这样就能起到鼓励不同的人以自己的方式发展的作用。对于个体来讲，超然脱俗的调解者不喜欢凡事都依据个人道德观作出论断，他们什么事都能够包容忍让。他们可以接受各种可能性及观点，采取一种不偏不倚的公正视角来看待所有问题，能从每种可能性及观点中看到其内在价值。

你如果和一个超然脱俗的调解者聊天，几乎不会感觉到他会以教训人、批评的口吻跟你说话。[13]这样做就不会使对方有防御心理。因为这不是超然脱俗的调解者的办事风格，他们永远不会为难你、评论你，也不会肆无忌惮地咄咄逼人。

超然脱俗的调解者这种“万事忍为上”的态度总会迎来众人的赞美，众人都会觉得他们很谦虚、很低调。不像强势的叛逆者，超然脱俗的调解者从不需要去操控对方，并向这个世界炫耀说谁最牛，他们也从没想过要这样做。他们也不像善于表演的明星，非得靠在人前卖弄来获得他人的认可和赞誉。超然脱俗的调解者总是很知足、安于现状，喜欢独处，不受到他人的骚扰。他们从不装腔作势，总是很低调、很谦虚，从不在人前卖弄。[14]

环绕在超然脱俗的调解者身上的是一种很柔和的活力，这种活力有别于浑身黏得似糖浆的无私给予者身上的那种活力，亦有别于浑身起泡的永远年轻的人身上的那种鲜活和愉快。超然脱俗的调解者身上的这种活力并不令人感到温馨甜蜜，亦不会激发美感，更不会令人欢腾，而是在无形中令人心情很平和、很安心。

超然脱俗的调解者总能使他人精神振奋。他们会给人一种浑身轻快、舒适、自在的感觉，然而矛盾的是他们同时又会让人感到很深奥、很可靠。只要他们在你的身边，你的心理和思维就会感到平静和安慰。超然脱俗的调解者一般不会像其他性格类型群体那样流露出令人恐惧的紧张感，或者是表情很严肃、很专一地将注意力聚焦在某些事物上。超然脱俗的调解者身上所体现出的这种活力更分散、更飘逸。超然脱俗的调解者是一种精神寻求者，极度渴望能与他人乃至全宇宙接轨。[15]

我个人认为，老子本尊完美地诠释了受到启蒙的超然脱俗的调解者的心理倾向及展望，他指出：

> ……圣人信奉某件事，就会将其展现给世人。他从不展示自我，因此他光彩照人；他从不坚持己见，因此他卓越出众；他从不自吹自擂，因此他的价值得到了认可；他从不满足于自我，因此他永远具有超越性；他从不为某些小事儿抗争，因此全世界没有人能与之相抗衡。[16]

而没有完全受到启蒙的超然脱俗的调解者为了维持自己的内心平静——事实上是一种“伪心静”，不得不想出大量自己人生中的自我补偿策略。他们不想产生矛盾，不想有冲突，他们如避瘟疫般对其避而远之，因为矛盾和冲突会严重阻碍他们内心的平静。超然脱俗的调解者会被逼入自我否定的境地。处于自我否定的状态，他们通常就无法得到自己梦寐以求的东西，因为要真这样做就会和他人起冲突，或者说因某些稀缺资源而与对方竞争。相比之下，否定自我这种办法更容易些，他们可以很大方地说：“你拿去吧！”超然脱俗的调解者或许已经注意到，当他们最终选择了顺从和妥协时，对方会非常感激自己。超然脱俗的调解者绝不会对他人构成任何威胁或者说障碍，因此他们极受欢迎。超然脱俗的调解者从不固执己见，他们总是对他人言听计从，就好像他们从不会去伤害一只小跳蚤一样。

然而，和平总是要付出代价的。对于超然脱俗的调解者来说，这个代价就是他们的需求和满足感。超然脱俗的调解者总意识不到，他们这种不愿惹是生非、追求和平的行为举止只不过是将自己意识知觉深处所感受到的愤怒和痛心疾首深深地埋藏了起来。这对于获得和平而言同样是一个很高的代价，尤其是通过自我否定所赢得的东西只不过是一种和平的假象罢了，并非真实的产物。

对于超然脱俗的调解者来说，对他人的顺从同样也体现了他们身上的另一种自我否定——“自我”感的放弃。我们在这里所讨论的是一种“忘我”（或者说自我遗忘）。超然脱俗的调解者觉得自己普普通通，并没有什么特殊之处。他们很少会觉得自己有资格享受优待。相比之下，无论是极富魅力、天资聪颖的永远年轻的人，还是自我提升的善于表演的明星，或者是寻衅好斗的强势的叛逆者，都只能自愧不如。超然脱俗的调解者总是觉得自己很普通，总是在顺从他人的意愿和需求，结果到最后竟忘记了自己真正想要得到什么以及有什么需求。他们总是忙于协调矛盾、维系和平、取悦他人，最终却忽略了自己。他们对他人的日常工作、需求和要求的关注远远胜过对自己的关注。[17]

不久，超然脱俗的调解者甚至都不记得自己的真正欲望是什么了。结果就是，他们发现自己的意愿和需求与他人合并在一起更容易实现。超然脱俗的调解者完全忘记了自己的真实身份，而他们此时的身份是与家庭、国家、党派、俱乐部、团队，甚至是自我理想化的某个人紧紧绑在了一起。[18]在这种自我遗忘中，超然脱俗的调解者过度适应了他人的生活，却忽略了自身。对于他们来说，有时唯一能得到自己所需之物的办法就是装病，这样一来，他们就可以稍微缓口气，不用再去一直照顾、迎合他人的需求了。

在心理不是很健康的超然脱俗的调解者身上所体现出的这种慷慨

大度和顺从完全基于对自身的漠视，他们的谦逊同样也是出于这个原因。因此，虽说慷慨和谦逊一般都被认为是美德，可当他们完全依附于这种无意识的不安全感及用来维系自身内心平静的习性时，慷慨和谦逊就显得极不真实。它们就具有自我欺骗性，反而会弄巧成拙，还会令超然脱俗的调解者在道德和动机上显得有污点。

当然，自我主义心理隐藏了他们的真实基础，换之以充满假象的谦逊及神经质般的给予。它巧妙地利用自我欺骗的策略成功地实现了这一切。慢慢地，超然脱俗的调解者会觉得自己很无私，坚信自己没有任何个人需求或个人目标可以值得自己心烦意乱或者导致矛盾的产生。因此，他们非常愿意融入到他人的日常生活中去，并能随遇而安、与之和睦共处。当然，超然脱俗的调解者也有自己的需求和目标，但是他们自欺欺人地认为没有一个真正值得考虑，他们不光是这样想的，事实上也是这样做的。实际上，融入到他人的日常生活中去并不代表与他人或者全宇宙合二为一。谦逊只是一种充满假象的谦逊；慷慨大度只不过是一种自我放弃罢了，在这种情况下，内心平静只不过是缓和了心神不安的思绪罢了，而这种心理上的缓和完全基于对自我情绪的压抑以及苦涩的放弃。

如果你也是一名超然脱俗的调解者，你或许已经注意到：其实你刚刚迈入了黑暗中。千万不要跑！哦，很抱歉……不要沉睡！救助马上就到了。

那些没有怨恨的人肯定能够获得内心平静。

——释迦牟尼

没有任何东西能带给你内心平静，除了你自己。

——美国思想家拉尔夫·沃尔多·爱默生

要应对因受挫的需求而引发的不愉快感受，超然脱俗的调解者需要通过撤退、脱离或者完全封闭自我来保护自己。[19]他们总会在自我创造的幻境中感到迷茫和不知所措，要不然就将注意力完全聚焦在那些发生在他们周围的积极向上的事情上。举个例子，我在上大学期间，每次只要老师讲到超然脱俗的调解者的这种精神恍惚的幻想时，我总会想到一句话："彼岸灯火阑珊处，却似无人在其中！"

超然脱俗的调解者不管在哪里，好像都不存在一样。他们听不到邪恶的声音，更看不到邪恶的景象。

《圣经》有云："用心去寻找，你就一定能找到。"超然脱俗的调解者的行为为这句话带来了一个全新的诠释。正如《奇迹课程》所教诲我们的那样，我们看到了自己苦苦寻找的东西。有些东西恰巧被我们自己给忽视了，而他人却成为我们关注的焦点。在《奇迹课程》的序言中写道："自己的感知所看到、听到的东西似乎很真实，那是因为它只有在遵从感知者的主观意愿的情况下才会有其本身的意识。"选择性感知正是超然脱俗的调解者最偏爱的自我主义心理策略之一。

此外，超然脱俗的调解者总是会用尽各种办法分散自己的注意力，这也是他们的另一大补偿策略，用来应对人生中的各种需求及不愉快的事情。[20]

这种行为会以各种形式出现，诸如看电视、阅读、玩拼字游戏、睡觉、吃饭、酗酒、玩电脑游戏等。[21]所有这一切能让他们分心的事情似乎都受到欲望的驱使，而他们的这种欲望就是不愿去经历、不愿去亲眼见证。这种"欲望"旨在"帮助"超然脱俗的调解者变得越发地麻木不仁。通过积极参与能使自己分心的事情或者日常工作（对这两点他们非常坚持己见，几乎是很虔诚地恪守着），超然脱俗的调解者试图掌控住内心的焦躁情绪。不可避免的是，这种情绪一直伴随着他们在人生中对更大的事业及责任的不断逃避。你想一想所有必须要做的事情就会感到不安和发愁。“我在开始工作前要先擦干净自己的桌子……换作是你，你也不想在一团糟的环境下工作，这样你肯定会很没效率！然而首先，我必须得给自己沏杯咖啡，还得回朋友的电话，然后我才能正式开始工作……但届时很有可能该吃晚饭了……哦，对了……我明天得早起，届时还得继续工作。我会花上一整天的时间来完成自己的工作。”你看明白没，超然脱俗的调解者总是在用各种方法来转移自己的注意力，凡事他们都喜欢拖延。他们总会利用转移注意力的策略来为自己的工作动力和工作效率找借口。

超然脱俗的调解者不像具有反恐惧心理的无比忠诚的人或者寻衅斗狠的强势的叛逆者那样反复无常和活泼开朗，可这并不代表他们从不会生气，因为他们的个人需求总是得不到满足。因为超然脱俗的调解者不喜欢去刻意应对愤怒和不安，他们的自我主义心理便有了一种全新的适应策略，主要是通过被动攻击来应对愤怒和不安。

有时他们会对任何行动都不做出回应，说白了就是什么也不做。我们有时会无意中得罪他人，譬如说没有注意听他们的谈话，或者没有和他们握手，或者没有去参加他们的聚会。而自我主义心理总是用很多有创意的、机敏的方法来反击，而且什么都不用做，正如先前那样。对于超然脱俗的调解者来说，他们最喜爱的一种策略就是顽固不化。〔22〕他人越是强迫超然脱俗的调解者赶紧觉醒、开始行动或者做出反应，他们就越要冷漠无情地撤入到自己内心思维的“圣所”中去，而这里对他们来说是一个很快乐、很安宁的地方。〔23〕

“我就是不说出我的真实想法，不管你做什么都无法逼我开口！”超然脱俗的调解者这样说道。

“你现在才是老大。”自我主义心理在他们耳边低语道。

> 我从没发现世上再有比“孤独”更忠实、更友善的伙伴了。当我们到外面的花花世界中与人交往时，却发现自己其实在很大程度上比待在自己的房间内更孤寂。一个有想法或者专心工作的人总是孤独的，那就让他待在自己想待的地方吧。
>
> ——美国作家亨利·大卫·梭罗

最后要说的是，对于超然脱俗的调解者来说，还有另外一个补偿策略，就是他们必须通过某种规则或者适应人生的哲学观来生存。[24]

超然脱俗的调解者心中牢记并无数次地告诫自己：成功的人生所带来的自我感觉良好的信念就像自助大师一样有帮助。只要再次撤入到内心深处的“圣所”，他们就能获得慰藉。譬如说斯多葛派哲学观（或者说禁欲主义），它对于许许多多的超然脱俗的调解者而言就很有可能是一种非常有诱惑力的人生哲学观。通过这种哲学观，超然脱俗的调解者能够试着证明一切事情的合理性，心中深信：根据“神圣的宇宙法则”（有些人称之为“命运”或者“定数”，还有人称之为“上帝”），这都是最好的。如果冥冥之中一切皆有定数，那么实在没必要再担心我们自身所无法控制的那些事情了。因此，超然脱俗的调解者什么都不需要做了，这可真是一种自我安慰的想法！基本上他们所需要做的一切就是接受他人的建议和指引。紧跟他人的生活节拍要比过自己的生活要容易。最终一切都会解决的。

> 如果我们不那么忙于对他人言听计从的话，我们就会获得更高层次的内心平静。
>
> ——古罗马僧侣作家托马斯·肯培斯

超然脱俗的调解者的健康与不健康的表征

心理健康的超然脱俗的调解者是所有性格类型中名副其实的炼金术士。[25]基于这个原因，他们绝对都是很不错的心理顾问及调解者。鉴于他们总是将注意力聚焦在外界，总是迎合他人的需求，我敢断言他们的移情能力都很强，能够凭直觉就知道他人的需求和关注点。再加上他们思想很开明，从不依个人道德观做论断，是很公正的倾听者，你现在应该知道超然脱俗的调解者是如何成为他人生活中的抚慰者了吧。

超然脱俗的调解者总是具有令人无法想象的改革能力，能帮助他人充分利用起自己的天赋和才华。他们能将他人生活中的“心理基底金属”（指艰辛和痛苦）有效地转变为有价值的黄金（指深刻的见解力和动力）。他们那平和的性情能有效地缓解、治愈那些因人生的盛衰沉浮而倍感压力的人的心理。他们总是在为那些因暴风雨而寻求庇护所的人提供安全的港湾。他们那镇定自若、坚忍克己的言行举止很绝妙地安抚了那些极需情感和心理帮助的人的情绪。

对于超然脱俗的调解者来说，他们身上还有一个值得赞扬的品质，那就是他们很谦逊、很含蓄，不爱在人前卖弄。超然脱俗的调解者总会给人一种很纯朴、很率真的感觉，而这一点与麦迪逊大道上那些圆滑的广告经理人、做作的唯美主义者以及好战斗狠的代表企业利益的律师截然相反。

事实上，相比在外界努力给他人留下深刻的印象，超然脱俗的调解者通常会觉得一个人在家更自在。他们总觉得在人前卖弄、引起轰动是一件很危险的事情。在人前卖弄、耀武扬威绝不是超然脱俗的调解者所喜欢的生活风格。

正是他们的纯朴、天真无邪以及真诚能使人们倍感安心，并对其十分信任。[26]

顺便提一句，我曾为一群环境保护局的员工举办过一次个人发展研讨会。我发现在五十名与会者中，至少有三十人是超然脱俗的调解者。这种单一性格类型的超额人数很明显已经超出了统计概率。这个数据显示出职业选择与性格类型之间的可能性联系。我还要补充一点，那就是这些“抱树者”（暗指环保人士）绝没有穿着古琦（意大利著名时尚品牌）和普拉达（同为意大利著名时尚品牌）来参加研讨会。然而，我看到的是清一色舒适的法兰绒大衣、格子花呢披肩以及比肯施托克牌凉鞋。

当心理健康的超然脱俗的调解者触及自己的本能直觉、因考虑到他人的利益而跨越了自身防御性心理的自我牺牲时，他们重获了心理上的平静。他们逐渐意识到自己真正所想所需的东西是什么。他们的个人目标也开始变得重要，他们获得了动力和方向的源泉。

在追求自身目标的同时，超然脱俗的调解者开始变得强势，然而与之同时又很温柔。“当超然脱俗的调解者与自身的‘本能中心’及其能量保持平衡时……他们就像一条河流，不费吹灰之力便可将一切席卷走。”[27]我们对他们的伟大、镇定自若以及他们如何将这些品质与自然流动的力量完美结合印象颇深。超然脱俗的调解者并没有刻意给人留下深刻的印象，但他们还是给我们留下了深刻的印象。超然脱俗的调解者并没有刻意去深深感动他人，但他们的行为还是深深感动了大家。

心理健康的超然脱俗的调解者极富想象力，他们很享受这个充满梦想与象征意义的世界。[28]说到这里，我想起了卡尔·荣格。他通过探索东西方的梦境（或者说幻想世界）、艺术、神话、宗教信仰及哲学观来研究人类心理。他那宏大的综合性理论最终形成了他的分析心理学，他这套理论包含了炼金术、占星术、社会学，还有古典文学和艺术方面的内容。像大多数心理健康的超然脱俗的调解者一样，荣格能够将许多不同派系的思想及非主流的观点综合在一起。[29]

如果说耐心是一种美德的话，那么我们完全可以说心理健康的超然脱俗的调解者的品德极为高尚。善于观察思考的人总是在和时间竞赛，总不愿在与他人交流情感等方面花费时间，而相比之下心理健康的超然脱俗的调解者更悠闲，“总是在随波逐流”。干吗非得急三火四、火急火燎的？有一句法国谚语说得好：“凡事要顺其自然。”将来该怎么样就怎么样……（现在让我们一起来唱首歌：……未来如何我们不得而知，一切顺其自然吧！）超然脱俗的调解者极有可能是所有性格类型中最有耐心的一种人，而且也是更容易接受其他事物的一类人。

在说到心理不健康的超然脱俗的调解者的表征时，他们中的有些人已在之前有关应对补偿策略的章节中提及。如果超然脱俗的调解者不注意的话，他们那种难以置信的耐心可能会转变为惰性。等着瞧的态度再加上随波逐流的性格，很有可能会转变为倦怠无为，因为他们总是认为没有什么要紧事儿值得去做。

此外，我们已亲眼见证到，超然脱俗的调解者会因日常生活中鸡毛蒜皮的琐事而变得注意力极其不集中。当无法得到一个适中的平衡点时，他们不能准确区分什么才是真正需要优先考虑的事情，什么是细枝末节、微不足道的事情。这就给他人留下一种印象：他们主次不分，注意力不够集中。因此，将他们身上所体现出的这种惰性与对琐事的追求结合在一起，我们看不出其中有任何实际意义。

心理不健康的超然脱俗的调解者这种表面上的坚忍克己和沉着冷静，在很大程度上只是体现出为自己的倦怠无为而找的一个“合理”的借口罢了。此外，这种自欺欺人的行为会使他们有种宿命感，愿意接受消极或者有害的处境，就好像世上没有任何东西能够伤害到他们自身一样，这种想法是极其危险的。[30]

超然脱俗的调解者对这一切并不担心，但他们确实应该担心。对人生中所发生的事情，他们的确有一定的影响力和某种掌控。要换种想法，那就是他们企图再次逃脱个人所应承担的责任。关键是这种基于倦怠无为、不愿意承担责任及不合理的宿命论之上的内心平静其实根本就不是真正的内心平静。它只不过是自欺欺人。

相对笑口常开的永远年轻的人和思维高度紧张的善于观察思考的人而言，心理不健康的超然脱俗的调解者的这种假象的内心平静同样也体现在他们会给人一种非常颓废、无精打采、提不起精神的感觉。他们总是毫无目标地漫步于人生，对自己和他人没有太高的期望。仅仅是因为这样做更容易些，不会引起太多心理上和情感上的焦虑不安。

由于他们与这个世界之间存在虚假的妥协，貌似许许多多心理不健康的超然脱俗的调解者丧失了自我。[31]他们要减少自身的挫折感，就需要消除自身的欲望。他们要维持自身在情绪上的平静，就需要克制自己的愤怒。要排除自己会感到失望的可能性，他们就需要放弃自己的目标和期望值。因此，为了不使自己受到排斥，超然脱俗的调解者对自己大声疾呼道："我要放弃自我！"

因此，获得内心平静的代价就是放弃自我以及否决自己的一切需求、感受、欲望、目标及期望值——只为了得到充满假象的内心平静，就要付出如此沉痛的代价！

当然，具有讽刺意味的是，超然脱俗的调解者需要让自己成为那种最有牺牲精神、最能忍耐、长期受苦受难的人，并以此获得他们所认为的那种"心静"。为了不受苦受难而要长期受苦受难，这根本就毫无道理可言。当你放弃了自我时，你就不可能继续坚忍克己、恬淡寡欢了。

一个不寄希望于任何事的人总是很幸福，因为他永远不会感到失望。

——英国诗人、杰出的启蒙主义者亚历山大·蒲柏尽管在外人看来，超然脱俗的调解者总是带有一种深不可测、像菩萨般的品质，或许这源于他们表面上的“心静”。那么这里我们再次发现一件很有讽刺意味的事情，那就是心理不健康的超然脱俗的调解者相当愚蠢和肤浅。[32]在尽力维持自身充满假象的“心静”的同时，他们因自我否定及自我放弃而失去了对自身的意识。

超然脱俗的调解者总是在支持并鼓励他人、对他人大献殷勤、本能地觉察到他人的需求，而他们只留给了自己一种在很大程度上未经探索的、极其肤浅的自我认同。譬如说他们对自身的感受、欲望以及目标缺乏自我洞察力，因此与之伴随的，就是他们同样缺乏活力。

如果超然脱俗的调解者不清楚自己想要什么、什么对自己来说最重要或者自己究竟是谁，那么他们就没必要每天早晨起那么早了（反正他们也是在虚度光阴）。超然脱俗的调解者失去了自我，人生也就失去了意义。

如果没有强烈的自我认同感，那其他事情还有什么意义呢？世上没有任何人值得自己感动，至少没有任何人对自己来说显得那么重要。

鉴于这种想法，我们现在可以理解，心理不健康的超然脱俗的调解者为何对任何事都缺乏热情和激情，他们为何总给人一种冷漠无情、冷若冰霜的感觉。超然脱俗的调解者已然忘记了自己的真实身份。超然脱俗的调解者偶尔也会雄起一回，不再倍感挫折，不再那么顺从他人的意志，而这些正是他们以前强加在自己身上的东西。令人意外的是，他们也会发飙。

而让他们感到非常惊讶的是，导致他们愤怒的那些人总是无比欢迎这种真性情的流露。当然，总有不安全感的强势的叛逆者只会在他人真正生气的时候才相信他人，深信他人生气之时，正是真相浮出水面之日。至于超然脱俗的调解者，他们也和这种信念有种千丝万缕、错综复杂的关系。

个性的阴暗面

超然脱俗的调解者为获得内心的宁静而付出了巨大的代价。他们不仅要与他人完全脱离开来，还会在试图保持内心平静的过程中有意无意地脱离自我。不惜任何代价所得到的内心平静意味着否定自己的需要、欲望、目标及野心，同样还意味着一种基于对自我价值的曲解之上的自我遗忘。

因为超然脱俗的调解者总觉得自己只不过是很普通的人，在这个世上并无任何过人之处或者重要性，他们总是随时准备融入到他人的日常生活中去。事实上，他们是心甘情愿地融入到他人的生活中去。更不要提心理亚健康的超然脱俗的调解者在这样做的同时会遗失在空间里。目前来看，这种不爱出风头以及对他人言听计从的行为听上去真的很不错，不是吗？

然而，伴随着这种顺从、低调的谦逊的是超然脱俗的调解者的个人阴影——懒惰。

我们在这里所讨论的“懒惰”主要有两个基本含义。第一个是对此术语的常规理解。

当我们一提起懒惰时，我们便会习惯性地将其与动作迟缓和倦怠想到一块儿去。甚至在他们走路时，你也会发现超然脱俗的调解者总是在晃晃悠悠地溜达。你会发现，在我们急着挤电车或者一窝蜂地冲向狭窄的楼梯时，超然脱俗的调解者总会在我们面前磨蹭碍事，他们也真敢啊。“这些人难道不懂得享受生活吗？”筋疲力尽的善于表演的明星那类人会这样问道。

当然，从超然脱俗的调解者的角度来看，凡事无须着急。“急什么急啊？有什么可急的？人生只不过是一场你死我活的竞赛罢了，前提是你报了名。不急不急，不要担心，我们都是‘无急’者！”

超然脱俗的调解者之所以会这样想问题，是因为他们从骨子里对那些通常能够刺激他人动力的不安和希望无动于衷。[33]一般来说，当人们希望得到自己所想之物时，就会有所行动。譬如说，一个人因寄希望于高等教育能帮助自己找到一份更好的工作这一动力的刺激，而完成学业。另外，因没钱付房租所导致的不安情绪通常也是一种刺激人们积极找工作的动力。

在这里我并非想说超然脱俗的调解者对不安和希望无动于衷，但是因为他们的这种自我否定及自我遗忘，超然脱俗的调解者总是不清楚自己的目标和抱负是什么。因此，所导致的结果就是他们也不知道自己想要什么，有什么需求。他们经常搞不清楚自己人生中缺失的东西，也不清楚自己需要怎么做来弥补这种缺陷。“你到底有什么问题？”“啊……我不知道啊！”最简单的办法就是什么都不做。

因此，在他们这种“极好的”谦逊和顺从的背后，真正隐藏的是超然脱俗的调解者的惰性。任何源自这种惰性所要付出的辛劳的努力通常对他们来讲都是很缓慢或者很迟钝的。

懒惰的第二类相比第一类而言更微妙，有些人称之为“精神上的懒惰”。[34]在这里，我们讨论的是本性的缺失，对探索心理世界的厌恶。我们之前已讨论过，超然脱俗的调解者向这个世界反映出一种很平和、像菩萨般的特性，给人一种他们的情绪很稳定、思维很缜密的感觉。然而，如果一个人总是盯着地平线看，或者从山顶向下瞅去，那他（或她）永远不会内省。一个人无须总想着自我主义心理或者崇拜自我主义心理，将其奉为神明（对于有个性问题的学生而言是件极其危险的事情），但他也无须推开各种障碍或绊脚石来发现自我本质特性，这些障碍统统是自我主义心理一手创造的。

《唤醒心中的佛》的作者苏里亚·达斯教诲我们：“只有意识到问题的存在，才能从根本上解决问题。”可问题在于，超然脱俗的调解者并不想看到或者触摸到自身的内在感受。对于他们来说，面对自己的阴暗面极有可能会造就负面感受。揭露自己一生中所有的心理防御性问题，极有可能会扰乱自己的心静，而这对于超然脱俗的调解者来说无疑是一件好事，因为不管怎么说他们的心静都是一种充满假象的心静。

不情愿自我探测其实类似于认知懒散，都是基于恐惧心理之上的。为了维持这种充满假象的心静，超然脱俗的调解者总是求助于自动驾驶仪式的生活，从事一些例行事务。[35]慢慢地，他们也会开始过度依赖于熟人、比自己有权力的人或者自我理想化的人，亦会过度依赖于群体规范等。[36]“千万别捣乱……还是随波逐流好！”这应该是超然脱俗的调解者的座右铭了。通过这句人生箴言，我们可以看到超然脱俗的调解者对待人生的普遍倾向。

然而，一心想着过分的稳定也会产生负面的结果。这种“内心的见证”或者“见证的存在”能够更真切地捕捉到我们的高级现实，而其亦会黯然失色。这种精神洞察力的第三只眼（爱默生称之为“透明的眼球”）已经瞎了，或者至少是闭着的，因为它怕被光亮刺瞎。

心理不健康的超然脱俗的调解者在心理上太懒惰，因此永远不会醒来。对于超然脱俗的调解者来说，有一种无意识的动机一直停留在事物的表面上，主要还是自己。[37]心理不健康的超然脱俗的调解者所表现出来的那种像菩萨般祥和的举止风度会在表面被抓破的情况下，显露出其只不过是冷漠无情、排除一切的惰性罢了。

超然脱俗的调解者所不愿承认的是，他们以及我们所有人栖息的这个世界，有很大一片区域是他们自我强加的现实。对于超然脱俗的调解者来说，他们总觉得自己可以创造、改写自己的人生。而事实上，这并非属实，对于我们所有人而言都一样。无论我们本身是特殊还是平凡，无论我们的目标是否值得追求，无论我们的人生是否有意义，这一切都取决于个人的选择。这是一个令人困惑不安的想法，需要你的决心和行动。“我想我会把这个问题留到以后再去解决”，这就是超然脱俗的调解者的回答和心声。

对提高心理健康和通往内心平静的理疗建议

根据之前的讨论，很明显的是，心理不健康的超然脱俗的调解者必须接受这样一个事实：他们现有的心静是不真实的，这种心静完全建立在对自身许多值得怀疑的假设之上。超然脱俗的调解者必须慢慢意识到，他们并没有那么平凡、那么无足轻重。

这里再拓展一下有关“圣爱”的内容。“圣爱”与他们的“本源”息息相关，超然脱俗的调解者确实有一个极为特殊的命运，我们所有人也都一样。《爱的回归》的作者玛丽安·威廉姆森在其论述中雄辩地指出：

> 我们最深的恐惧并非源于我们自身的缺陷。我们最深的恐惧是因为我们过于强大。正是我们的“光明面”使我们感到最深的恐惧，而非我们的“阴暗面”。我们常会扪心自问：我算哪根葱啊，凭什么才华横溢、华丽无比、天赋异禀？事实上，你为什么不能是那根“葱”呢？你如此低调并不能为这个世界作出任何贡献。你如此畏缩并没有任何可感悟的东西，反而让他人觉得你很没有自信。我们天生就是为了向世人展现活在自我心中的“上帝”的光辉和荣耀。“上帝”并不只是活在某些人的心中，而是我们所有人的心中。在我们释放出自己心中的“光明”、让其闪耀于世人面前时，我们无意中默许了他人也这样做。在我们不再受自身恐惧感的束缚时，我们的存在也自动释放了他人的情绪。[38]

她还指出：

> 要时刻铭记你自身也是上帝的一部分，因此你也会受世人关爱。你是很招人爱的，这并不代表你很傲慢，反而代表你很谦逊。要从心底里认为自己并不傲慢，因为这暗示着你自身也是一个很独特的个体，有别于上帝所创造出来的其他生物。[39]

具有讽刺意味的是，超然脱俗的调解者这种完全基于自我牺牲之上的谦逊，事实上只不过是一种傲慢的体现罢了。“我比上帝更清楚自己是谁以及自身的价值所在。我是一个没用的废人。”

这种想法并不意味着要得到他人的同情和怜悯，因为“自己很没用、毫无价值”，超然脱俗的调解者认为自己不配享有他人的关注。

一个人只有在意识不到自身的“本质”时才会有这种疯狂的想法。自我主义心理欺骗了超然脱俗的调解者，让他们误认为只有对他人言听计从、敢于自我牺牲及自我放弃才算是谦逊，而真相却完全与之相反。

因此，在超然脱俗的调解者承认了自己这种“心静”的不真实性之后，我给的第二个建议就是，他们需要意识到自己天生的价值。

“上帝对你持有的想法就像一颗星星，在永恒的天空中永远不变。”[40]

你必须得用心去感受这种在大彻大悟之后所得到的道理和启示，并将其转化为内心的想法。如果你是一名超然脱俗的调解者，希望凡事都能循规蹈矩、按部就班，那么就试着养成一个习惯：每天对自己重复这个信息（或者启示）。我希望的是，通过重复这个重要的信息并在内心深处肯定它的价值，那么你最终会将其牢记于心并付诸行动。

我们之前已得知，超然脱俗的调解者更倾向于自我遗忘，因为他们对他人言听计从，擅用“融合策略”（指愿意融入到他人的日常生活中去）来弥补自身所察觉到的缺陷和问题。我们同样得知，引发这类问题的根本原因在于他们的懒惰。对于超然脱俗的调解者来说，自我回忆会是个不错的理疗手段，但这需要超然脱俗的调解者自身养成善于采取行动的美德。这就不仅仅涉及繁忙工作和日常事务的问题了。[41]这里所牵涉的是要克服懒惰的个性，不要睡着了就永远醒不来。

桑德拉·麦蒂指出：“实际行动……能够转变我们对自身意识的习惯性定位。”

她接着说道：

> 不懈地努力……我们需要不懈地努力，因为外部导向是我们个性结构的一个主要特征——没有它我们就无法存在，而且我们必须竭尽全力克服这种倾向的惰性。[42]

克服这种惰性是为了以其外部取向来维持我们的现状，而这是我们的精神工作中隐伏最深的障碍之一。一旦我们意识到自己尚处在沉睡状态时，这就是一种行为上的懒惰。这也是为什么“真本性”的深切感受不能立马改变大多数人的原因，无论我们读过多少类似的故事和案例……我们个性结构的主要特征之一就是它更倾向于依附他人，尤其是快速地依附于熟人，无论那个人是否理想，甚至（他）是否很不幸……如果我们要克服个性的逆流，不让它把我们骗回到沉睡的状态，就一定得不懈地努力……当我们觉得自己需要自我铭记时，它不能只是偶尔发生。要切切实实地对我们自身的意识保有持久的影响，我们就必须得坚持不懈地奋斗。[43]

如果我们能够继续这样勤勉地做下去，“随着时间的推移，我们的意识就会加深，因此便能包含我们意识形态中的‘短暂区’——我们的灵魂。”[44]

我们将慢慢意识到：我们已然超越了自己的肉体，我们的灵魂赋予了肉体新的活力，成为它的传播媒介。一旦意识深入到事物非实体的空间内，我们就开始离自身的“本质”越来越近了，桑德拉·麦蒂将其称为我们的“真本性”。[45]

这也正是我一直宣称的“高级自我”——没有历史，没有界定，组建我们自身、他人以及这个世界的感受的精神结构。这是一个全新的自我。这种“高级自我”正是我们的“高级现实”，或者说是我们的“本质”。

当下时刻关注自己的肉体和灵魂同样要求超然脱俗的调解者必须开始在排除万物或者撤入到自我想象中的过程中捕捉到自我。要获得“本质”，你就要完全忙碌于当下，即便这意味着驯服你的怒气。[46]

这类性情不应该再受到抑制或者否定。这种对“真实感受”的抑制或否定正是导致超然脱俗的调解者失去自我的罪魁祸首，使他们忘记了自身对事物的真实感受，使他们在达到自己的需求和目标时备受挫败。超然脱俗的调解者要下意识地重获对自我主义心理的控制，就需要降低自身的心理防御性。

超然脱俗的调解者的“沉默观察器”必须牢牢抓住自我主义心理，特别是当它试图掩埋可能会扰乱超然脱俗的调解者的内心平静的不愉快的感受或者想法时。抑制和否定是自我主义心理的两大策略，这为“爱”的存在的意识设置了无数障碍，而这种意识正是每个人的自然遗产。[47]

除了所有这一切精神上与心理上的提升，还有其他一些可实施性建议。譬如说，对于超然脱俗的调解者来说，他们最好能开始试着在公众面前讲出自己的心声和意见，而又不用为此道歉或者刻意贬低其价值。

建立起新的人际关系，或者开始一个新项目，绝对会令他们再次充满活力。超然脱俗的调解者需要感受激情，以此来克服自身的惰性。他们需要在想着或者开始一项新工作之前就集中精力完成一项工作。超然脱俗的调解者应当试着不要为某些琐事而分心，给自己制订一些计划，然后着手实施，并且要有始有终。最后，超然脱俗的调解者应该经常和支持他们的人待在一起。他们因此将能从自己所做的事情中获得认可、支持以及积极的关心。这种源自外界的认可能够帮助他们树立起自信心以及自我价值感。[48]

第三章

获得内心平静的普通理疗建议

> 我们不该停止（对外界的）探索，以及对我们自身的终极探索，否则我们只能到达自己起始的地方，并且将它视为未曾到过的新领域。
>
> ——英国作家托马斯·斯特尔那斯·艾略特

在人生伊始，我们都不带任何自我感而降临于世。对我们所有人来说，在其出生之际都没有自我认同。随着我们肉体发育的成熟，我们开始渐渐形成一种心理界限，它将我们所认知的自我与外界区分开来，突然就出现了“我”及“非我”的概念。我们自身与我们的母亲完全融合在一起的时代已然一去不复返，同样与之相关的其他事物也不复存在。因此，我们开始领悟“另外一个母亲”。

区别于“本质”那无差别的“统一性”，自我主义心理也开始建立感性界限，使我们看清与自己有关的独立的不同的人和事物。因此，自我认同的诞生使我们彻底脱离了他人、我们的本源以及本质自我。

我们的中枢神经系统以及知觉机制依照空间、时间、客体、因果关系等来定义我们的现实。精神现实无法通过感官察觉到，亦不能按照思维的理性及科学认知来理解，这种精神现实并不存在，或者说正如我们中的一些人相信自我主义心理，实则并不存在。

然而，这里还是出现了一个问题。我们都知道，某人因为色盲导致其无法感知色彩，所以他就会通过自我逻辑去争辩说现实中没有“色彩”。当然，此人是被自己的自我主义心理给欺骗了。因此，我们常常也会受到蒙蔽，误认为“终极现实”一定是受我们的知觉机制所限制和界定的。

这里我要说的是，在时空连续体之外另有一个“高级现实”存在，我们只有通过直接、迅疾的理解才能领悟，并非通过科学、逻辑或者感觉经验。这也正是数个世纪以来，许许多多神秘主义者、哲学家、圣人以及在精神上受到启蒙的人所传授给我们的宝贵经验。只有在这种“高级存在”的层面上，我们才能得到真正的治愈和救赎。

我们之前还了解到，物质、个人以及社会现实，至少如我们所察觉到的那样，客观上讲并非“还在那里”，但是事实上只不过是一种认知性构建罢了，是我们思维的产物。有时伤害我们且不公平对待我们的“可怕的世界”并不存在，事实上它只不过是一种防御性自我主义心理的投影罢了。譬如说，当我们受到怠慢和轻视时，正是我们的自我主义心理会首先采取防御策略。一个人如果不受其自我主义心理的束缚，那么他也就不会生气郁闷了。是否有值得发怒的事儿完全取决于自我主义心理的诠释，而这种诠释完全借助于自我主义心理的价值观、信念的过滤和处理。同样，当我们受到抨击和批判时，正是充满愤怒的自我主义心理的声音做出了相应的回击。

根据我们对之前的九种性格类型的分析和研究，我们发现：所谓的“可怕的世界”源于九种不同的性格，或者说是由九种不同的观点或者世界观感知到的。每种世界观都源于自我主义心理的投影、曲解及幻想，所导致的最终结果就是我们失去了与自身“本质”的联系，也终结了我们与“本源”的“同一”与“一致”。

自我主义心理为我们提供“情感援助”，帮助我们设计出不同的补偿策略来弥补我们认知上的缺陷，然而它的努力是不真诚的且带有欺骗性的。一些人如果虔诚地追随自我主义心理的指引，他们就会发掘这个世界的过失，责怪他人，只是为了让自己感到好受些。而有些人看到了一个冷漠的世界，便开始操控他人让其喜欢自己。而还有些人则会让我们铭记于心、征服我们或者远离我们，以便得到自己最想要的东西。至此，我们已揭开了自我主义心理的小把戏和阴谋诡计，以及它那些具有独创性的策略。

一个精神上自我治愈的常规建议是回到我们的正常心智，这就等同于重获我们对“高级自我”的意识。我们必须得脱离自我主义心理，不与它同流合污。在这充满自我推荐的世界里，这样看似有些反直觉，然而我们需要彻底忘掉积极向上地发展的自我概念，忘掉做一些事来提升我们的自尊心，因为这类事只能使自我主义心理膨胀。

正如《奇迹课程》所教诲我们的那样，无论是自我概念、形象，还是你自身，都无法取代真实的你。如果我们的真实的“高级现实”包括与上帝的“同一”和“一致”，那么就没必要再自我感觉良好了。难道上帝也需要提升他的自我形象吗？可他的自信和自尊心又该怎么办？在问这些问题时，你就会隐约感到这种想法很愚蠢、很不敬。上帝的情况同样适用于我们。如果你感觉自己需要做点儿什么来提升自己的形象或者自尊心的话，那么这也就意味着你实际上已经预设自己是有缺陷、不足以及道德污点的了。这类事同样预设了我们与“无瑕的创造者”的差异和分离。

我们给自己的定位不应是弥补我们所察觉到的自身缺陷和严重错误，而应该是在此尘世中将上帝的美德发扬光大。我们需要为上帝传播并扩大“无尽的和平与爱”。在这里所出现的奇迹就是：给予即获得。当我们与他人接触、作为上帝的信使来发扬他那“和平与爱”的美德时，那些上帝的礼物自然也就会回归到我们的怀抱中来。也就是说，如果你想获得和平，那么你就先给予和平。如果你渴望得到爱，就要先和他人分享你的爱。你在这个世界上最想看到的就是“爱”。你无须从逻辑上或者通过科学研究来证明积极的影响，只要尽力做好我刚才建议的事，看看自己会有何转变，奇迹就一定会发生！让自己成为这个世界上你所向往的爱的化身吧。

我们本质上的真实身份在受自我主义心理掌控之前，在某种程度上已被遗忘或者被掩埋于我们处于深度休眠状态的无意识的思维中。

当我们失去了对“真正自我”的认识时——这种认识在自我主义心理浮出水面之前就已然存在，我们也就看不到自己的真实身份了。

忘掉对身体之外感受的幻想，我们已经有了一种“正常心智之外”的感受。我们开始抓狂，逐步发展出假象身份的问题。我们都决定认同自我个性，却忘记了自我在“本质”上的真实身份。我们逐渐成为自我主义心理的投影，却忘记了我们的“本质特性”。我们陷入了某种如梦似幻的神游状态，选择了以经验为依据的自我。

天哪，迄今为止，仍有些人误以为这才是我们全部的构成要素：血与骨骼、大脑、神经细胞，还有突触传导。持这种想法的人都犯了一个最基本的错误，那就是他们并没有意识到：身体的外在表象并不等同于精神上的内涵。

用哲学术语来表达，真有一个“机器中的幽灵”的存在。我们将这个幽灵叫作“精神”。有些人或许会试着将精神感受简化为精神障碍、精神失常或者神经生物学的过程，但至少最终会很有可能试着将爱的体验简单理解为心跳加速、荷尔蒙（激素）升高以及独特的脑电波，并且他们认为这一切在浓烈的爱的体验中都可以被测量出来。

如果可以的话，我们要让别人爱我们，仅需要给对方注射肾上腺素，提高他或她的荷尔蒙催产素的强度，并教给他或她通过将注意力集中于与所爱之人配对的脑电波就行了。你真的认为当所有这些有关生理、神经以及生化的条件都具备的时候，那个人就会突然爱上你吗？如果你真这样想，我认识一个“人”，它的名字叫作“自我主义心理”，它肯定很乐意卖给你一块位于佛罗里达州的“梦幻之地”！

当我们触及自身的“本质”时，这也同样意味着与自我“本源”的完美结合。我们从中感受到纯朴无瑕的“完美”，而这种完美正是完美主义者一直苦苦追寻的。从无私给予者的角度来看，我们意识到自己其实是自身“本源”的爱的拓展和延伸。事实上我们本身就是那种“爱”，因为一切皆为“爱”。这就是无私给予者的真面目，他们需要记住这一点，我们所有人也同样如此。从善于表演的明星的观点来看，我们意识到自身拥有“绝对的价值”，这种价值是任何人都无法剥夺的。任何条件下我们的自我价值都不能被取代，因为它是无瑕疵的，所以我们不再感到自己的缺陷和不足。从深情的利己主义者的角度出发，我们意识到自己是“完整”的。我们在很大程度上已经远比其虚荣自负的自我主义心理所设想的优秀了。我们已然远远超越那可怜的梦想及幻想所希望我们具有的一切。

当我们感受到自身的“本质”时，就不再幻想去其他地方或者成为其他人了。最终我们在这里获得了内心平静。

就像善于观察思考的人那样，当我们触及自身的“本质”时，我们已然超越了纯粹基于感官的认知以及对柏拉图式的“灵知”的纯粹知性追求了，这种“灵知”是对“神圣思维”的直观认知，柏拉图将其称为“情绪的境界”。通过“灵知”，我们展现出“佛祖的意识”，有些人或许称之为“基督的思维”。通过追忆那些精神大师的想法和感受，我们亦经历了自己的人生。我们同样也会像受到启蒙的无比忠诚的人那样充满安全感，觉得自己立足于“本质”是最安全的。我们得到“天命”的强大支持。反过来讲，这也会让我们能像永远年轻的人那样感受到宽阔的空间以及细腻的“喜悦之情”。至于永远年轻的人，我们并不担心未来会怎样，也不会为过去的事情所烦恼。当我们感受到“本质”时，我们是活在当下的，请记住是当下。“当下”即所有。“当下”就是“本质”。当我们经历过自我超越，我们也能感受到强势的叛逆者的“活力”以及“本质力量”。拥有并感受了迄今为止上述的所有性格类型所展现出来的“本质特性”之后，下一个就该说说超然脱俗的调解者的“心静”了。当然，这种“心静”并不只属于超然脱俗的调解者，就像刚才所提到的所有其他的“本质特性”也不只属于一种性格类型一样。超然脱俗的调解者是与“本质”这种元素的关系最错综复杂的性格类型。事实上，无论是我们中的任何一位，只要认同了自我主义心理，最终都会迷失自我，正如超然脱俗的调解者认为的那样。“心静”正好是心灵困惑的对立面。哪里有焦虑、沮丧、愤怒或者恐惧，哪里就不会有“心静”的感受。“心静”有其自己的征兆，会以下面几种半开玩笑的方式表现出来。每种所谓的征兆事实上都包含着一个相应的对策。接着往下读，你就会明白。

心静的征兆

我建议大家要时刻注意心静的征兆。有不少人的心理都已显露出心静的状态，极有可能是所有人都会“染上”心静，这一心态就像流行病一样。直到这一刻为止，对于世上相对稳定的冲突状态而言，这将是一个严重的威胁。

心静的一些信号和征兆：

- 倾向于不由自主地想问题并付诸行动，基于以往经历的恐惧而不会静下心来细想（大家跟我一起读：我们应该不由自主地想问题并付诸行动）
- 很会享受人生的每一刻
- 没有兴趣评价他人的是非对错
- 没有兴趣评价自身的是非对错
- 没有兴趣弄清楚他人的言行举止
- 没有兴趣参与矛盾和冲突
- 凡事从不感到忧愁（一个非常明显的征兆！）
- 频繁且势不可当的层次提升
- 接触他人及大自然时的满足感
- 爱笑

- 更倾向于凡事能够顺其自然，而不是非得促使其发生
- 对他人对自己的爱十分敏感，并总是情不自禁地去关爱他人

注意：

如果你具有上述某几条或者全部的征兆，那就请你一定得接受我的建议：你的心静状态可能太高级了，因此你的心理问题并不一定能够有效地治愈。如果你向任何人暴露出这些征兆，那么这只能给你自身带来麻烦。

在我们努力获得心静的同时，极为重要的一点就是要记住：事实上，世上有九条不同的道路，选择哪条道路完全取决于你自身的性格类型。至于说如何到达终点，所有的建议和指引都是针对不同性格类型而言的，我们之前已有所提及。

令人震惊的是，当我们最终到达自己的目的地时，我们才突然发现自身那长远的精神旅程其实一点儿都不长，事实上只不过是“从这儿到这儿”的距离罢了。我们从没离开过“真实的自我”，因为过去未曾发现，今后也不可能发生。我们不可能成为别人，只是最初的真实自我罢了。

自我个性只是一场噩梦，我们都希望自己能从这场噩梦中早点儿醒来。这里引用一句英国作家托马斯·斯特尔那斯·艾略特的话，那就是我们此时“到达了自己的起点，并将它视为未曾到过的地方”。最终我们还是落叶归根了，真正地归根了！我们曾脱离自己的“本质”，而现在又回归了“本质”。

如果我们“真正地理解”了所谓的现实完全是由我们的思维一手构建的话，那么这对于我们如何看待、评价他人会有巨大的意义。我们所看到的这个现实其实只不过是一种由自我主义心理一手创建出来的世界观罢了，为的是弥补我们与自身“本源”的脱离并控制因此产

生的恐惧感。我们铤而走险，通过欺骗自己来缓解痛苦并得到自己想要的东西。在我们努力这样做的同时，我们常常会感到自身受到了威胁，因此必须要以理性以及其他多种防御性自我欺骗的行为来保护我们自己。有些时候，蓄意冒犯或攻击他人是自我主义心理最擅长的策略。如果我觉得自身有不足和缺陷，我可以批判我的邻居，说他是个吹牛大王。如果我对自我价值有种不确定感，那么我也可能会抨击我的同事，说他空有抱负，没有实际行动。如果我对某件事不了解，我也可以批评某个人，说他很愚蠢或者很自负……

关键是，所有这一切批判他人、责难他人、自欺欺人以及抨击他人的行为妨碍了我们获得“内心的平静”。在一定程度上，我们心里也很清楚，我们往他人身上吐唾沫的行为是不对的，这在很大程度上是我们自身缺乏安全感所导致的。因此，我们为此会感到内疚和惭愧。当然，正是自我主义心理将我们从情感危机中解救出来，并迫使我们将此类事投影在他人身上。于是我们心里就没那么难受了，至少暂时是这样，直到再次以更严重的方式实施这种对他人不公的投影之前，我们都不会感到内疚和惭愧。从蓄意攻击、责难他人到内疚和惭愧，然后又从良心上的负疚和惭愧再度回到蓄意攻击、责难他人的行为上，这真是一种螺旋式的“坠落”啊！只有当我们以宽仁之心去对待他人时，这种“坠落”才会彻底结束。

问题永远都不是出在“他们”身上，而是在自己身上。通过宽恕他人并理解他人，我们才有可能获得心静。他们的品行不端、鲁莽轻率以及盲目追求何尝不是我们自身的写照，这些都是防御性自我主义心理帮助我们摆脱心理及情感痛苦的策略。那些伤害我们、烦扰我们以及激怒我们的人同样在绝望地寻求关爱，这也正是精神洞察力所揭示给我们的。

这就如同耶稣所教诲我们的那样：要学会去爱你的敌人。我们给予他人充满爱的认可，这种认可就是我们所能给予自己的最美好的礼物。通过宽恕我们的兄弟姐妹，我们也会更容易地宽恕自我。

说到他人，最重要的是我们需要意识到在与他人接触、相处的时候自己的初衷。譬如说，如果你表现的社交能力强、很喜欢跟人接触交往只是为了获得自我验证，那么其实你只是在寻求他人的赞誉和恭维来作为弥补自我不安全感的策略。再譬如说，如果你以自己的方式来帮助他人就只是为了他们也能以同样的方式回报你，那么其实你只是在操控对方来帮助你自我感觉良好。如果你与人接触、相处的目的就是为了建立起自己的人脉并以此来发展你的事业，那么这其实等同于情感上的不真诚和虚伪。有些人能够与他人建立长期亲密无间的人际关系，只是为了弥补自身所缺乏的某些东西，譬如自信心、形象或者财富。在这种情况下，我们这种特殊的关系只不过是在利用他人来达到自己那自私自利的目的。

一旦我们的好搭档未能如愿以偿地奉上我们极度渴望的东西，那么这种关系立刻就会终结。说到婚姻，突然跃入我脑海中的几个事例并非由“天堂”所促成，而是由具有欺骗性的自我主义心理所促使，他们婚后的命运早在一开始就已注定。无须担心，一旦你们离了婚，自我主义心理就会马上再帮你找到更合适的另一半，前提是必须先得离婚，要是没离那可不行。

当我们迄今所选的搭档都无法满足我们的需求时，请一定要记住一点：他们本身并没有什么过错，而是我们的需求和期望值让我们自己感到备受挫折。虽说他人并没有达到我们的期望值，但他们本身并没有错，不该受到我们的攻击和批判。我们从他人身上看到了我们想要看到的东西。如果我们已经改变了自己的期望值，那我们同样也该改改自己的感知能力了。

在对待一个人时，无论你选择欢迎或者不欢迎，出手援助或者敬而远之，爱或者恨，都取决于你的心情。一句老话说得好：一切都由你的思维来主宰。说白了就是，当他人无法达到你对他们的期望值时，那么就给对方一个喘息的机会并宽恕他们。他们的价值观、信仰及世界观或许和你的并不一样，而这本身并没有错。

我们那有悖常理的自我主义心理不仅严重干扰了我们自身的这种爱的特殊关系，还严重干扰了《奇迹课程》中所谓的特殊关系。我们要明白一个事实：我们每个人都有憎恨的人，我们都曾经在那些人身上施以最恶毒的毒液。

说到这里我想起了一种深刻的见解：你无法忍受他人的地方恰恰是你不喜欢自己的地方。妈妈在很久以前就教给了我们这个道理。

所以说，下次你再把时间和精力浪费在生某个你无法忍受的人的闷气或者绞尽脑汁盘算着如何算计某人时，停下来并自我反思一下吧，问问自己你内心的想法是什么。很明显，你的自我主义心理代表你的“低级自我”发怒了（“高级自我”是无法触及的）。记住一点，你的敌人也正是你的老师，如果不是这样，那么照照你的心理之镜，你将会看到你痛恨自己的地方。因为根据自我的本性，痛恨自己本身就是一种自我毁灭的行为，责难和攻击必须得向外延伸。这就提供了一种暂时的权力感、优越感、自负感、自豪感、重要感以及安全感，这些因素都不会带来持久的心静。有关自我状态的感受和感知是更好还是更坏、更加重要还是无足轻重、更强势还是更弱势，这一切都取决于分离与差异而非“本质”，只有“本质”才能找到真正的“心静”。

我想引用阿西西（意大利城市）的圣弗朗西斯科祷文作为结语。它教导我们宽恕是我们的职能所在，建议我们只有通过“消亡”（对于假象自我主义心理的自我而言），我们才能重获永生，这就是我们一直所说的“本质”。这段祷文还特别强调了普遍的精神教诲，即给予就是获得。让我们充满虔诚和敬畏之心，让我们允许自己找到一条更好的生存途径，并且在脑海中默念或者大声告诉自己：

主啊！让我做你的和平之子
在憎恨之处，播下仁爱
在伤痕之处，播下宽恕
在怀疑之处，播下信心
在绝望之处，播下盼望
在幽暗之处，播下光明
在忧愁之处，播下欢愉感

主啊！让我少为己求
少求受安慰，但求安慰人
少求被了解，但求了解人
少求爱，但求全心付出爱

因为
在赦免时，我们便蒙赦免
在舍弃时，我们便有所得
在死亡时，我们便得重生

第四章

传统现实疗法所带来的启示

> 自我主义心理阻碍了你意识中的主要动机并慢慢掌控一切，最终没有让健全的神智占主导地位。
>
> 当你看清了事实的真相时，你有权作出抉择。那一刻来临之前，你只能决定如何选择一种更好的途径来再次欺骗自己。这门课程是要教导你：只有看清了事实的真相，真正的决定才不会是在形式不同但本质仍旧相同的幻象与错误之间作出选择。
>
> ——《奇迹课程》

这本书并非在讲述传统现实疗法的某种治疗作用或者发展现状。事实上，针对先前所有性格类型人群的心理动态的讨论和描述间接地反映了威廉·格拉瑟的一些评论，对人类行为中人的动机、感知以及往昔所扮演的角色的基本理念，还有人的自我感，他甚至承认人都有一种选择代理的存在的倾向。

人们对自我认同感的认识或许和任何人的选择都有一定的关系，或者说他们并没有认真考虑过自己要如何控制现实。

我们清晰地区分传统现实疗法和我所提出的精神疗法，我将利用到本书中涉及的所有性格类型自我心理动态的大量观点和见解，并一一诠释它们对格拉瑟理论的消极影响。作为对格拉瑟的评论的一部分，我也将揭示格拉瑟的评论中以经验为依据所造成的缺陷和矛盾。

然而，在我们真正开始这种评论性分析之前，对格拉瑟的立场做出一个快速的轮廓剖析将会很有帮助。对于那些不甚熟悉或者完全不了解格拉瑟理论的人来说，如果想深入了解，就请看看下面的文字。[1]

什么是传统现实疗法？

现实疗法是一种心理咨询策略，也是一种心理疗法，它完全基于一种对脑功能的理念之上。作为整个控制系统，人类的大脑就像自动恒温器中的调节器一样运转工作。若要将这个小小的装置暂时人格化，可以说自动恒温器在不断寻求调节它的行为举止的方法，通过得到自己“想要”的东西来作为改变、控制周边世界的结果。[2]如果自动恒温器设定在七十二华氏度，而温度低于这个度数，那么自动恒温器就会提示熔炉何时开始工作。一旦达到自身“想要”的温度，换言之，一旦自动恒温器得到了自己“想要”的东西，它就会立刻关闭系统并停止“运行”。如果哪个自动恒温器有中央空调系统，温度能够快速升到七十二华氏度以上，那么此时就需要不同的“行为”了。一旦中央空调系统“得到了自己想要的东西”，它就会再次自动关闭。实际上，自动恒温器会以一种“需要—满足”的方式对外界环境“起作用”、“改变影响”并“逐步加以控制”。它“选择”以何种方式“运行”，好让自己变暖或者变冷，都取决于它“想要”怎么样。

对于格拉瑟而言，人类行为就像自动恒温器那样运行工作。当我们察觉到介于我们所想之物以及我们现如今拥有之物的巨大反差时，我们就会受到动力的驱使并以某种行为方式表现出来。就像自动恒温器，我们在调节、控制着自身的环境。根据格拉瑟的理论，每个人的特殊需求事实上都有可能是无止境的，归根结底都基于五种最基本的需求，他本人认为这五种需求从遗传基因角度来讲都源于我们的DNA（脱氧核糖核酸）。[3]

那么，需求是一种可作为手段的目的，我们经常要满足以下一种或者几种需求：

1.为求生存和繁殖后代的需求

2.归属感的需求

3.对权力的需求

4.对自由的需求

5.对欢愉感的需求

在说到第一种需求时，格拉瑟指出："基因的职责就是为了更好地理解这一点，就是说如果我们认为它们能提供给我们自身一系列有关生物方面的指导说明，如果我们想要存活下来、生存下去并获得成功，我们就必须得付诸实践。"[4]在说到其他几种需求时，他指出，"我们正处在自身的核心生物本质中，我们打心底里对自身某些基因方面的指导说明感到很满足，但并非是我们的肉体感到满足，我们的肉体既无法给出更准确的指导说明，亦无法使我们的本源更具有生物性。"[5]换言之，这些"基本的心理需求"亦在生物方面及基因方面规划了我们的一切。

根据格拉瑟的理论，当一个孩子出生时，他完全不知道什么能满足自身的基本需求。然而，随着时间的推移，孩子逐渐形成多个在大环境下需要满足的人和事物的心理"图像"。随后，这些图像又处在了一种所谓的"心理图像集"中。譬如说，一个饥饿的孩子或许会从祖母或者保姆手中得到一块巧克力饼干并好好地享用。之后，巧克力饼干的图像就会归档到孩子的思维意识里，下次他再次感到饥饿的时候，第一时间就会想到美味的巧克力饼干。饥饿的孩子"需要"消除自己的饥饿感，因此在其脑海中就会形成一种固有印象，知道巧克力饼干能消除自己的饥饿感。现如今，这个孩子"想要"一块巧克力饼干来满足自己生存的基本需求，在此案例中就会牵涉到饥饿感和食物等因素。

"饼干问题"很好地诠释并印证了格拉瑟的理论：我们所有人尽其一生，只是在存储自身"图像集"中需要满足的事物、人、事件、威廉·格拉瑟，美国心理治疗学家，现实疗法的创始人。1925年，他出生于俄亥俄州克利夫兰。1945 年获临床心理学学士学位，1948 年获临床心理学硕士学位，1953 年获加州大学洛杉矶分校医学博士学位。1954年至1957 年任实习医生。1957年他在洛杉矶的退伍兵管理中心参与精神病治疗训练，1961年取得检验合格证书。受训期间，他感到其所接受的传统的精神分析疗法有很大局限性，这是他创造现实疗法的种子。

之后，他在加利福尼亚系统地阐述了现实疗法，并在洛杉矶建立现实疗法研究所。以洛杉矶为基地，格拉瑟在美国、加拿大和其他国家举办多次研讨会，并利用研究所的分支机构——教育训练中心把现实疗法运用到学校教学情境之中，培训了十万名教师，影响较大。

格拉瑟以其现实疗法而闻名。1961 年，他出版的第一部著作《心理健康还是心理疾病？》首次谈到现实疗法的一些基本思想以及在实践中的尝试。1965 年他的《现实疗法》一书问世，标志着现实疗法的正式推出。1967 年他在洛杉矶建立了现实疗法协会（1996 年更名为威廉·格拉瑟协会），1968 年成立了对教师做现实疗法训练的分支机构——教育训练中心。1973 年现实疗法协会开始进行现实疗法的资格认定。现实疗法的基础是控制理论（Control Theory），1996 年格拉瑟将其更名为选择理论（Choice Theory）。

格拉瑟对精神分析不满，认为精神分析不是教人对自己负责，而是固守过去并因过去而总是指责别人。他认为人都有爱与被爱的两种基本需要。如果这两种需要不能得到满足，人就会产生焦虑、怨恨、自暴自弃等消极情绪反应，并可能产生逃避现实、不负责任的欲望。现实疗法强调当事人的责任和力量；重视当前的行为，协助当事人拟定明确的行为改变计划并切实执行；以关怀和尊重为基础建立彼此的信任关系；强调当事人自身的优点和潜能。它的基础是选择理论，重点放在改善现在的关系，也就是帮助当事人去思考他现在生活中的一些关系，并且为修复已经遭到破坏的关系做努力。

形势以及经历等所有这些图像，这本“图像集”也可称为是我们的“品质世界”，这是一个我们思维意识深处的内部地带，它包含了所有我们需要满足的图像。[6]

当我们感受到某种基本的需求时，我们就会到那个满是已储存图像的世界里，选择在那一刻最需要满足的东西。譬如说，如果我们觉得自己需要有归属感，我们或许就会找出这样一幅图像——自己身边围着几个好友或者某个团体。我们或许会给某个朋友打电话，或者把一大帮子人招过来，因为这样做能让我们得到自己想要的东西，因此便也能满足我们的这种基本需求。然而，我们所有人都有不同的朋友圈，属于不同的团体，因此在这个“品质世界”里所能收集到的图像也会因个体之间的差异而有所不同。对于什么才能真正地满足我们，所有人都会有不同的想法。尽管我们每个人想要的东西或许会因个体差异而有所不同，但归根结底仍旧在上述五种基本需求的范畴内。

这种满是心理图像的内在品质世界是很重要的，尤其当它涉及我们对外界的感知能力和反应时。譬如说，如果某位家长在脑海中对某人形成了一种良好的固有印象，他们就会希望自己的儿子也能像那个人一样，比如欣赏对方的成熟和责任心强。当这位家长看到自己的儿子行为不端、处事欠考虑或者极不成熟时，在这位家长的思维深处自己想要的东西以及自己所得到的东西的矛盾和差异就会出现。正如自动恒温器会在出现反差时自动开启熔炉或者空调一样，介于家长对现实的认知以及在他那理想的“品质世界”里自己所想之物之间的巨大反差也将自动开启“行为系统”。介于认知和所想或者需要满足的图像之间的反差越大，早点儿开始行动的欲望就越强烈，自身也会变得越发有积极性。在这种情况下，这种动机或许会转变为实际行动：严厉地训斥孩子一通，好好地惩罚他一下，好言好语地劝导他该怎么做。我们都很希望家长的这些行为能够有效地帮助到儿子，对他产生一种积极的调节作用。如果儿子因此改变了他的行为举止，做事更加成熟且更有责任心，那么这位家长无疑得到了自己想要的结果。

不幸的是，经验告诉我们：从长远角度来看，选择“控制现实”的行为并不一定那么有效、一帆风顺。儿子或许会改邪归正，从此踏踏实实地做事，或许不会。摆在儿子面前的选择对他而言或许并非是需要满足的，因此，最终导致的结果就是，他很有可能会选择忽略所有家长用来试图改变、影响他的行为策略。在这种情况下，家长为了能得到自己想要的东西，就只能采取一种更能满足儿子需求的行为策略，以便使他们得到一个“双赢”的结果。

当人们的选择性行为能够成功地帮他们得到自己想要的东西时，他们更有效地掌控了自己的人生。当他们的这种选择性行为无法使其得到所想或者所需时，他们并没有很有效地掌控自己的人生。总之，人们总是在“控制”，也可以说是在按照一些固有规则来行事，安排、组织、协调人生中遇到的所有事情，并试图影响、改变自己的境遇，只为了满足其自身的基本需求。

在接受理疗的情况下，人们总是在寻求帮助，因为他们在很大程度上不能满足自身的欲望。如前所述，父母总是为子女的行为举止感到痛心疾首。依照我们满足自身基本需求的标准，当我们现存的所有行为能力逐步空虚时，我们就一定会组织安排起新的行为。这里说到刚才提及的那个不成熟、没有责任心的儿子，如果威逼利诱和惩罚无法“控制”他的话，那么家长就试试其他的行为模式，譬如“坦诚相见”或者“分享自身的感受”等，以一位心理咨询师的身份闪亮登场，和他心平气和地谈谈，这样或许对他会有所帮助。

自身需求的满足，最终还要取决于个人的选择。当然，对于要度过需要得到满足的人生的人而言，继续选择行不通的处事方法很有可能会适得其反。

这里得提一下格拉瑟，他改换了自己的理论范式的名称，于1996年由以前的“控制理论”改换成“选择理论”，这种换名反映出其理论临床功能及教育功能。格拉瑟主要想强调一点：人类的行为有其选择性。[7]显然，随着这种“控制说法”而来的，还有一些不幸、消极的内涵。但就这种“控制说”而言，格拉瑟本人并非是要强迫他人来满足自己的欲望，当然，尽管极有可能某些人会这样做，仅仅是为了得到自己想要的东西。

格拉瑟的大体意思是，人们总是以满足需要的方式来控制自己的行为规范，尽最大努力以便得到自己想要的东西，无论这一行为是否会带来收获，无论这一行为有多疯狂或无用。

作为有心理作用的生物，我们总会在遗传基因方面受到“该如何满足自身基本需求”的指令。我们必须约束自己的行为规范，或者对这个世界起到一定的作用，以便能完成这项工作。对于格拉瑟而言，我们总是在试图控制现实，以便得到自己想要的东西。

要真细说起这个所谓的“控制理论”以及“选择理论”，三天三夜也说不完，它们的内容远比我刚才说的那些要多得多，多到足以涵盖对它们的一些实际理疗应用的全部解释。

罗伯特·乌博尔丁是格拉瑟共事多年的同事。他特别明确地诠释了这种心理开导技能方面的现实疗法，简单来说就是“WDEP”（为了更好地解释说明，在实际操作时，其过程并不像这里所体现出来的那样受到严格控制以及有很明显的连续性）。

理解了这一点后，我们再来看这些缩写字母分别代表什么意思。首先，“W”表示“需求”。在心理咨询时，客户总要诉说自己的问题和烦恼并习惯性地抱怨某些人。这让人感觉他们总是有诉不完的苦衷，在很多方面没有得到满足。

真正意识到这些对他人的责难、批判和抱怨通常并不能实现需要的满足，现实心理理疗师最终会禁不住反问道：那你究竟想要得到什么？

如果有谁总认为他人才有问题，只有对方改正自己的错误才能从根本上解决问题的话，那么对他来说这无疑是一件无比震惊的事。真正意识到自身并不能去“控制”他人的人生，现实理疗师总喜欢这样开导自己的客户。当然，理疗师开导客户让他们说出自己的特殊需求，这样他们对于客户究竟在寻找什么才会有一个更清晰的“图像”。

一旦确定了客户的真正需求，理疗师就会让客户自己来辨别、判断自身的实际行为是否能帮助他们得到自己想要的东西。说白了，“D”指的就是“（实际）行为”。

在客户或者（心理）病人自身能够意识到他们的选择性行为之后，理疗师就会接着问：“你目前正在付出的努力是否能帮助你得到自己想要的东西呢，或者说这种努力是否会阻碍你得到自己想要的东西呢？”这就是评价环节，可以简写为“E”。

最后，如果事实证明客户目前的行为行不通，那么理疗师就会鼓励他开始规划新的行为规范，以便获得未来的成功和成就以及自己想要的东西，这就是“P”。

如果事实证明根本无法得到自己想要的东西（譬如说，无法获得爱情以及与已故家人之间的那种亲密关系），那么就需要试着寻找新的爱情及（与他人的）亲密关系，这是最有可能实现的事情。能够满足这种基本需求的新“图像”一定会逐步形成。

总而言之，客户需要有一种新的行为规划。这种基本需求本身并不会消失。可问题在于，有些人会受困于自己的人生，因为他们总在不断尝试用以往的方法来满足自身的基本需求。

当这一切无法实现时，正如之前给出的案例，他就会感到十分沮丧和无望，因为就目前来看，似乎没有任何一种可行的办法能够帮助他满足自身的基本需求。这个残酷的事实让我想到选择理论的其他几个重要的因素以及它本身对“现实疗法”的具体应用。

首先，现实疗法主要是针对目前的情形，也在较小的程度上针对未来可能出现的局势。人们此刻正致力于满足自身的基本需求，抑或不是。如果是，那就没问题了，那么他们就能更有效地掌控自己的人生。然而，如果不是，他们就必须好好反思一下自己目前正在做的事情，想想自己的努力为什么行不通。或许将来应该试着稍稍改变一下自己的行为模式，抑或寻求一种完全不同的、更好的行为模式来更有效地掌控自己的人生。无论哪种情况，这都取决于个人选择。无论他们的行为策略是否有效，人们总是在试图“控制”自己一手创建的当前现实。

对于选择理论或者控制理论而言，还有另外一个十分重要的因素，那就是它对“刺激—反应”行为心理学的排斥。

和我的观点一致，格拉瑟也不认同“刺激事件必然会以某种因果关系的形式来决定行为”这一理念。他坚信，在任何既定情况下，对于如何反应，我们每个人都有自己的选择。他非常强调个人责任心的重要性，非常排斥人们活在过去或者利用自己过去的经验来作为一种为自己辩护、开脱的借口。已发生的事儿早已尘埃落定，你根本无法改变自己的过去。因此，格拉瑟提倡我们放眼当下、展望未来，尽力做好在我们控制范围内的事情。如果说某人过去受过虐待凌辱，没有得到自己渴望或者需要的东西，那么他此刻仍可以自由“选择”过需要得到满足的生活。他可以采取适当的行动。根据个人需求来规划新的行为规范，将之付诸实际行动并自我评估其结果，这才是传统现实疗法真正要教给我们的内容。其终极目标就是要让人们能够更有效地掌控自己的人生。

对传统现实疗法的批评

有关格拉瑟选择理论的第一个十分严肃的问题主要是对“基本需求”的理解。我在这里要做的评论就是，他的理论内容很武断、不完整、过于简化，但是，它在本质上反映了“强势的叛逆者”的心理，在这一点上很像格拉瑟本人的心理。格拉瑟从一开始对基本需求的理解就前后矛盾。

我们首先发现了格拉瑟理论的武断性，然后依据性格类型心理动态的有关内容对他对基本需求的片面认知加以批评和分析，这些内容早已在本书先前的章节中有所提及和讨论。

在我们进行批评分析这一环节里，我们同样揭示了格拉瑟理论的前后矛盾以及过于简化的倾向。至于这种评论的后半部分，我们将着眼于一点，那就是格拉瑟对“感知”的理解有很大偏差，他未能考虑到每个人的发展历程以及现有的心理动态，这样做极有可能导致心理理疗师将自己的客户直接打回到已改变行为模式的反面。

通过帮助他人来满足他们自身的“基本需求”，这对他们自身察觉偏差的缺陷和不足来说是亘古不变的。实际上，所有这一切常常会通过这种方法来完成。正如我们所见，像格拉瑟理论这类的课程，总会忽略“本质”的精神内涵，将注意力完全聚焦在如何满足“低级自我”或者自我主义心理那基于生物学方面上的需求，这样做最终只能导致失败。

任何一个对心理学及人类行为动机感兴趣的人都有可能会对格拉瑟所发明的基本需求理论的内容感到好奇，但最好奇的还是他具体如何做到了这一切。每个人还是会为自身寻求某种以经验为依据的支持或者合理的借口，也就是说，他很有可能会逐步建立起一套体系完整的心理开导技能及心理疗法，并利用它们来作为一种理论依据，正如格拉瑟的做法。如果你仔细地阅读了格拉瑟的著作，包括他那本具有开创性意义的著作《控制理论》，你就会发现书中的理论并没有足够的科学或者理性的支持和依据。他在其中写道：

> 通过仔细审视我这一生，我开始慢慢相信：我本人完全受到了五种基本需求的驱使，而这五种需求完美地结合在一起，形成了一股强大的力量，正是这股力量在驱使我前

> 进。在授课时，我和成千上万的人都讨论过这些问题，他们几乎都承认自己受到了这五种基本需求的驱使。正如我所描述的那样，仔细审视你自己的人生，看看你是否也受到了这些基本需求的驱使。我相信你最终会得出和我们一样的答案，因为同类的所有生物极可能都受到了同种力量的驱使。[8]

从上述引文中我们不难发现，格拉瑟对一切谬误的推理肯定感到很内疚。对于“刺激他”或者“驱使他”的因素而言，他用自己的亲身经历作为有力证明，断言他人亦受到了同样的刺激和驱使。依照经验依据来判断，一个人的案例并不一定就是所有人的情况。不可否认的是，这种草率的结论并不完全没有事实依据。个人经历的有力证明也源于与其课堂听众的交流与分享，同样亦可用来有力证明自己的立场和观点。然而，很明显的是，这种证明再次受到了否决和排斥。即便说大多数听课者都同意格拉瑟的说法，但是大多数人的意见仍然不足以辅助说明他的观点和立场。一个最简单的原因就是因为多数派的意见通常都是错误的。我们并不能因为大多数人对这种信念都感同身受而轻易地下结论说它就一定是对的或者是合理的。譬如说，历史上曾有大多数人都认为太阳围绕着地球转，直到波兰天文学家尼古拉·哥白尼最终证明这个结论是与事实完全相反的。此外，那些去听格拉瑟讲课的人（都是老客户）极有可能出于某种个人原因而去捧他的场，因此自然而然地也就会更倾向于在一开始就认可格拉瑟的说法。在这种情况下，格拉瑟这种非官方的调查完全是歪曲的案例。或许正是听课者这种想当然的态度在一开始就吸引了无数的听众来听他的课，并引起了他们对这些基本需求的一致共鸣。关键在于，格拉瑟的信念以及他个人经历的“有力”证明既不合理，也不科学，没有任何经验依据，也没有做过详细的统计调查，因此很难让人接受他的这套理论。他所提及的内容只不过是一种个人的武断性选择罢了。

在说到格拉瑟这种“基本需求”论的武断性时，我并非想要说人类从没有受到他所述的这些因素的驱使或激励。日常经验告诉我们：所有功能健全的人都需要得到关爱、爱情以及自我人生中的归属感。我们都在寻找自身的生存之道，喜欢享受自由和乐趣所带来的快感。我们中有些人或许更倾向于接受、认可诸如自我中心这类的事情，或者至少认为自我人生非常重要。

至于权力，也并不是每个人都想当老板或者大官，利用手中的权力操控他人或者掌控一切。然而不言而喻的是，个人的授权极有可能是一件很美好的事情。而事实上，每个人都只是想要掌控自己的人生，不愿臣服于他人的权威。

因此，我的第二个评论并非是要说格拉瑟对于其基本需求的诠释和理解是完全错误的。可问题在于，他的理论是不完整的。在这里“基本”的意思也有一点儿令人费解，我们过会儿将会看到。

如果我们能回到对前文性格类型心理动态的课题中去，我们也就能更好地理解格拉瑟理论的不完整性。譬如以完美主义者为例，正如我们先前所讲，完美主义者非常重视事物的完整性以及道德感的完美。他们对于能够公正、正确地处理问题有种很深的心理需求。他们的存在理由就是为了改善这个世界，让它成为一块更完美的净土。完美主义者在实际行动中表现出一种极强烈的道德公义感及大智慧。

相比之下，好奇心重的善于观察思考的人在很大程度上受到对这个世界的认知和理解以及万物如何运转等强烈认知欲的驱使和激励。他们需要知道事实的真相，领悟终极现实，通过获得以往那纯粹、肤浅的外表来实现这一切。在这里再申明一遍，这并非是善于观察思考的人的最佳选择。这种心理上的渴求是根深蒂固、由来已久的。对事实真相和万物本质的苦苦搜寻正是他们的本质性格的一部分。

至于超然脱俗的调解者，像我们所有人一样，他们对获得内心平静也有一种基本需求。鉴于他们现存的心理动态，这种欲望对他们而言很有可能比其他性格类型更强烈。为获得内心平静，他们选择了隐居和休养生息。他们并不是受肾上腺素驱使的人，他们不喜欢总是在找乐子、找刺激。他们更愿在深山老林中隐居，从没想过要出去征服世界、与他人建立具有深远意义的人际关系或内心逐渐形成一种归属感。

虽然格拉瑟口口声声坚称自由源于孤独和隐居，我还是要特别强调一点：自由（源于工作压力、他人、社会责任等的自由）有益于寻求作为一种导向结果的手段，而非其结果本身。独身隐居于丛林之中正是培养内心平静的一种手段。人们并不是因为在这片丛林中找到了自由而内心就获得了平静。

因此，对于超然脱俗的调解者来说，内心平静甚至比自由"更基本"或者更重要。"如果与此同时你在心理上受到痛苦的煎熬，那么能够自由地做自己喜欢的事情又有何意义呢？"超然脱俗的调解者这样问道。超然脱俗的调解者的整体心理动态都在围绕着获得内心平静而转。这也正是超然脱俗的调解者为何需要过一种圆满的生活，而超然脱俗的调解者渴望或者想要的东西（譬如说更愿意独居的自由）正是为那个目标而服务。

从本质上讲，超然脱俗的调解者并非像强势的叛逆者那样重视自由。自由或许能为人们获得内心平静而创建一定的便利条件，但绝非一定。我坚信一位斯多葛学派的奴隶曾说过的一句话："当我在肢刑架上时我绝没有自由。"（肢刑架是一种酷刑设备）在当时无比残酷、没有人身自由的条件下，真正激励斯多葛学派的奴隶活下去的理由就是他获得了一种内心平静——完全不受痛苦、烦恼摧残的内心平静。对于那名斯多葛学派的奴隶而言，没有（人身）自由并没有触及他的灵魂深处，一点点都没有。

除了已讨论过的内容，深情的利己主义者也并不在格拉瑟理论的基本需求论的范畴内，他们并不渴望建立起某种自我认同感或者真实的自我表现。格拉瑟再次指出，无论你是否喜欢、是否想表现自我，这种行为都能增强自由感，乐趣多多，而他的理论亦包含了深情的利己主义者的相关问题。但是，无论是自由还是乐趣，都已和我们这里真正在讨论的核心问题相去甚远。自我表现的确有可能乐趣多多，但你的终极目标并非为了娱乐或者找乐子，你也没有为此试图发展成一种真实的自我感。事实上，真诚的自我表现有时能够分担一定的苦闷及情感上的痛苦。你需要宣泄一下自己的情绪，大声地告诉这个世界："老子就在这儿，老子还活着，老子也算是有头有脸的一号人物，老子是独一无二的！"我们可以认为这种宣泄如同找乐子的那种心理需求一样基本和重要。深情的利己主义者有可能会建议道："再基本点儿！"

格拉瑟还建议，如果深情的利己主义者在自我表现的需求中无法满足找乐子的需求，那么或许当务之急的需求应该是自由。毕竟如果没有自由的话，亦会使自我表现陷入困境。作为回应，你可以允许个人自由为自我表现创造一定的有利条件，但再一次值得说明的是，这样轻易下定论也是不对的，因为这种自我表现是每个人都想要的东西，这是为了满足他们对自由的需求。独特、真实的自我表现并非是要张开自由的翅膀，它更像是你以原始性、创造性的方式来表现自我认同感的一种途径。它是为了获得、表现一个人内在主观性的真相。无论是语调还是实质上，选择理论心理学都不会如此关注这些因素。

对于格拉瑟而言，情感深度已降低为一种可观察性的行为。令人惊讶的是，格拉瑟在其著作中明确指出，他可能会考虑到"动机的多样性"，也并没有要求我们每个人都得根据他对基本需求那种武断、局限的理论来审视每个人的行为举止。在《控制理论》一书中他写道：

对于本书的论点，我是否有足够把握确定是什么基本需求在驱使着我们并不重要。要有效掌控我们的人生，我们就得相信自己的信仰对我们自身而言是最基本的，要慢慢学会尊重他人，不要蓄意阻碍他人实现基本需求的愿望。你只知道是什么因素在驱使着你，正如我只知道是什么因素在驱使着我。我们并不能看到他人脑海中的真实想法，也不知道是什么因素在驱使着他们。我们只能听到他们会对我们说些什么，只能看到他们会怎么做，但我们绝不该想当然地认为自己就是知道是什么因素在驱使着他们。[9]

格拉瑟的上述声明中存在一个问题，那就是他公然承认“动机的多样性”——我们过会儿会在《控制理论》中有所提及，而这一点恰和他在本书中提到的内容自相矛盾。格拉瑟一方面非常清晰明确地指出：基本需求都有其生物性，从遗传基因角度来看是已预先设定好的，包括心理需求。而另一方面，他又十分肯定地说：“基本需求正是驱使我们的主要因素。”

如他之前所说：“你和我都会有截然不同的驱动力。”然而，如果找乐子的需求“早已在遗传基因方面预先设定好了”，那么它必然就没有可选择性，或者说它并非取决于个人选择。我们并不需要看穿他人脑海中的想法。如果它真具有“生物性”，如他所宣称的那样，并且是人性中的一部分，那么它肯定在驱使着我们所有人，而非我们中的某些人。

格拉瑟对“动机多样性”的认知还存在另一个问题，这个源于动机多样性的问题让他为第二个矛盾之处抱有负疚感。从一方面来看，他无法直视自己的基本需求论，也不敢很“确定”，这使他不得不说出“我们并不确定是什么因素在驱使着他人，我们只知道是什么因素在驱使着我们”这样的话。然而，尽管他公然承认自己并不敢确定，他也承认我们并不能猜透他人的心思，永远无法知道是什么因素在刺激或者驱使着他们，但格拉瑟仍然写道：

我总是听到别人说世上只有一种通用的需求：求知欲。他们总是宣称说这个唯一的需求已然强调了一切：为了搞明白我们周边世界更多的东西，我们所有的行为举止都是受这种需求的驱使。我并不否认要认知、了解这个世界以及作为它一部分的我们自己，这些对我们来说都是很重要的，但我绝不相信这是一种基本的需求，也不相信我们试图了解一切仅为了搞清楚更多的东西，这比我对“人们爬山仅仅因为它们就在那儿”这一理论的正确性的怀疑还要多……[10]

在说到宗教信仰问题时，格拉瑟接着写道：

别人都说宗教信仰或者在我们心灵深处的“圣灵”是唯一的需求，我们所有人都源于这种需求。或许事情的确如此，但并没有很有力的证据能够直接证明对大多数人来说情况都是一致的……大量的证据显示，对于大多数人来说，宗教信仰或许是一种基本需求，但它绝不可能比需要生存下去的需求更基本、更重要。[11]

这里我也要为格拉瑟说句公道话，在他的著作中，他本人反对说世上只有一种通用的需求，而我们所有人都源于这种需求。他并不相信事实真相或者宗教信仰是根本的、主要的，在后者这种情况下，他认为这二者并不比生存的需求更基本、更重要。这话有道理！但在说到求知欲时，格拉瑟以登山者的案例做了类比，并提议说他们之所以爬山，其真正原因在于为了获得权力、乐趣、自由或者友谊，而非为了搞清楚山顶上究竟有什么。[12]

其最终推论就是，人们并非真正为了知识本身而求知，只不过是在紧要关头有条更深远的路，正如登山者的情况那样。

目前来看，格拉瑟的问题在于，他总是在揣摩他人的心思，而那些人的心思偏偏不能被揣摩，至少用他的话来讲就是这样的。

大家是否还记得他曾说过的一句话："你只知道是什么因素在驱使着你，正如我只知道是什么因素在驱使着我。"

因此，从另一方面来讲，格拉瑟本人也承认说自己正从事的是件不可能完成的事情。另外，他无视求知欲的重要性，试图将其缩小到自己最先提出的基本需求论的范畴中去，而对于这些需求而言，他压根儿就没有很有力的证明。正如格拉瑟所言，这些需求仅仅是"驱使我"的因素的反映罢了。归根结底，他也承认一个人的"基本"需求并不代表他人的"基本"需求。

换言之，他的基本需求论或许只对他来说很基本，并非适用于他人。如果你认同了这个前提，那么对于某些人来说，求知欲或许是很基本、很有内在价值的，也并非可缩小到格拉瑟的五种基本动力的范畴中去。

在此说明，仔细观察格拉瑟在其动机心理学中如此着眼于权力、自由和乐趣是一件令人着迷的事情。对"控制现实"的需求肯定对第八种性格类型——强势的叛逆者来说至关重要。大家是否还记得，强势的叛逆者不喜欢别人指手画脚，不喜欢别人告诉自己该怎么做。强势的叛逆者不喜欢按照他人的旨意或者规则来行事，因此他们在任何人际交往关系中都会试图确保已为自己定下了基本的行为规则。比如，自由和控制他人的事情对强势的叛逆者而言都是首要关注的事情，因为他们总是过于关注界限问题。大家是否还记得，强势的叛逆者总是敢想敢做，凡事都跟着自己的直觉走，以很大的动静来满足自己的欲望。他们贪恋欢愉感和乐趣以及所有能在最大限度上满足他们欲望的东西。如果不是所有的欲望，那么他就肯定不是强势的叛逆者了。强势的叛逆者总是在努力争取自己所想之物，当他们真正想要什么东西时，就会不惜一切代价、不择手段，通过自己的威信、资源、权力或者掌控力来实现目标，这也是他们整个人生中最为关注的事情。对于强势的叛逆者来说，打击（他人）、击败（他人）和与他人竞争是件充满乐趣的事情！取得胜利，如果必要的话，抢走他人的东西或者最大限度地压榨、剥削他们，以此来巩固自己的生存之道。对他们来说，玩阴招儿也是件很有乐趣的事！

格拉瑟的“控制理论”在很大程度上只不过是他本人强势的叛逆者心理作用的一种反映（格拉瑟也是一名强势的叛逆者），这种可能性同样彰显于他对传统精神疗法的处理方法上。格拉瑟总是谴责说传统精神疗法受到了误导，坚称大多数医师只不过是药丸推销员罢了，在这一点上他表现得就像一个十足的叛逆者。他的反对立场清楚地体现在最近出版的一本书的书名中：《警告：精神病疗法对心理健康有危害》。[13]

格拉瑟本人亦是一位精神病医师，但他拒绝给自己的病人开药方，那些病人通常都有心理烦恼或疾病。[14]

他个人认为大多数病人的心理疾病都源于个人的选择不当以及拥有不能令人满意的人际关系。当然，交际能力差通常都因为“界限问题”——对于任何一个强势的叛逆者来说，这种“问题”都很敏感、很重要。

需要进一步说明的是：在他的著作及理疗业务中，格拉瑟通常喜欢将一些术语中的名词转化为动词，诸如“生气”、“沮丧”、“焦虑”等。

他这样做是因为他相信传统的英语表达方式无法确切地捕捉到“事实真相”（这个真相只存在于他的脑海中），那就是情感并非“内心的状态”而是实际行动。当某个人看上去很沮丧时，实际上他很“沮丧”（此处为英语动名词的变形，因此实际意思仍是一样的）。根据格拉瑟的说法，尽自己最大的努力来得到自己想要的东西。

因此，无论格拉瑟如何刻意回避传统的精神病疗法，抑或改变英语词语的词性来满足其自身需求，看似极为明显的是，格拉瑟“在走自己的独木桥”。我这样说并非在批评他，只是我个人的主观意见而已，只为了强调一点：那就是格拉瑟本人的叛逆倾向，再加上他看待本能需求的态度（诸如权力和自由等），使他成为第八种性格类型——强势的叛逆者的代表人物。

其实，他本人与源于他的自我个性的思想无甚干系。但不管怎么说，他的动机理论的确很像他本人的性格类型的一种反映，正如霍布斯的政治哲学或者夫里德里克·尼采的权力意志说。

我们可以通过改变格拉瑟对英语的词形变化并使用美国著名社会心理学家亚伯拉罕·马斯洛的语言来进一步了解控制理论心理学或者说选择理论心理学的缺陷和不足。马斯洛在最新出版的一部经典作品《进一步探索人性》中明确地区分开了他所谓的缺失性动机（简称“D型动机”）以及本质动机（简称“B型动机”）的差异。[15]前者更像格拉瑟的“自动恒温器说”。当一个人探测到自己的某种“缺失”时（如脱水），为了改善自己的境遇（如喝水），他就会“受到刺激”而行事。有哪点不对劲儿，正如先前那样，就需要改正过来。为回应生物及心理上的缺失，饥饿的人就会受到刺激而进食，没有安全感的人就会受到刺激而努力取得成就、想尽办法取悦他人或者给他人留下深刻的印象。一般来说，心理亚健康的人都会受到“D型动机”的刺激和驱使，他们的行为举止主要是为满足低层次的要求。

亚伯拉罕·马斯洛（1908~1970）是美国著名社会心理学家、第三代心理学的开创者，提出了融合精神分析心理学、行为主义心理学的人本主义心理学以及马斯洛层次需求理论。代表作品有《动机和人格》《存在心理学探索》《人性能达到的境界》。

音乐家就得创作音乐，艺术家就得绘画，诗人就得创作诗歌，如果他们想要获得终极心静的话。人类会怎样，他们就得怎样。他们对自己的本性必须保持绝对忠诚。我们将这种需求称作“自我认识”。

——美国社会心理学家亚伯拉罕·马斯洛

相比之下，满足了自身“基本需求”以及没有忍受低级缺陷的那些人（那些所谓的自我实现的个体）受到“共同需求”或者高级需求的驱使和推进，而这两种需求显然与格拉瑟所列举的那些需求大相径庭。[16]

更准确地说，共同动机并非基于任何诸如此类的需求之上，反而是基于“价值”之上。对于马斯洛而言，“高功能的人”绝不会全身心致力于缓解压力或者弥补不足之类的事情上，就像格拉瑟的案例。他们并没有“控制”周边的环境以满足自身的基本需求，而这些需求在任何时刻都有可能遭到挫败。他们反而将目标瞄准如何丰富自己的人生阅历。[17]

马斯洛的本质动机在很大程度上和我们先前所讨论过的每种性格类型中的“本质特性”基本一致。价值观和理想能够、通常也可以为实际行动推波助澜。原动力在本质中也具有精神性，不断充当我们的内部指引，这就有点儿像苏格拉底的魔鬼，抑或不断呼唤着我们的“圣灵之声”。赋有宗教使命的教士和修女亦能很好地理解这一点。要想让自己赋有宗教使命，就得接受大人物的召唤并服务于他们。无论虔诚与否，本质动机包含了一种自我超越的元素，就是完全超越自我或者其自我主义心理。

我们总认为自身有缺陷、不完整，这种心理源于我们过于信奉“缺乏性原则”，而这个原则统治着全部都是幻想的世界。从这一点上来看，我们从他人身上寻求自身感觉（需要）的东西其实正是我们自身梦寐以求的东西。我们“爱”一个人是因为可以从对方身上得到自身想要的东西。而事实上，这种东西正是我们在自我幻想的世界里所认为的“爱”……其实上帝所创造出的“自我”什么都不需要。它永远都是完整的、安全的、可爱的。它更愿分享，而非得到。它并不会因为（自我）意识到他人的富足而需要、想要与对方在一起。

——《奇迹课程》

我们再回过头来快速地浏览一下马斯洛的“共同动机”的主要内容，不难发现：前三者正是真、善、美。正如之前所讨论的那样，对善于观察思考的人、完美主义者以及深情的利己主义者来说，这些都是能够激发积极性的主要关注点。马斯洛同样也将其并入到自己的“B价值观”（指本质价值观）——对统一性或者完整性的共同需求的内容中去，这也正是超然脱俗的调解者最关注的焦点问题。

我们同样要注意公正及活力——强势的叛逆者和善于表演的明星分别关注的焦点问题。对于马斯洛来说，受到此种价值观（指公正及活力）驱使的行为反映出了自我实现化的个体的心理状态。他们从骨子里觉得自己高人一等，或者说，套用马斯洛在自己出版的一本书的书名，他们反映出了“人性能达到的境界”，而这些并非是原始的、本能的、基本的。

还有一位心理学家叫作维克托·弗兰克尔，他的研究重心指向了高级动机。这位存在主义精神病医师（他也是一名完美主义者）指出："意义欲"是人生中最基本的推动力。为了证明这一点，他指出：整个人生失去意义的人总抱有自杀倾向。对于某些人而言，没有意义的人生不值得持续下去。

因此，格拉瑟的"生存说"对于实现人生意义而言仅处于次要地位。意义欲可能比生存欲更"基本"。如果说乐趣、自由、权力，甚至人生本身对一个已拥有这一切基本需求的人都毫无意义的话，那么要它们还有什么用呢？我们以多数好莱坞明星为例，金钱和名誉能为他们换来很大的权力、诸多的乐趣（聚会）、无限的自由（旅游）以及大量的朋友（归属感），然而正是这些放纵无度使所有"基本需求"已得到满足的明星最终只能落得吸毒成瘾，被禁闭在戒毒所中的下场。他们中有一部分人有自杀倾向，而另一部分人则死于意外事故，诸如吸毒过量、过分追求自己想要或者自认为自己需要的东西等。血的教训告诫我们：总是在争取自己想要的东西，有时也会是一件很糟糕的事情。

格拉瑟遗漏了有关人类动机的意义不光是件很严肃的事情，幸福却没有出现也是件很令人好奇的事情。像约翰·斯图亚特·米尔和杰瑞米·本瑟姆这样的哲学功利论者坚信：获取最大的幸福就是人生的终极目标。永远年轻的人也会担保它的重要性。如果一个人仍旧感到不幸福的话，那么对他来说尘世间所有的权力和自由还有什么意义呢？最有可能的是满足格拉瑟所提及的所有基本需求，然而他仍然很不幸、很不满意。在这种情况下，"缺失"并非基于生物、肉体或者基因方面，而是在其本质中精神性的"缺失"。

实际上，维克托·弗兰克尔对于这种精神上的空虚给出了一个专有术语，他将其称为"现存的真空"。[18]对于弗兰克尔来说，只有通过自我超越，人才能找到自己人生的意义。若一个人活着完全就为了满足自身的需求，那么对于他而言，"现存的真空"就意味着道德和心理上的全盘崩溃。只有当人们能够超越自我、尽全力帮助他人或维克托·弗兰克尔(1905~1997)是美国临床心理学家、享有盛誉的存在分析学说的领袖。他所发明的存在分析治疗(Logotherapy)是西方心理治疗的重要流派。

弗兰克尔出生于奥地利，第二次世界大战后成为美国国际大学的著名教授，并任哈佛大学、斯坦福大学和南卫理公会大学的访问教授。弗兰克尔是言语疗法的奠基者，其治疗理论被称为维也纳第三精神治疗学派。

二十世纪二十年代，弗兰克尔开始发表论文，第一篇论文应弗洛伊德约稿刊发于弗洛伊德主办的《国际精神分析》杂志上。早在二十世纪四十年代，弗兰克尔的理论就具有人本主义的倾向。他认为，人的主要动机是要理解生存的目的与意义，揭示自己生存的秘密。他把这种动机称作“探求意义的意愿”。

从事一件比自己的人生更伟大更有意义的事情时，他们才能够获得幸福、人生的意义以及心静。一个人若尽其一生都致力于得到自己所想所需的一切，在弗兰克尔看来，他的人生注定只能是充满沮丧和绝望。

在传统现实疗法的大背景下，相比我之前提到的其他有关内容，弗兰克尔和马斯洛的劳动成果理应得到更高的关注，值得我们细细品味、讨论并给予更多的评论性分析。细细将他们的理论与本书中所提到的性格类型的见解相比较，是一件很有趣的事情，但可惜的是，我们要真的细细讨论，那就会扯得太远，远离了我的初衷。

我只想说一点，那就是共同动机在处理应对诸如像真、善、美、幸福、意义、公正、活力以及统一性或者整体性这样的“B价值观”时，都在很大程度上反映出本书中所描绘的所有性格类型的许多“本质特性”。

这类价值观和特性已完全超出了传统现实疗法能够有效应对的范

畴。如果不包含这些以价值观为根基的本质动机，格拉瑟的“基本需求论”根本不足以捕捉到让人类按照自己的方式来规范行为的法则。按照可能被普遍认为是典型的强势的叛逆者的办事风格，格拉瑟以其自身的动机性方案有意忽略或者减弱存在主义、宗教信仰、精神方面以及道德意识的价值的重要性。

要想意识到这些东西，就需要有其“内在性”，至少对心理不健康、情感迟钝、以实际行动为导向的强势的叛逆者来说，这种东西很陌生。若将这些因素（指存在主义、宗教信仰、精神方面以及道德意识的价值）完美地结合在一起，也能够促使新标准规范的建立和完善，而这些新标准规范的限度范围完全覆盖在个人的需求和满意度上，这对于像格拉瑟这样强势的叛逆者来说并非是一件有吸引力的事情，因为他在苦苦寻找着完全控制它们的方法和途径。简而言之，他未能应对好精神方面、道德意识以及超凡脱俗的价值，这便限制了他的动机理论的范围。人生并非只是为了乐趣、自由、权力、生存或者归属感而存在，尽管格拉瑟根据它们的“基本”性非要说这就是人生的全部。

当格拉瑟无法自圆其说时，他便以自己“对动机现实的片面认知”试图理解他人的问题和烦恼。很不幸的是，这就好比硬是要将一根正方形的木桩塞进一个圆洞里一样。事实上，人与人的心理和想法都不一样，“基本”动机肯定也不一样。如果格拉瑟希望继续坚持他那一整套的“基本需求论”，那么我想我也会继续坚持对他的批评。另外，如果他仍固执地坚持自己的矛盾说法，促使人们受到可替代的高级需求而非他本人所谓的自由、乐趣等基本需求的驱使和推动，那么现实疗法的整套体系将会受到严重质疑。曾经所认为的“基本”的东西不再基本。现实疗法的整套动机前提也会全盘崩溃。紧接着将会出现很多极为重要的需求和需要，这些需求和需要激发（或者驱使）了人的行为举止，然而又和格拉瑟所认同的那些由生物性、遗传基因所决定的需求毫不相干。

意义欲（诸如幸福感、求知欲、极度渴望自我实现或自我超越的冲动）甚至压根儿就不在格拉瑟的雷达网上。这是一种严重的心理失察。他总是沉迷于低级现实中并满足于基本需求上，完全忽略和遗漏了由精神关怀所环绕的高级现实，而这种精神关怀关系到本质及心理上的自我超越。遗忘掉自我个性的需求，这才是“高级现实疗法”最重要的目标之一。

早日遗忘掉自我个性的需求和需要是极为重要的一步棋，因为迎合它们实际上就等同于延长了专业术语称之为个体的“形而上学的不舒服的状况”，引用弗兰克尔的话来说就叫作“新生神经衰弱症”。如果说你是一个善于表演的明星，只是打个比方，那么你就想获得同事更多的关注。你需要他们的关注使自我感觉良好。当你获得了他们的关注时，你就会觉得自己无比重要。

现在我们假设，你和你的理疗师“策划”了如何加强他人对你的关注的方法，再假设说你策划了这一切，并成功地达到了自己的目标。之后你和你的理疗师则会认为这种形势是：在很大程度上你通过实现自己对权力的基本需求而更有效地掌控了你的人生。然而，在这种情况下，最终的结果只可能演变为你给自己带来了更大的伤害，而非幸福和美好的东西。

大家是否还记得，善于表演的明星总是对自己现在的处境有种不安全感，总渴望得到他人的认可和赞同。他们并未真正意识到自己作为人类而具有的本质上的自我价值。为了使他们获得幸福感，人生就是在表演、上映和展现。他们总是争先恐后地要向这个世界证明：通过自己所取得的成功和成就，证明他们是至关重要的人物。他们越是想证明给世人看自己的实力，本身就越感到不快乐。对于他们这种幸福感而言，善于表演的明星需要意识到自己作为人类的固有价值并不取决于他们所取得的成就。其实他们并不需要他人的关注来树立起自己现有的价值。他们总是在内心鼓励自己要制订一些能够弥补自我缺陷感的计划和方案，但到头来只不过是自欺欺人罢了，肯定毫无益处，甚至可能损害他们的心理健康。

人要总是打心底里无法意识到自己的“本质特性”，即那些已超出自我个性范畴的东西，那么传统现实疗法就有可能会存在巨大的风险，使极度悲痛和极度不满足的情绪永存于心，而这种悲痛和不满足的情绪正是它苦苦寻求如何削弱的东西。

无论善于表演的明星得到了多少自己想要的东西（诸如赞扬、晋级以及显赫的地位），心静仍旧没有回到我们那苦苦挣扎、总感到不安全的明星身上。权力并非是善于表演的明星真正需要的东西，但却能治愈他们的精神创伤，而这种精神创伤源于他们的童年经历。心理极度困惑的善于表演的明星并没有意识到，自己作为人类的真正价值是无限制的。

从前文中我们已得知格拉瑟在处理客户的问题时为何选择将注意力放在当下的真正原因。如前所述，他并不想让人们深陷于过去的痛苦回忆中，他也不希望让自己的客户因为自己今天的行为而怪罪于过去所认识的人。放眼“当下”、努力争取自己此时此刻最想要的东西，可这样做会出现一个问题，那就是无法意识到自己现存的心理动态，而这种心理动态在一开始就已经导致了客户的需求和问题。这类问题不容忽视、蔑视，抑或不可被轻易地丢进其发展历程的垃圾箱里。

正如我们在善于表演的明星的示例中所指出的那样，他们致力于晋升或穿着华丽以求引起注意，这或许能够帮助个体得到自己想要的东西，但是他们想要的东西正是问题的根源所在。自童年时代起，善于表演的明星就已不理性地试过给那些重要的大人物留下深刻的印象，只为建立起自身的自我价值。我建议他们不要再这样做了。

相比之下，对于性格内向孤僻、存在恐惧心理的善于观察思考的人来说，慢慢试着让自己变得更受人关注以及更有成效或许是一件好事，即便这并非是他们自身真正想要的东西。具有讽刺意味的是，在有些情况下，得到自己不想要的东西很有可能比寄希望于得到你相信自己需要而努力争取获得的东西对你更有帮助。

对于善于表演的明星来说，能让他人来领导或者占据中央舞台或许正是他们需要从事的一项练习，以便能够解脱自我，不再受自身那种虚荣自负、总感到不安全的自我主义心理的束缚。在这个事实真相的基础上，只有在自我个性及自我主义心理动态的更广泛的大背景下，才能完全领悟到满足其特殊需求和需要的价值所在。

这类事物都有其发展历程。如果不考虑到它的发展历程，传统现实理疗师们就相当于是在一个永恒的真空中运营操作，无法明确客户（有心理疾病的人）在其人生中现在所处的位置。无须以过去的经历作为对当下境遇的借口，但我们应该明白有心理疾病的人对现实的认知以及他现在的需求在很大程度上受到自己过去经历的影响。

若要设身处地地为客户着想并与他们产生一种很深、很紧密的共鸣，就需要理疗师在匆忙避开对客户需求的认同之前，对于其个人发展历程不能只是光拣好听的话说。如果这样做，其实就等同于忽略了实际行动的内在性。

对于某些性格类型群体而言，探索其内心世界正是他们真正需要做的事情，即便那并非是他们想要的。整体观察对比一下，强势的叛逆者就像善于表演的明星、永远年轻的人以及超然脱俗的调解者那样，可能有“最内部的工作”要做，只是他的世界观不允许他有太多时间或者倾向放在自我反思上面。善于表演的明星太过注重形象和自我修养，这并非我们要在这里讨论的问题。我们的关注点，或者说关注的层面更深。他们得到更多的关注并非为了得到更大的权力。努力争取自己真正想要的东西，其实意味着仅仅是选择了不同的方式和途径来使相同的幻象和相同的错误永存于心。从“本质”的角度来看，并没有需要矫正的缺陷或者不足，而这正是自我主义心理用来欺骗具有低级心理的自我的一贯伎俩。一个人的“高级本质自我”无须任何因素来完善。[19]

缺失和不足并不存在于上帝所创造的万物中，它之所以如此明显是因为你一手造就了它的存在。事实上，这正是它们之间的本质差异。缺失暗示着你在无形中不如你现处的一个境遇过得好。直到与之“分离”之前，什么都未曾缺失，而这种“分离”意味着“下跌”（暗指人生跌入低谷）。你没有需求，只有当你彻底丧失了自我时你才会有需求。你按照自己一手建立起来的特殊需求体系来行事。反过来看，这完全取决于你对自己现在身份的认知。

当然，你对自己现在身份的认知事实上只不过是你自身的自我认同（感）或者心理上的自我感罢了。正是这种能让人产生幻象的“低级自我”优先选择并决定了“基本需求论”（格拉瑟的术语）。因此，对于我们已经研究讨论过的每种性格类型来说，已认知的缺陷和诸多需求也有所差异。每种性格类型都会受其迷惑，误认为他的真正本质有着本质上的错误。每种性格类型的人都会倾其一生试图弥补自身那些根本不存在的缺陷。

这就好比说我们一个房间一个房间地搜寻通向幸福的钥匙，结果到头来却发现原来它一直就握在我们的手上。我们只是一直没有意识到它的存在。我们从没有失去过总是在我们手上的东西，只不过是我们没有意识到罢了。

不光是这些需求有问题，还有在我们先前所研究讨论过的每种性格类型的人的心理动态的大背景下，我们不难发现：格拉瑟对认知的理解同样值得批评和抨击。格拉瑟认同所谓的“天真无邪的现实主义”，尤其当它逐渐感知到外界时。

这种立场和观点可以压缩为一句话：你所看到的东西正是你所得到的东西。

在这种观点下，在每个人看来，世界万物都是独立存在的客体。

对于格拉瑟而言，一个人所看到的东西（或者景象）要么是他喜欢并感到满意的，要么不是，这涉及个体的“理想品质世界”中所描绘出来的各种需求和需要。然而，“天真无邪的现实主义”的最大问题在于，它不能领悟这样一个事实：那就是感知只是主体和源于周围环境的刺激事件之间的一种相互作用的产物罢了。

我们再来回想一下贝琪和兰斯的案例。兰斯是全校（高中）瞩目的足球队队长，又长得一表人才、英俊洒脱，却在感情上受到了班里新来的漂亮的女同学贝琪的“伤害”。大家回想一下，兰斯是怎么想、怎么看贝琪的，认为她是一个“高傲自大的婊子”，殊不知他完全误解了贝琪的意思及肢体语言。事实上，她感到很害怕，没有安全感，不敢大声说话或者害怕引起他人的注意。兰斯所看到的只是一个“嘲弄”、“揶揄”他的贝琪，他将自身的不安全感反映在了贝琪身上。如果兰斯没有对自己的声望感到不安全，那么贝琪的行为举止可能在他看来就没什么大不了的，既不是很好，也不一定很糟糕。然而，就因为兰斯希望贝琪能把他看成是某种性感偶像，而她本人对他的希望构成了威胁，因此兰斯就硬是要把贝琪说成是一个她不属于的那种人——“婊子”。是的，贝琪的确没有给予兰斯他想要的东西，但这并不能说明她就是在嘲弄、揶揄他。客观地讲，她之所以成为“这样”的人完全是兰斯的心理作用，是他自身的不安全感的体现。如果贝琪一直很关注兰斯，那么他有可能就会觉得她是个很“性感”的辣妹而不是“婊子”了。关键在于，无论贝琪是“性感辣妹”还是“婊子”，完全取决于观察者的想法。在兰斯的思维意识里，贝琪的存在是一种威胁。像大多数人一样，作为对“威胁”的回应，兰斯就会蓄意攻击贝琪，这也是一种心理上的先发制人的举动，能让他自我感觉良好。兰斯的案例表明，我们所看到的东西常常只是我们心理上的需求和恐惧的一种反映罢了。

我们的思维意识并非一片空白。我们并非只是消极地原地不动地来观察这个世界或将其刻入我们的心里。实际上，我们思维意识的“一只手”正在构建我们所认知的现实。因此，要改变一个人的思维意识，就需要改变他对现实的认知。我们将注意力专门聚焦在行为举止或者如何掌控外部环境而非内在的心理动态上，这正是导致现实疗法的目的以及进程给人一种幼稚可笑、受到误导的感觉的罪魁祸首。

那么，这里的指控是，现实疗法主要强调如何以需要满足的方式来更有效地控制环境，而这个重心却忽略了导致人类的心理及情感问题的真正根源。

正如斯多葛学派所教诲我们的那样，如果说外界事物无法触及我们的灵魂深处，那么就没必要再重组这个世界以求弥补自己所察觉到的缺陷以及自身缺失的东西。

当我们重组了内心世界后，其结果就是外界看起来也会焕然一新。这种重组将需要我们重新“训练”我们的思维意识，以便能够以不同的视角来感知、认知现实。有效地掌控自我就是一件内心的工作。

如果兰斯不再觉得自己有缺陷，不再需要他人的关注，那么他就会自然而然地认为贝琪的确是个很不错的女孩儿。重组自己的行为举止而渴望从贝琪身上得出更加想要满足的反应，这样只能让兰斯继续痛苦下去。

帮助重组的治疗方案再次显现出心理上的幼稚，并没有给人带来太大的帮助。像我们其他人一样，只要兰斯依靠他的虚荣心和不安全感继续当自我主义心理的奴隶，他就永远不能有效地掌控自己的人生。

这正是《通向内心平静的九条道路》所教给我们的内容，也是格拉瑟的选择理论心理学所忽略的地方。我强烈建议大家，不要再将注意力聚焦在如何掌控外界现实上了，要想想如何进入自己的“内心世界”。要做到表里如一才是上上策！

附　录

性格类型的自我诊断

目标： 自我诊断的终极目标是要帮助你识别自己的性格类型。这样做将使你选择出本书中所提及的最合适的心理健康建议。这些心理健康建议很有针对性，适用于你自身，也可以分享给与你本人的性格类型及心理世界观相似的人。

用法说明： 下列内容列举出了可以反映不同的心理态度、行为举止以及心理倾向的陈述。空白处表示带有数字标记的陈述在一定程度上反映出了你真正喜欢或者你坚信的东西，你将会用到下面所提供的评分系统来为自己打分。你的答案的真实性是最为重要的。

评分系统：

1=完全不符合我的性格

2=有点儿符合我的性格

3=大多时候符合我的性格

4=几乎总是符合我的性格

识别性陈述：

____1.对我来讲，具有高尚的道德意识是极为重要的。我出于正当的理由而做正确的事情。

____2.我在意自己给他人留下的印象。

____3.我的人生是以目标为导向，而非以人际关系为基础。

____4.我想要更深刻地了解我自己，而且对我来说，他人对我的理解也至关重要。

____5.我有极为敏锐的观察力。我总是能注意到他人忽略的东西。

____6.我是一个因循守旧的人。我与团体、组织和朋友保持高度的一致性。

____7.我总是变化无常、随意、爱找乐子。我总会在聚会上玩得很过火。

____8.我非常直率，从来不讲废话，必要时能够独当一面。

____9.我总想维护和平。对我来说，和谐的气氛极为重要。

____10.我在工作中总会力求完美。我认为他人也应该像我这样。

____11.我总是远离不赏识我的人。

____12.我一直努力想要有所成就。

____13.美人儿和美味对我来说极为重要。我的周围环境会强烈影响到我的心情。

我要以我的方式美化我身边的一切。

____14.我有着强烈的求知欲，希望了解我周围的世界。

____15.我从不想给人一种不忠诚的感觉。这对我来说无疑是最糟糕的事情。

____16.我常常鼓励他人要放松下来，凡事不要太较真儿。

____17.我从不逃避矛盾冲突、敌对势力以及正面对峙。

____18.无论何时我都试着避免和他人发生矛盾和冲突。争吵是毫无意义的。

____19.我希望凡事都能正规化、理想化。

____20.我总是通过迎合他人的需求使他人感到舒服且受欢迎。

____21.我总是在以自己的方式给他人留下好的第一印象。

____22.我很容易因外界侵扰而感到不安并受到伤害。

____23.对于我已拥有的东西（或者财富），无论它是多是少，我都会紧握不放。

____24.我十分痛恨做事时他人不给我一个明确的思路或者不告诉我我的职责。

____25.我真的很享受和大家在一起的感觉。他们也喜欢和我在一起。

____26.我痛恨别人告诉我什么事该怎么做。

____27.他人总认为我很友善、随和，尽管有时我也十分固执。

____28.当他人悍然破坏规矩时我会感到不安。

____29.有时当我只是试图帮助他人时反而会惹得对方不高兴。

____30.我能够读懂听众的心思，无论我和什么人相处，都能够很快地适应他们。

____31.我要比大多数人嫉妒心重。

____32.独居对我来说没有一点儿问题，我喜欢自己的隐私不受侵犯。

____33.对于危险和威胁，我要比大多数人更加敏感。

____34.我害怕无聊，害怕凡事没有计划，害怕整日无所事事。

____35.我总是需要掌控一切，并展现自己的实力。

____36.我总是很乐观，不愿（与人）起冲突或者开战。

____37.你完全可以相信我会信守承诺。诚实对我来说很重要。

____38.我很容易在人前流露出自己的真实感受，尽管我并不想将其展现出来，因为这样做有可能会令人讨厌。

____39.我喜欢并很享受与他人竞争。我想要赢，想要取得成就。

____40.我看上去总是很忧郁、悲伤、孤僻。

____41.我更倾向于理智而非感性地处理问题。

____42.我总感到非常焦虑不安，担心所有的坏事都会发生。

____43.我很喜欢新颖的活动及运动，这能带给我刺激和乐趣。

____44.我十分看重实际结果，而非抽象的理想。对我来说，实际行动要远比计划重要。

____45.我总是需要在他人的鼓励下才开始做一件事。而一旦我真正去做了，就一点儿问题都没有了。最难的是迈出第一步。

评分：前文各项陈述的序列号是按照性格类型排列组合的。在下文中每项陈述所对应的序列号后面，你需要将能反映你个人的认同程度的评分序号评分标在对应的空白处。

第一种性格类型：完美主义者

1.____

10.____

19.____

28.____

37.____

总分：____（将数值填在1、10、19、28、37后面的空白处并算出总分）

第二种性格类型：无私给予者

2.____

11.____

20.____

29.____

38.____

总分：____

第三种性格类型：善于表演的明星

3.____

12.____

21.____

30.____

39.____

总分：____

第四种性格类型：深情的利己主义者

4.____

13.____

22.____

31.____

40.____

总分：____

第五种性格类型：善于观察思考的人

5.____

14.____

23.____

32.____

41.____

总分：____

第六种性格类型：无比忠诚的人

6.____

15.____

24.____

33.____

42.____

总分：____

第七种性格类型：永远年轻的人

7.____

16.____

25.____

34.____

43.____

总分：____

第八种性格类型：强势的叛逆者

8.____

17.____

26.____

35.____

44.____

总分：____

第九种性格类型：超然脱俗的调解者

9.____

18.____

27.____

36.____

45.____

总分：____

我的最高总分是____，反映出了我是第____种性格类型。（参见下文的迷你解说。更多对每种性格类型细致的解说已在本书第二章里出现。阅读这些文字以便帮助你确认自己的性格类型）

性格类型的迷你解说：

第一种性格类型：完美主义者——理性、实干、道德感强、认真、表情刻板且生硬；有时也会很聪明、眼光敏锐；总是很急躁、易怒、缺乏幽默感。

第二种性格类型：无私给予者——会关心人、照顾人；友善、具有自我牺牲精神、无私；有时占有欲强、自负、操纵意识强、细心体贴、总需要依赖他人。

第三种性格类型：善于表演的明星——适应能力强、善变；靠成功和成就驱使和推动；雄心勃勃、自我形象意识强烈；有时竞争性过于强烈、情感上肤浅、总有种紧迫感、善于投机取巧、自负。

第四种性格类型：深情的利己主义者——一般容易害羞、性格很内向；文静、非常温文尔雅、创造力强；总认为自己很特殊、与众不同；善于自我反省；有时容易情绪化、忧郁、羞怯内向、自怜自哀。

第五种性格类型：善于观察思考的人——聪明伶俐、极富洞察力、好奇心强；独立、有创新精神和意识；知识丰富、机制构建能力极强；有时在情感上表现得很孤僻、古怪，与人交往时显得很紧张、很笨拙。

第六种性格类型：无比忠诚的人——很可靠、值得信赖；非常忠诚和坚定、有安全感、喜欢依赖他人、对他人很顺从、讨人喜爱；有时也会（心理）防御性极强、疑心重、善于创造“内指向”和“外指向”团体；会通过行为上表现得很强悍来掩盖内心的恐惧感。

第七种性格类型：永远年轻的人——总是精力很旺盛、充满激情；爱打趣、随意、可爱、性格开朗乐观；有时表现得很幼稚、很偏激、以自我为中心或者对他人麻木不仁。

第八种性格类型：强势的叛逆者——强势、彪悍、武断、机智、直率、果断；有进取精神；有时也争强好胜、爱挑起冲突；控制欲过分强烈。

第九种性格类型：超然脱俗的调解者——很可靠、值得信赖；很容易融入自己的周边环境；容易融入这个世界；为人随和、乐于助人；总是在避免冲突、将烦恼不安的情绪最小化；有时也会很顽固、粗心、不可理喻、怠惰、心不在焉。

尾 注

第一章

1. Source: Thomas Merton, The Way of Chuang Tzu, Copyright 1965, by The Abbey of Gethsemani. New Directions Publishing Corp.

第一节

1. John Locke, "Introduction", An Essay concerning Human Understanding, Vol.1 (New York: Dover Publications, 1959 [original publication 1894]), p.26. Collated and Annotated by Alexander Campbell Fraser

2. Quotation from Leslie Stevenson and David L. Haberman, Seven Theories of Human Nature, (New York: Oxford University Press, 1974), p.93

3. Immanuel Kant, Critique of Pure Reason, (tr.) Norman Kemp Smith, St. Martin's Press, New York, 1965, p.41

4. Piaget quotation taken from Anthony Falikowski, Experiencing Philosophy, Pearson Prentice Hall, Upper Saddle River, NJ, 2004, p.231

第二节

1. See Jean Piaget, The Construction of Reality in the Child, Ballantine Books, New York, 1974

第二章

第一节

1. Don Richard Riso and Russ Hudson, The Wisdom of the Enneagram,

Bantam Trade Paperback: New York, 1999, p.101

2. Ibid.

3. Ibid., p.102

4. Nine Points of View: Enneagram Series, DVD produced and directed by Helen Palmer, Berkeley, California

5. See Claudio Naranjo, Character and Neurosis: An Integrative View, Gateway Publishers, Nevada City, CA, 1994, p.52

6. Ibid.

7. Ibid., pp.54–55

8. Ibid.

9. In the Wisdom of the Enneagram, Riso and Hudson have done an excellent job of outlining the psychological and spiritual practices that will help Ones develop. The insights expressed in that work will inform the following discussion for the One as well as later discussions dealing with recommendations for the other eight character types.

10. Riso and Hudson, ibid., p.121

第二节

1. Richard Rohr and Andreas Ebert, The Enneagram: A Christian Perspective, The Crossroad Publishing Company: New York, 1999, p. 63

2. Ibid., p.63

3. As reported by a female Two in Nine Points of View: Women on Relationships. DVD produced by Helen Palmer

4. Riso and Hudson, ibid., p.55

5. The notion of special relationship is discussed at length in A Course in Miracles. In the Course, one also finds discussion of special hate relationships. Both serve the purposes of the ego, putting us in a state of wrong–mindedness, one which draws attention away from our essential nature. The discussion

here borrows ideas from the Course.

6. Claudio Naranjo, ibid., pp.46–48

7. Claudio Naranjo, ibid.

8. Riso and Hudson, ibid., p.149

9. Ibid.

第三节

1. Riso and Hudson, ibid., p.155

2. Claudio Naranjo, ibid., p.52

3. Riso and Hudson, ibid.p.157

4. Ibid., p.158

5. Jerome P. Wagner, The Enneagram Spectrum, Workshop Materials, 1998

6. Claudio Naranjo, ibid., p.57

7. Riso and Hudson, ibid., p.154

8. Naranjo, ibid., p.54–55

9. Riso and Hudson, p.169

10. Ibid.

11. This wonderful advice is dispensed by Claudio Naranjo, ibid., p.64

12. Ibid., p.65

13. Riso and Hudson, ibid., p.172

14. Ibid.

第四节

1. Riso and Hudson, ibid., pp.182–183

2. Ibid.

3. For a detailed discussion of this lost essential aspect, see Sandra Maitri, The Enneagram of Passions and Virtues, Jeremy P. Tarcher/Penguin, New York, 2005, pp. 131–150

4. Riso and Hudson, Understanding the Enneagram, Revised Edition, Houghton Mifflin, Boston, 2000, p.378. I have capitalized the words identity and self (the authors don't) when referring to essence in order to distinguish the psychological ego-self and identity from one's Higher-Self which is spiritual in nature.

5. Helen Palmer, The Enneagram, Harper San Francisco: New York, 1988, pp.193–194

6. This expression is borrowed from Sandra Mairtri, The Enneagram of Passions and Virtues, Tarcher/Penguin: New York, New York, 2005, p.138

7. Riso and Hudson, The Wisdom of the Enneagram, p.180

8. Ibid., pp.183–184

9. Helen Palmer, The Enneagram, Harper San Francisco: New York, 1988, p.171

10. Ibid., p.175

11. Helen Palmer, The Enneagram, ibid., p.175

12. Riso and Hudson, ibid., p.183

13. Michael J. Goldberg, Getting Your Boss's Number, Harper Collins, San Francisco, 1996, p. 86

14. Helen Palmer, ibid., pp.191–192

15. Riso and Hudson, ibid., p.201

16. See Riso and Hudson, for a detailed discussion of unhealthy Fours, ibid., p.188. The discussion here draws heavily from their work.

17. Sandra Maitri, ibid., p.138

18. Claudio Naranjo, cited in Maitri, ibid., pp. 138–139

19. These eloquent and apt descriptors are taken from Maitri, ibid., p.140

20. Ibid., p.140

21. Ibid., p.136

22. Maitri, ibid., p.132

第五节

1. Riso and Hudson, Personality Types, pp.178–179

2. Don Riso and Russ Hudson, Understanding the Enneagram, Revised Edition, 2000, p.378

3. Helen Palmer, The Enneagram, p.204

4. Ibid.

5. Helen Palmer, ibid., pp.215–216

6. Riso and Hudson, The Wisdom of the Enneagram, p.209

7. Claudio Naranjo, Ennea–Type Structures, ibid., p.88

8. Ibid., p.88

9. Ibid., p.88

10. Helen Palmer, ibid., pp.212–213

11. Riso and Hudson, The Wisdom of the Enneagram, p.216

12. Riso and Hudson, ibid., p.216

13. Helen Palmer, ibid., p.227

14. Riso and Hudson, Personality Types, p.176

15. Helen Palmer, ibid., p.227

16. Riso and Hudson, ibid., p.176

17. Ibid., p.174

18. Claudio Naranjo, Ennea–Type Structures, ibid., p.89

19. Helen Palmer, The Enneagram, ibid., p.235

第六节

1. A.H. Almaas' s point is made in Sandra Maitri, The Enneagram of Passions and Virtues, p.155

2. Ibid.

3. Riso and Hudson, The Wisdom of the Enneagram, p. 259

4. Ibid.

5. Michael Goldberg, Getting Your Boss' s Number, Harper San Francisco: New York, 1996, pp.132–133

6. Thomas Hobbes, Leviathan, Francis B. Randall, ed. (New York: Washington Square Press, 1964), p.84

7. Ibid., p.85

8. When guilty of using a genetic fallacy in reasoning, one criticizes an idea or premise on the basis of its source, and for no other reason. Whether or not an argument in favor or against abortion should be accepted, for example, doesn' t hinge on whether the source of the argument is a man or woman. The argument stands on its own, regardless of the gender of the arguer.

9. Riso and Hudson, Personality Types, p.224

10. Riso and Hudson, The Wisdom of the Enneagram, p.238

11. Michael Goldberg, Getting your Boss' s Number, p.138

12. On August 22, 1939 Hitler said the following to his military leaders: "Kill without pity or mercy all men, women or children of Polish descent or language. Only in this way can we obtain the living space (Lebensraum) we need. The destruction of Poland is our primary task. The aim is… annihilation of living forces."

13. Micheal Goldberg, ibid., p.133

14. Claudio Naranjo, ibid., p.102

15. Ibid.

16. Sandra Maitri, ibid., p.158

17. Ibid., p.162

18. Ibid., p.169

19. Michael Goldberg, Getting Your Boss' s Number, Harper Collins,

San Francisco, 1996, p.127

20. Claudio Naranjo, Ennea–Type Structures, Gateways Publishers, Nevada City, CA, 1990, p.101

21. Ibid.

22. Riso and Hudson, The Wisdom of the Enneagram, p.248

23. Sandra Maitri, ibid.

24. Riso and Hudson, ibid., p.235

25. Sandra Maitri, ibid., p.170

26. Claudio Naranjo, ibid., p.110

27. Ibid., p.105

28. Ibid., p.103

29. Riso and Hudson, The Wisdom of the Enneagram, p.244

30. Claudio Naranjo, Ennea–Type Structures: Self–Analysis for the Seeker, pp.102–103

31. Claudio Naranjo, ibid., p.106

32. Riso and Hudson, The Wisdom of the Enneagram, p.253

33. Learn more about Herbert Benson's relaxation response by going on–line and visiting his website: http://www.trancesolutions.com/free–hypnosis–downloads/ts–the–relaxation–response–herbert–benson.pdf. The quotation here comes from that site.

34. Ibid., Benson lists a number of positive results associated with the relaxation response on his website.

35. Riso and Hudson, ibid., p.254

36. Quotation was found in Goldberg, ibid.

37. Rohr and Ebert, p.142

38. Ibid., p.142

39. Goldberg, ibid., p.148

40. Rohr and Ebert, The Enneagram: A Christian Perspective, p.142

第七节

1. Riso and Hudson, Understanding the Enneagram, revised edition, (2000), p.375

2. See Jerry Wagner, The Enneagram Spectrum of Personality Types, Metamorphous Press, Portland Oregon, 1996, p.103; also see Helen Palmer, The Enneagram: Understanding Yourself and Others in Your Life, Harper San Francisco, New York, 1988, p.279.

3. Michael Goldberg, Getting Your Boss's Number, p.156

4. Riso and Hudson, The Wisdom of the Enneagram, pp.264–265

5. Michael Goldberg, ibid., p.157

6. Claudio Naranjo, Ennea–Type Structures, p.117

7. Helen Palmer, The Enneagram: Understanding Yourself and Others in Your life, p.277

8. Ibid., p.283

9. ibid., p.294

10. Michael Goldberg, ibid., p.157

11. Ibid., p.156

12. Michael Goldberg, ibid., p.156

13. Rohr and Ebert, ibid.,p.146

14. Ibid.

15. Jerome Wagner, ibid., p.103

16. Riso and Hudson, The Wisdom of the Enneagram, p.262

17. Ibid.

18. Riso and Hudson, ibid., p.266

19. Michael Goldberg, ibid., p.156

20. Ibid.

21. Ibid., pp.291–292

22. Helen Palmer, ibid., p.299

23. Ibid., p.284

24. Ibid.

25. Rohr and Ebert, ibid., p.147

26. Ibid.

27. Helen Palmer, ibid., p.277

28. Riso and Hudson, The Wisdom of the Enneagram, p.272

29. Ibid., p.279

30. Sandra Maitri, ibid., p.174

31. Riso and Hudson, ibid., p.273

32. Ibid., p.279

33. Sandra Maitri, ibid., p.176

34. Ibid.

35. Ibid., p.184

36. Song lyrics borrowed from the following on–line site: www.lyrics007.com

37. Helen Palmer, ibid., p.297

38. Ibid.

39. Ibid., pp.297–298

40. Riso and Hudson, The Wisdom of the Enneagram, p. 281

41. Rohr and Ebert, ibid., p.160

42. Helen Palmer, ibid., p.303

43. Sandra Maitri, ibid., p.186

第八节

1. Riso and Hudson, The Wisdom of the Enneagram, p.291

2. Michael Goldberg, ibid., p.162

3. Helen Palmer, ibid., p.310

4. Claudio Naranjo, ibid., p.132

5. Riso and Hudson, ibid., pp.292–293

6. Ibid., p.291

7. Margaret Frings Keyes, Emotions and the Enneagram: Working Through Your Shadow Life Script, Molysdatur Publications, Muir Beach, California, 1992, p.63

8. Sandra Maitri, ibid., p.59

9. Riso and Hudson, ibid., p.297

10. Helen Palmer, ibid., pp. 313–314

11. Ibid., p.309

12. Claudio Naranjo, ibid., p.133

13. Ibid.

14. Claudio Naranjo, ibid., p.132

15. Ibid., p.131

16. Ibid.

17. Riso and Hudson, ibid., p.302

18. Ibid.

19. Friedrich Nietzsche, The Anti–Christ, (tr.) R.J. Hollingdale, Penguin Books, Baltimore, Maryland, 1968, p.115

20. Michael Goldberg, ibid., p.110

21. Riso and Hudson, ibid., p.290

22. Ibid.

23. David Daniels and Virginia Price, The Essential Enneagram, p.50

24. Riso and Hudson, ibid., p.293

25. Helen Palmer, ibid., p.330

26. Sandra Maitri, ibid., p.53

27. Riso and Hudson, ibid., p.305

28. Ibid., p.296

29. Ibid., p.308

30. Jerry Wagner, ibid., p.115

31. Claudio Naranjo, p.127

32. Ibid., pp.128–129

33. Ibid., p.128

34. Ibid., p.129

35. Helen Palmer, ibid., p.329

36. Jerry Wagner, ibid., p.113

37. Riso and Hudson, ibid., p.300

38. Ibid.

39. Helen Palmer, ibid., p.328

40. Claudio Naranjo, ibid., pp.134–135

41. Ibid., p.138

42. Ibid.

43. Jerry Wagner, ibid., p.116

第九节

1. Oscar Ichazo, cited in Riso and Hudson, ibid., p.340

2. Riso and Hudson, ibid., 340

3. Ibid.

4. Don Riso and Russ Hudson, Understanding the Enneagram: The Practical Guide to Personality Types, revised edition, Houghton Mifflin: Boston, 2000, p. 376

5. Jerome Wagner, ibid., p.123

6. Riso and Hudson, The Wisdom of the Enneagram, p.317

7. Ibid.

8. Ibid., p.63

9. Ibid., pp.53–54

10. Michael Goldberg, ibid., p.200

11. Jerome Wagner, ibid., p.120

12. Michael Goldberg, ibid., p.202

13. Ibid., p.120

14. Ibid., p.121

15. Riso and Hudson, ibid., p.316

16. Tao Te Ching, (tr.) L. Legge, Sacred Books of the East, Vol. 39, 1891

17. David Daniels, ibid., p.54

18. Claudio Naranjo, ibid., p.147

19. Riso and Hudson, ibid., p.319

20. Claudio Naranjo, ibid., p.148

21. Riso and Hudson, ibid., p.319

22. Ibid., p.331

23. Ibid.

24. Ibid., p.330

25. Michael Goldberg calls them philosopher stones; I prefer to think of Nines as people, rather than things. See Goldberg, ibid., p.200

26. Riso and Hudson, p.337

27. Ibid., p.316

28. Riso and Hudson, ibid., p.337

29. Ibid., p.320

30. Ibid., p.330

31. Michael Goldberg, p.201

32. See Claudio Naranjo, p.143; also see Riso and Hudson, p. 326

33. Margaret Frings, Keyes, ibid., p.73

34. Claudio Naranjo, ibid., pp.142–143

35. Riso and Hudson, ibid., p.326

36. Claudio Naranjo, ibid., p.143

37. Sandra Maitri, ibid., p.34

38. Marianne Williamson, A Return to Love: Reflections on the Principles of A Course in Miracles, Harper Collins Publishers, New York, 1992, p.165

39. Ibid., p.28

40. A quotation from Marianne Williamson, ibid., p.25

41. Sandra Maitri, ibid., p.43

42. Ibid., pp.43–44

43. Ibid., pp.45–46

44. Ibid., p.46

45. Ibid., p.48

46. Riso and Hudson, ibid., p.338

47. This is a basic teaching of A Course in Miracles.

48. Recommendations in this paragraph come from Helen Palmer, ibid., p.376

第四章

1. For anyone wishing to learn more about the theory and practice of Reality Therapy, I suggest you read Glasser' s Control Theory: A New Explanation of How We Control Our Lives; also have a look at his Choice Theory: A New Psychology of Personal Freedom; see also Counseling with Choice Theory: The New Reality Therapy. Reality Therapy for the 21st Century, written by Robert Wubbolding, is another excellent book which describes and extends Glasser' s theory.

2. A good synopsis of Glasser' s work is found in Robert E. Wubbolding, Reality Therapy for the 21st Century, Routledge: New York, 2000, pp.10–31. I have used it here for purposes of my own descriptive outline.

3. William Glasser, Choice Theory: A New Psychology of Personal Freedom, Harper Collins Publishers: New York, 1998, p.28

4. William Glasser, Control Theory: A New Explanation of How We Control Our Lives, p.7

5. William Glasser, ibid., p.9

6. Robert Wubbolding, ibid., p.18

7. This point is made by Wubbolding, ibid., p.11

8. William Glasser, Control Theory, ibid., p.5. In Choice Theory: A New Psychology of Personal Freedom, Glasser says: "I believe that some of these...genes provide a basis for our psychology - how we behave and what we choose to do with our lives....I believe we are genetically programmed to try to satisfy four psychological needs: love and belonging, power, freedom, and fun.....our genes motivate us far beyond survival." (pp. 28–29)

9. Ibid., p.16

10. Ibid., pp.16–17

11. Ibid., p.17

12. Ibid.

13. Published by Quill: New York, 2003

14. William Glasser, ibid., p.5

15. See Abraham Maslow, The Farther Reaches of Human Nature, Penguin: New York, 1976.

16. See Abraham Maslow, ibid., p.22; also see pp. 308–309

17. A good part of the summary description of Maslow's thinking comes from my own Mastering Human Relations, Pearson Education Canada: Toronto, 2007, pp.173–181

18. Viktor Frankl, The Doctor and the Soul, Vintage Books: New York, 1986.

19. See the hard cover second edition, pp. 13–14

图字：01-2011-7906

First published by O Books, 2010

Design: Stuart Davies

ISBN: 978 1 84694 257 0

A CIP catalogue record for this book is available from the British Library.

Printed by Digital Book Print